# 古代歷史文化 研究輯刊

## 八 編

王 明 蓀 主編

## 第 21 冊

# 蕭子顯與《南齊書》研究

王 淑 嫻 著

國家圖書館出版品預行編目資料

蕭子顯與《南齊書》研究／王淑嫻 著 — 初版 — 新北市：花
木蘭文化出版社，2012〔民 101〕
目 2+164 面；19×26 公分
（古代歷史文化研究輯刊 八編；第 21 冊）
ISBN：978-986-254-981-0（精裝）
1. 南朝史　2. 史學評論
618                                    101014978

ISBN-978-986-254-981-0

9 789862 549810

古代歷史文化研究輯刊
八　編　第二一冊　　　　　ISBN：978-986-254-981-0

## 蕭子顯與《南齊書》研究

作　　者　王淑嫻
主　　編　王明蓀
總 編 輯　杜潔祥
出　　版　花木蘭文化出版社
發 行 所　花木蘭文化出版社
發 行 人　高小娟
聯絡地址　新北市永和區中正路五九五號七樓
　　　　　電話：02-2923-1455／傳眞：02-2923-1452
網　　址　http://www.huamulan.tw 信箱 sut81518@gmail.com
印　　刷　普羅文化出版廣告事業
初　　版　2012 年 9 月
定　　價　八編 22 冊（精裝）新台幣 35,000 元

# 蕭子顯與《南齊書》研究

王淑嫻　著

## 作者簡介

　　王淑嫻，1970 年生，畢業於東吳大學中國文學系，之後進入國立中正大學歷史研究所，攻讀碩士及博士學位，主修中國中古史、史學史。

　　在研究所就讀時，曾擔任雷家驥教授國科會計畫「五胡軍事制度研究」之研究助理，並於各國立、私立大學及科技大學教授歷史相關課程，教學經驗至今已十餘年。教學期間，亦曾參與某出版公司之中國經典系列智慧書之導讀與增修工作。現為蘭臺出版社《中國中古史研究》之編輯委員，及國立嘉義大學、國立勤益科技大學通識教育中心兼任助理教授。

## 提　要

　　《南齊書》作者蕭子顯為南齊皇族，祖父為齊高帝蕭道成，父為高帝次子豫章文獻王蕭嶷。在政治混亂，帝王勇於殺戮宗室子弟的南朝，蕭子顯及其父兄雖屢踐危機，卻仍倖存於危政之餘，實為南朝不多見之例。

　　史學自始即有強烈的政教色彩，經世致用性更為該學術與生俱來的特質。魏晉以降，屢見時君因重視史學而干預史學之事例，使史學遭逢更大的限制，史家亦面臨更大的挑戰。成書於南朝梁的《南齊書》，便是在此種政治與學術環境下寫成。而作者蕭子顯在其為前朝宗室而又欲為前朝撰史之情況下，其身份的高度敏感性，為其撰史帶來更大的限制與危機。然因有史不可亡與史文絕續在己的意識，故蕭子顯不顧其前朝宗室的敏感身分，勇於撰述《南齊書》。

　　蕭子顯雖勇於撰史，然因其所撰之齊史不僅事涉其親（祖父齊高帝蕭道成篡宋），亦事涉時君（梁武帝蕭衍篡齊），遂使蕭子顯撰述《南齊書》時，不得不面對名教、實錄與性命衝突的進退維谷之局，於是乃取法《春秋》婉而成章之書法，以不傷實錄之婉筆撰史。但有時因筆法過於謹慎委婉，而致史實隱諱不明，若非後世《南史》出，則真相幾致湮沒，此不可不謂為《南齊書》之失。

　　蕭子顯為史書事，受時代影響牽絆至鉅，然其仍能因應時代環境，另尋保存歷史真相之法，故蕭子顯的史學是頗富時、變精神的。也正因如此，其思想的彈性與包容性也是較大的。

# 目次

# 第一章 緒 論

一史家性格、思想與學問之養成，除己身之好學深思，與師友間之互相切磋影響外，外在的政治、社會環境與時代之思想、文化風尚，俱與之緊密相關。

蕭子顯，《南齊書》的作者，生於南齊，而書成於梁。在魏晉以降變動劇烈而又敏感的政治氛圍中，史家爲勝朝寫史已屬不易，而蕭子顯本身卻爲南齊宗室，以前朝宗室的身分寫前朝史，不僅寫前朝，亦是寫其家，非但寫史的難度大增，在中國歷朝史書中更是絕無僅有。敏感的身分與複雜的時代環境，異常深刻的影響了蕭子顯的學術與思想，也影響了《南齊書》的寫作立場與筆法。而其身分之敏感性與特殊性，正爲筆者撰寫本文最原始的動機。故本文之撰述目的，乃欲探究蕭子顯特殊的身分、境遇，及其敏感的身分與時代環境對其撰《南齊書》有何種限制？又蕭子顯以何種態度、方式對應其撰史時所面對之壓力、限制？可有因此壓力、限制，致其撰史時違背史家之道德與心術？並由《南齊書》一窺蕭子顯之某些歷史觀點與思想。

蕭子顯頗有意於史學，然除《南齊書》外，餘皆亡佚。《南齊書》雖與他史同爲二十四史之一，但因作者蕭子顯身份之特殊性，以致其撰史時難直書其事，後世對此書之評價往往偏低。如曾鞏《南齊書·目錄序》譏蕭子顯史文「喜自馳騁，其更改破析刻彫藻繢之變尤多，而其文益下」〔註1〕；王應麟《困學紀聞》謂「子顯以齊宗室，仕於梁而作齊史，虛美隱惡，其能直筆乎」？

---

〔註1〕附於《南齊書》末。台北：鼎文書局新校標點本，1993年5月七版。以下引用正史同此版本。

〔註2〕趙翼《廿二史箚記》、王鳴盛《十七史商榷》以爲蕭子顯於《南齊書》中多爲親者諱、尊者諱，致眞相不明等。〔註3〕正因受前人評論之影響，故近人論及蕭子顯其人其書，遂因襲前說，以其書多隱諱，往往一筆帶過，謂其書不足觀。是以近人對其史學並未深入探究，即便未如高國抗〈蕭子顯——宗室身分和史家職責的矛盾〉對之大加撻伐，〔註4〕對蕭子顯作史之意亦未加以析論（如：周春元〈蕭子顯〉）。〔註5〕趙吉惠之評《南齊書》、楊家駱之〈南齊書述要〉，立場雖較持平，然較偏重表面分析，評論亦多勦襲前人。〔註6〕

蕭子顯之史學雖無人予以深入研究分析，但頗有就其文學觀點加以研究者。鄧仕樑〈蕭子顯的文論〉一文，針對蕭子顯於《南齊書·文學傳論》之所言，認爲蕭子顯在泛論之外，能把握當時最重要的五言詩加以評論，是其獨創之處。且透過敍述五言體的流變與發展，引證文學需要新變的演進觀。〔註7〕詹秀惠《蕭子顯及其文學批評》是較全面研究蕭子顯的一部專著。前半部陳述蕭子顯所處之時代背景、生平事蹟、文學源流及思想；後半部爲全書重點，乃針對蕭子顯的文學批評觀加以論述。〔註8〕丁福林〈《南齊書·文學傳論》對文壇三派的評價〉一文，乃據蕭子顯力主新變之文學觀點，認爲蕭子顯對當日文壇三派（謝靈運派，傅咸、應璩派，鮑照派）均予以客觀評價，並未獨貶鮑照之文，反而因鮑照創新變革的文風與其新變文學觀一致，而致蕭子顯有較傾向鮑照的態勢。〔註9〕

《南齊書》或屢經戰火，或傳世久遠，致其書多有闕漏訛誤處，故相關校勘之作頗多。王永誠〈南齊書本紀校注〉〔註10〕、彭益林〈《南齊書·天文志》

〔註2〕《翁注困學紀文》卷十三〈考史〉，頁 1101。台北：商務印書館，1978 年 4月台一版。

〔註3〕詳見《廿二史箚記》卷九〈齊書書法用意處〉條（台北：仁愛書局，1984 年 9 月），及《十七史商榷》卷六二〈齊書諱南史直書〉條（台北：廣文書局發行，1980 年 7 月三版）。

〔註4〕收入何茲全、趙儷生等著：《中國古代史學人物（上）》，台北：國文天地雜誌社，1989 年 12 月初版。

〔註5〕收入《中國史學家評傳》，河南：中洲古籍出版社，1985 年 3 月第一版。

〔註6〕趙吉惠之文，收入倉修良主編：《中國史學名著評介》第一卷，台北：里仁書局，1994 年台一版。楊家駱之文附於《南齊書》前。

〔註7〕《香港中文大學中國文化研究所學報》十八期，1987 年。

〔註8〕台北：文史哲出版社，1994 年 11 月初版。

〔註9〕《遼寧大學學報》，1996 年第 3 期。

〔註10〕《台灣師範大學國文研究所集刊》第十五期，1971 年 6 月。

補校〉〔註11〕即本此宗旨而作，而張元濟〈南齊書跋〉乃以宋刊本與明南北監本、汲古閣本、武英殿本等諸版本之《南齊書》互校其訛謬脫舛處。〔註12〕朱季海之《南齊書校議》乃校《南齊書》各卷遺漏訛誤處，或待商榷危疑處，以爲讀史考文之助。〔註13〕爲補《南齊書》無〈藝文志〉之憾，陳述遂本《南齊書》之紀傳、《隋志》、《新‧舊唐志》及官私書目，將歿於齊代之人之撰著及中外沙門譯述錄出，分類排比，寫成〈補南齊書藝文志〉二卷。今已刊爲《二十五史補編》之一。日本學者平秀道於〈南齊書祥瑞志について〉一文中認爲《南齊書‧祥瑞志》可顯現讖緯思想在南朝的流行，在正史中是很特別的，故著重探討〈祥瑞志〉的讖緯思想。〔註14〕作者將該志所載之祥瑞徵兆予以分類，並統計其出現次數，發現齊高帝、武帝時出現的圖讖符命非常多，尤以高帝即位前後爲最，認爲此乃用以顯示高、武政權之正當性。

　　如上所述，近人對蕭子顯及其《南齊書》之史學直接相關研究之著作並不多見，故本文之撰寫乃以《南齊書》爲主，並以劉知幾《史通》與雷家驥師《中古史學觀念史》爲史學理論與思想之指導原則，〔註15〕參閱諸正史之相關部份，旁參近人各類論文著述。將《南齊書》中所得之資料予以歸納、比較、分析，並藉此以推論蕭子顯之史學及其他一些思想。

　　本文分爲六章，除緒論、結論外，正文共四章。若說魏晉南北朝時期的史家或史書不可避免地均會受到時代的影響或牽制，蕭子顯及其《南齊書》則是一典型代表。而欲探究一史書之史學與思想，若未對該書作者之生平行狀加以研究分析，則對其史書勢難有深入之瞭解。欲研究人物，尤其是重視門第之魏晉南北朝時代之人物，溯其門第世系與家學門風是十分重要的，蕭子顯爲蘭陵蕭氏之後及蕭齊皇室的身分，本身即具有相當之特殊性，故本文由最直接影響蕭子顯之家世生平及其學術淵源入手，再據《南齊書》以分析其史學，並將此二主題串連，以明其關連性。

　　蕭子顯乃南朝皇族蘭陵蕭氏，祖父即齊高帝蕭道成，其家族本身即極富研究價值。而其家族之興衰，更與魏晉南北朝之時代背景緊密相關。故第二

〔註11〕　《古籍整理研究學刊》，1988 年第 3 期。
〔註12〕　《圖書館學季刊》，第四卷第 3 期。
〔註13〕　北京：中華書局，1984 年 11 月第一版。
〔註14〕　《龍谷大學論集》第 400 號，1973 年 3 月。
〔註15〕　〔唐〕劉知幾撰、〔清〕浦起龍釋：《史通通釋》，台北：里仁書局，1993 年 6 月。雷家驥：《中古史學觀念史》，台北：學生書局，1990 年 10 月初版。

章之撰述順序乃由大到小、由遠及近，先述大範圍之時代環境，次論蘭陵蕭氏，再述蘭陵蕭氏中蕭道成一族，期以層次井然、循序漸進的方式進入主題，以明蕭子顯之家學、家教對其影響之深遠。而對蕭何、蕭望之、蕭道成是否一脈相承，蕭何、蕭望之是否俱爲蘭陵蕭氏之先祖此一歷來多有爭論之問題，意欲於本章中作一釐清。

第三章之撰述乃延續前一章，所欲撰述者乃爲影響蕭子顯最密切之父兄及其交友。本章仍依遠近親疏之先後，先論其父之政壇經歷與家教，次論子顯及其兄弟之政治境遇，再論蕭子顯之學術成就及交遊，以明其學術淵源與撰述《南齊書》之個人背景。

史學雖因漸爲人所重，於魏晉南北朝時脫離經部而獨立，但也正由於史學的普遍受重視，使此時期之史家撰史受到更多的限制。故第四章乃由《南齊書》撰述之基本問題入手，即對當日史學背景作一瞭解。再將《南齊書》之撰述、動機、特殊之處及相關評價作一介紹，並就該書較引起爭論的體例問題予以析論之。

第五章本前一章爲基礎，更深入探求蕭子顯之史學與思想。由蕭子顯書事之筆法，以見加之於史家身上的時代限制性，亦可見蕭子顯在種種限制下務求實錄之心。再由《南齊書》之關懷重點，以見蕭子顯之重要觀點與思想，並可由此看出其重現世之史學精神。

《南齊書》闕漏訛誤之處甚多，因此對蕭子顯之思想及該書之著作旨趣難以明瞭，僅能就今所可見者以推其意，故資料不足乃爲研究此一論題時所遭遇之最大難題。該書之敘傳雖已不見，幸尚能由《南齊書》體例之編排、架構，史事之撰述、取材，各篇之論、贊或序，得窺其著作之意，明其撰述之旨。

# 第二章 魏晉南北朝之時代背景及蘭陵蕭氏之世系與家學

　　《南齊書》爲蕭子顯諸多史學著作中唯一留存至今者，然其學術成就當然不只史學一端。其學問之養成與積累，家學傳承爲一重要淵源。故本章擬由大範圍的時代環境入手，並探討影響蕭子顯生平與學術之淵源，亦即其家世背景。

## 第一節 魏晉南北朝之政治背景與時代風尚

　　在論及蕭子顯家世前，先概略瞭解當時的時代環境，對其家族則較易明瞭。

### （一）政治動盪

　　東漢末，秦漢以來的大一統局面逐漸瓦解。自東漢靈帝建安二十五年，即曹魏黃初元年（220.AD）曹丕篡漢始，中國即進入魏晉南北朝時代。至隋文帝開皇九年（589.AD）隋亡陳而統一中國止，中經西晉一度短暫的統一，共經歷了將近四百年的長期分裂。

　　魏晉南北朝的政治局勢極不穩定，非惟朝代更迭頻仍，[註1] 各代的君權

---

〔註1〕 此時期的各代均享國極短，最長的東晉也只維持了一百零四年。各朝代之國
　　　　祚如下：曹魏四十六年（220～265.AD）、西晉五十二年（265～316.AD）、南
　　　　方的東晉一百零四年（317～420.AD）、宋六十年（420～479.AD）、齊二十四
　　　　年（479～502.AD）、梁五十六年（502～557.AD）、陳三十三年（557～589.AD）。
　　　　北方的五胡十六國一百三十六年（304～439.AD）、北魏九十五年（440～

亦大不如前。沈約於《宋書・武帝本紀》的「史臣曰」中，言簡意賅的道出了漢末至劉宋間政治發展的大要：

> 漢氏載祀四百，比祚隆周，雖復四海橫潰，而民繫劉氏，慺慺黔首，未有遷奉之心。魏武直以兵威服眾，故能坐移天曆，鼎運雖改，而民未忘漢。及魏室衰孤，怨非結下。晉藉宰輔之柄，因皇族之微，世擅重權，用基王業。……晉自社廟南遷，祿去王室，朝權國命，遞歸臺輔。君道雖存，主威久謝。〔註2〕

兩漢的統一政權至漢末逐漸解體，然因人心思漢，故曹操雖握有實權，卻憚於民意而不敢遂行簒漢。司馬氏以世族權臣之身分簒奪曹魏政權，〔註3〕自此帝王權勢下移，宰輔之任漸重，尤以南渡之晉室為然。東晉立國江左，全賴世族之功，故居顯位者多高門大族，宰輔重任更非世族莫屬，其時雖有君主，然實權乃在宰輔之手。晉人韋華即曾謂羌主姚興曰：「晉主雖有南面之尊，無統御之實，宰輔執政，政出多門，權去公家，遂成習俗。」〔註4〕然而此時的高門大族「門戶已成，令、僕、三司，可安流平進，不屑竭智盡心，以邀恩寵；且風流相尚，罕以物務關懷」，〔註5〕故使寒人漸掌機要，首先失去的便是軍事權力，劉裕即乘勢而起。〔註6〕

有鑑於魏晉以來「皆大臣當國」，故「至宋、齊、梁、陳諸君，則無論賢否，皆威福自己，不肯假權於大臣」，〔註7〕甚至因疑懼而屢有殺大臣之舉。〔註8〕正因在位諸君主此種不安全感，由不信任大臣，乃至懷疑宗室諸王，

---

543.AD)、東魏十七年（534～550.AD)、西魏二十三年（534～556.AD)、北齊二十八年（550～577.AD)、北周二十五年（557～581.AD)。數十年即更一朝代，政局之動盪由此可見。

〔註2〕 見《宋書・武帝本紀下》卷三，頁60。

〔註3〕 司馬氏為河內大族，其得勢於曹魏乃自司馬懿始。明帝死，齊王芳嗣位，司馬懿與大將軍曹爽共同輔政。嘉平二年，司馬懿誣曹爽謀反並誅之，軍政大權盡歸司馬氏。其事蹟可詳見《晉書》卷一〈宣帝紀〉，卷二〈景帝紀〉、〈文帝紀〉。

〔註4〕 見《晉書・姚興載紀上》卷一一七，頁2980。

〔註5〕 見趙翼《廿二史箚記》卷八〈南朝多以寒人掌機要〉條，頁173。

〔註6〕 淝水戰時北府兵為謝玄統率，其後統領權轉移至職業軍人出身的劉牢之手中，而劉裕即是劉牢之的舊部。

〔註7〕 見趙翼《廿二史箚記》卷八〈南朝多以寒人掌機要〉條，頁172～173。

〔註8〕 如宋文帝忌司空檀道濟，誣其謀反並斬之；宋孝武帝誣中書令王僧達謀反，斬之；齊東昏侯殺右僕射江祏、司空徐孝嗣、右將軍蕭坦之、領軍將軍劉暄等。此類事件在南朝時有，皆由於君主不安的心理與嗜殺的性格所致。上述

終於演變爲大殺宗室、骨肉相殘的局面，尤以宋、齊之世屠戮宗室最爲慘烈。南朝的政治動盪不安，朝代更替頻繁，主因實由於此。

### （二）玄風瀰漫

隨著一元化政治的解體，定於一尊的儒家思想開始動搖，致使在政治動盪的魏晉南北朝時代，思想與文化反而呈現多元化的發展。

東漢末，以儒學爲獨尊的局面崩解，經學式微，傳統的倫理觀念受到質疑與挑戰，名教陷於危機之中。自漢武帝開設學校，立五經博士以來，「太學生徒，動輒萬數，郡國黌舍，悉皆充滿，……故自兩漢登賢，咸資經術。洎魏正始以後，更尚玄虛，公卿士庶，罕通經業」，〔註9〕經學之衰已成必然。而君臣父子的名教綱常亦於此時遭到全面的挑戰。阮籍在〈大人先生傳〉中抨擊君臣的設立：「蓋無君而庶物定，無臣而萬事理。……君立而虐興，臣設而賊生。坐制禮法，束縛下民。」〔註10〕孔融甚至非議父子倫理，認爲「父之於子，當有何親？論其本意，實爲情欲發耳。子之於母，亦復悉爲？譬如寄物瓶中，出則離矣」。〔註11〕再加以士人爲反禮教束縛而恣意放達的種種言行，〔註12〕使兩漢以來儒學的權威性受到嚴重動搖。及至南朝，儒家思想依然無法恢復其顯學的地位。〔註13〕

在儒學式微的魏晉時代，玄學思想瀰漫了整個魏晉南朝，取代了儒家學說而成爲思想主流。魏晉玄學始於曹魏正始年間，「迄於正始，無欲守文；何晏之徒，始盛玄論。於是聃、周當路，與尼父爭塗矣」。〔註14〕清談淵源於漢

---

諸人之事蹟，各詳見《宋書》、《南齊書》之本傳。

〔註9〕　見《南史‧儒林列傳》卷七一，頁1729～1730。

〔註10〕　詳見嚴可均校輯《全上古三代秦漢三國六朝文》之《全三國文》卷四六〈大人先生傳〉，頁1315。北京：中華書局，1991年10月。

〔註11〕　見《後漢書‧孔融列傳》卷七〇，頁2278。

〔註12〕　「劉伶恒縱酒放達，或脫衣裸形在屋中，人見譏之。伶曰：『我以天地爲棟宇，屋室爲褌衣，諸君何爲入我褌中？』」「阮公（籍）鄰家婦有美色，當壚酤酒。阮與王安豐常從婦飲酒，阮醉，便眠其婦側。夫始殊疑之，伺察，終無他意。」上述諸事見《世說新語箋疏‧任誕》第二十三，頁731。台北：仁愛書局，1984年10月。

〔註13〕　《梁書‧儒林列傳》云：「魏正始以後，仍尚玄虛之學，爲儒者蓋寡。……迄於宋、齊，……鄉里莫或開館，公卿罕通經術，朝廷大儒，獨學而弗肯養眾，後生孤陋，擁經而無所講習，三德六藝，其廢久矣。」（卷四八，頁661）

〔註14〕　見劉勰著、王更生註譯：《文心雕龍讀本》〈論說〉第十八，頁333。台北：文史哲出版社，1988年3月三版。

末清議，清議的內容包含了人物評論與政治評論，〔註 15〕經黨錮之禍，及曹魏集團與司馬氏集團因政治衝突而大殺士人，〔註 16〕為避禍遠害，清談便不再以譏評時事、臧否人物為主，而專言老莊思想的玄學義理了。〔註 17〕

　　至東晉，玄風更盛，朝廷上下，無不崇尚清談，形成一股社會風氣。〔註 18〕時下的玄談與佛理漸相結合，〔註 19〕又有學者企圖調和儒道思想。〔註 20〕而由於清談重視義理的論辯分析，也影響了當時的文學批評著作。〔註 21〕

### （三）佛道勃興

　　在政治亂離的魏晉南北朝時代，人們因現實世界的苦難與動亂，往往會

〔註 15〕 東漢用徵辟、察舉的方式選拔人才，而品鑑人物的清議即為選拔的標準。東漢末年，由於知識份子積極反對宦官把持朝政，故品評人物的清議又與評論政治相結合。

〔註 16〕 曹操殺孔融（事見《後漢書・孔融傳》卷七○）、崔琰（事見《三國志・崔琰傳》卷十二）。司馬懿誅曹爽，與曹爽相善的何晏、鄧颺、李勝、丁謐、畢軌等皆為司馬氏所殺，夷三族（事見《三國志・諸夏侯曹傳》卷九）。

〔註 17〕 當時士人為全身遠禍，言皆玄遠。如阮籍「本有濟世志，屬魏晉之際，天下多故，名士少有全者，籍由是不與世事，遂酣飲為常」（參見《晉書・阮籍傳》卷四九，頁 1360）故司馬昭曾言：「天下之至慎者，其唯阮嗣宗乎！每與之言，言及玄遠，而未嘗評論時事，臧否人物，可謂至慎乎！」（參見《世說新語・德行》第一，注引《魏氏春秋》，頁 18）

〔註 18〕 孔繁以為，東晉得以延續百年之久，與主政者的推崇清談有極大關係。因東晉的基本國策是保住偏安江南的局面，「而當時要保住江南，則必須消除士族內部各集團間的衝突，求得政局的穩定。因此，東晉採取清靜無為，褒尚清談，使清談得以盛行。而清談對於協調士族內部關係，穩定社會秩序，亦發揮應有效用，於是朝廷上下，從皇帝到大臣，到一般士大夫知識份子，無不崇尚清談，而使清談形成社會風氣」。詳見孔繁：《魏晉玄談》第六章〈東晉清談和玄風熾盛江左〉，頁 148～156。遼寧教育出版社，台北洪葉文化事業有限公司發行，1994 年 2 月初版。

〔註 19〕 當時一些佛教僧侶為使佛教教義能廣為人所接受，便時與玄學家往來，乃至以佛理入玄言，與玄學家往復辯難，支道林即為一例。《世說新語・文學》第四即載：「《莊子・逍遙篇》，舊是難處，諸名賢所可鑽味，而不能拔理於郭、向之外。支道林在白馬寺中，將馮太常共語，因及〈逍遙〉。支卓然標新理於二家之表，立異義於眾賢之外，皆是諸名賢尋味之所不得。後遂用支理。」（頁 220）也因此而使部分玄學家開始接觸佛經。

〔註 20〕 東晉學者李充即為此中代表。他認為老莊思想與儒家學說二者是殊途同歸的：「……物必有宗，事必有主，寄責於聖人而遺累乎陳跡也。故化之以絕聖棄智，鎮之以無名之樸。聖教救其末，老莊明其本，本末之塗殊而為教一也。」（參見《晉書・李充列傳》卷九二，頁 2389）

〔註 21〕 此時的文學批評著作如鍾嶸《詩品》、劉勰《文心雕龍》，都具有相當嚴密完整的理論性。

去尋求另一精神寄託，道教與佛教便在此種社會心理之下，興起於東漢末，而盛行於魏晉南北朝。

　　道教思想淵源於古代的宗教信仰與神仙觀念，東漢末年出現了宗教的型態。此時道派繁多，〔註 22〕然大都以符水治病等迷信方式行於世。至東晉，葛洪著《抱朴子》，發揚道教理論，世稱「天師道」。南北朝時，道教因陶弘景（南方）與寇謙之（北方）的闡揚，〔註 23〕使道教在南北朝時流佈更廣，道教規模亦於此時大成。〔註 24〕

　　佛教至遲於東漢明帝時已傳入中國，然當時儒學興盛，社會安定，故佛教並未造成流行。漢末黃巾亂後，社會動盪不安，人們感到生命的短暫與不可掌握，遂紛紛去尋求另一安身立命之所。佛教提出「輪迴說」，使人們對現世的死亡不致於感到過分恐懼，安定了人心，佛教自此在中國廣為流行。然而當時官方對佛教的傳播，是採取既不嚴厲禁止，也不鼓勵合作的態度。〔註 25〕

〔註 22〕「北方有張角的太平道，奉《太平經》為經典，以「中黃太一」為其奉祀之至尊天神，倡言「黃天太平」。南方有五斗米教，創於東漢張陵，以符水為人治病，奉《老子》為經典。由於張陵號為天師，故這派又稱天師道。……創立於晉代的靈寶派，奉元始天尊為教主，以《靈寶經》為首經。雜散道派更多，有依託帛和的帛家道，李阿的李家道，孫恩的紫道，民間俗信的清水道，華存的茅山道。」（參見馮天瑜等著《中華文化史（中）》，頁 743。台北，桂冠圖書公司，1993 年 5 月初版。）

〔註 23〕《梁書‧陶弘景傳》：「陶弘景字通明，……未弱冠，齊高帝作相，引為諸王侍讀，除奉朝請。……高祖（梁武帝）既早與之遊，及即位後，恩禮逾篤，書問不絕，冠蓋相望。…後太宗（梁簡文帝）臨南徐州，欽其風素，召至後堂，與談論數日而去，太宗甚敬異之。」（卷五一，頁 742～743）《魏書‧釋老志》：「道士寇謙之，字輔真，……始光（北魏太武帝年號）初，奉其書而獻之，……時朝野聞之，若存若亡，未全信也。崔浩獨異其言，因師事之，受其法術。於是上疏，讚明其事……世祖（北魏太武帝）欣然，乃使謁者奉玉帛牲牢，祭嵩岳，迎致其餘弟子在山中者。於是崇奉天師，顯揚新法，宣布天下，道業大行。」（卷一一四，頁 3052）由上可知，陶弘景與寇謙之皆與當時的君主相友善，藉上位者的影響力而使道教思想易於宣揚推廣。

〔註 24〕北魏嵩山道士寇謙之，劉宋廬山道士陸修靜藉政權之力清整民間道派，並首次使用「道教」一詞統一各道派。與此同時，道教逐步形成一套完整的宗教儀式和齋醮程式、道德戒律。道德教義、經書典籍、修煉方術也日趨完備。道教徒也業已在固定的宮觀修行，形成按教階組織起來的道士集團。蕭梁陶弘景更以「天子師」之尊構造道教神仙譜系，敘述道教傳授歷史。參見馮天瑜等著《中華文化史（中）》，頁 744。

〔註 25〕《晉書‧佛圖澄傳》即載後趙著作郎王度之言：「漢代初傳其道，惟聽西域人得立寺都邑，以奉其神，漢人皆不出家。魏承漢制，亦循前軌。」（卷九五，頁 2487）

　　佛經的傳譯自漢代始，〔註26〕惟兩晉以前，翻譯的佛經質與量均不甚高。〔註27〕至兩晉，佛經的翻譯始盛，〔註28〕尤其晉室南渡以後，僧侶屢與玄學家往來，而使佛教與佛經的傳佈更廣。北方五胡君長因篤信佛教，〔註29〕故譯經之風益盛。〔註30〕至南朝，宋、齊、梁、陳各朝之君主皆敬信佛教，〔註31〕王公大臣、世家大族信佛亦篤，〔註32〕佛教之發展可謂至極盛。

　　然而佛教以一種外來文化的型態進入中國文化系統中，自不免發生衝

---

〔註26〕東漢明帝時，中天竺僧侶迦葉摩騰和竺法蘭在洛陽白馬寺所譯的《四十二章經》爲佛經最早的譯本。

〔註27〕此期（漢末至西晉以前）翻譯佛經的譯師，代表人物有安世高、支婁迦讖、支謙、康僧會。此一時期的譯師大都來自中亞細亞，亦頗受華化影響，譯經時遂常擷拾中華名辭與理論，羼入譯本，故其學均非純粹西域之佛教。安世高、康僧會之學說，主養生成神，此與道教相近，上承漢代之佛教。支婁迦讖、支謙之學說，主神與道合，此與玄學同流，兩晉以還所流行之佛學，則上接二支。佛教在中國之玄學化，殆始於此時。（參見湯用彤：《漢魏兩晉南北朝佛教史》第六章〈佛教玄學之濫觴〉。台北：駱駝出版社，1987 年 8 月。）但正因大量使用了當時玄學家的術語，故使翻譯出來的佛經失去了原來的意義。

〔註28〕以竺法護爲最，因其精通三十六國語言文字，故譯經最多（84 部 188 卷），且質量俱高。詳見史仲文、胡曉林：《中國魏晉南北朝宗教史》，頁 75～80。北京：人民出版社，1994 年 1 月初版。

〔註29〕五胡君長之所以篤信佛教，石虎之言或可爲之解釋：「朕出自邊戎，忝君諸夏，至於饗祀，應從本俗。佛是戎神，所應兼奉。」（《晉書‧藝術‧佛圖澄傳》卷九五，頁 2488）

〔註30〕如佛圖澄在後趙、釋道安在前秦、鳩摩羅什在後秦，均在當時政府的支持下，開始了大規摸的譯經活動。詳見史仲文、胡曉林：《中國魏晉南北朝宗教史》，頁 86～115。

〔註31〕如宋之文帝、孝武帝、明帝，齊之高帝、明帝，梁之武帝、簡文帝，陳之武帝、文帝、後主，皆敬信佛教，其中尤以梁武帝爲最。然南朝君主之奉佛，除信仰因素外，亦有相當程度的政治考量。詳劉莘、陳捷：〈南朝君主與佛教〉，《四川師範大學學報》，1996 年 10 月。

〔註32〕齊竟陵文宣王蕭子良尤敬信佛教，常「招致名僧，講語佛法」，甚至「數於邸園營齋戒，大集朝臣眾僧，至於賦食行水，或恭親其事，世頗以爲失宰相體」。（詳見《南齊書‧武十七王‧竟陵王子良傳》卷四〇，頁 698～700）世族亦崇信佛法，琅邪王氏、廬江何氏、汝南周氏等均是，汝南周氏之周顒爲典型。周顒爲宋明帝所親信，「帝所爲慘毒之事，顒不敢諫，輒誦經中因緣罪福事，帝亦爲之小止」。「汎涉百家，長於佛理。著《三宗論》」。「每賓友會同，顒虛席晤語，辭韻如流，聽者忘倦。兼善《老》、《易》，與張融相遇，輒以玄言相滯，彌日不解。清貧寡欲，終日長蔬食，雖有妻子，獨處山舍」。雖玄佛兼善，然其平日之生活態度，直與佛門弟子無異。（詳見《南齊書‧周顒傳》卷四一，頁 730～732）

突。隨著佛教勢力的日益興盛，兩者的衝突亦日形激烈。除了文化與觀念上的矛盾，﹝註33﹞再加上政治、經濟因素的衝突，因而產生了激烈的排佛之舉，尤以北朝為最。相較於北朝的毀佛，南朝的衝突主要還是在於理論之爭。

儒、佛、道雖互有衝突，但卻在彼此排拒中，互相吸收而漸趨融合。道教立教之始，便是以老莊學說為其思想淵源，立教後亦吸收儒家思想，葛洪在《抱朴子·對俗篇》中即言：「欲求仙者，要當以忠、孝、和、順、仁、信為本。若德行不修，而但務方術，皆不得長生也。」同時也深受佛教影響，如陶弘景即自稱「曾夢佛授其菩提記，名為勝力菩薩。乃詣鄮縣阿育王塔自誓，受五大戒」，﹝註34﹞與儒、佛融合的色彩極其明顯。

儒學雖排斥佛教，但佛教卻積極向儒學靠攏。東晉高僧釋慧遠作〈沙門不敬王者論〉，即謂「如來之與周孔，發致雖殊，潛相影響，出處咸異，終期必同。故雖曰道殊，所歸一也」。﹝註35﹞東晉時，一些學者也開始試圖融合儒佛，如孫綽〈喻道論〉云：「周孔即佛，佛即周孔，蓋外內名之耳。……周孔救極弊，佛教明其本耳，共為首尾，其治不殊。」﹝註36﹞儒、釋、道三家思想雖時有衝突，但至南朝已漸趨融合。﹝註37﹞

## （四）學術獨立

因經學衰落，儒家思想式微而產生的文化多元發展，不只表現在玄、佛、道思想的蓬勃興盛，在學術上亦掙脫了以經學為獨尊的束縛，各學科在此時

﹝註33﹞當時人抨擊佛教，往往以其違背中國「孝」的倫理觀念，孫綽〈喻道論〉即言：「周孔之教，以孝為首，……而沙門之道，委離所生，棄親即疏，剺剃鬚髮，殘其天貌，生廢色養，終絕血食，骨肉之親，等之行路，背理傷情，莫此之甚。」（收入梁釋僧佑輯《弘明集》卷三，四部叢刊本，上海書店，1926年印。）「嚴夷夏之防」也是另一排拒佛教的因素，如顧歡即作〈夷夏論〉以明華夷之不同：「其入不同，其為必異。各成其性，不易其事。是以端委搢紳，諸華之容；翦髮曠衣，群夷之服。擎跽磬折，侯甸之恭；狐蹲狗踞，荒流之肅。棺殯槨葬，中夏之制；火焚水沈，西戎之俗。全形守禮，繼善之教；毀貌易性，絕惡之學。……捨華效夷，義將安取？」（《南齊書·高逸、顧歡傳》卷五四，頁 931～932）不少學者對佛教的觀點難以認同，而屢屢批駁之，如何承天、劉孝標，范縝等就對佛教的「神不滅論」和「輪迴說」加以駁斥。

﹝註34﹞《梁書·處士·陶弘景傳》卷五一，頁 743。

﹝註35﹞〔梁〕釋慧皎撰：《高僧傳》，（收入《大藏經》第五十冊）卷第六，頁 361。台北：新文豐出版公司，1993 年 5 月一版。

﹝註36﹞收入《弘明集》卷三。

﹝註37﹞如南齊張融死前即遺命入殮時「左手執《孝經》、《老子》。右手執小品《法華經》。」（詳見《南齊書·張融列傳》，卷四一，頁 729）

均得以獨立發展。諸如書法、數學等藝術與科技成就皆斐然可觀，即反應了當時的文化趨向，其中尤以文學與史學的脫離經學而獨立爲最。

西元四世紀，後趙石勒「署從事中郎裴憲、參軍傅暢、杜嘏並領經學祭酒，參軍續咸、庾景爲律學祭酒，任播、崔濬爲史學祭酒」，〔註38〕是中國歷史上首次以「史學」爲名，創立史學教育機構者。《南齊書·百官志》云：「（宋明帝）泰始六年，以國學廢，初置總明觀，玄、儒、文、史四科，科置學士各十人，……永明三年，國學建，省。」在置總明觀前，宋文帝即於元嘉十五年開儒、玄、史、文四館。〔註39〕雖總明觀於齊武帝永明三年因國學既立而省，文學和史學與儒學並列而獨立的地位已十分確定。〔註40〕

「文學」一詞，先秦時即已出現，孔門四科中「文學」便是其中之一，〔註41〕然此時的文學，指的是「文章博學」，〔註42〕而非辭采華美的文章。兩漢時儒學獨尊，文學爲經學之附庸，其目的是用以明諷喻教化的，「爲世用者，百篇無害；不爲用者，一章無補」，〔註43〕強調文學的功用論、目的論。曹魏時，曹丕的《典論·論文》將文學作品分爲奏議、書論、銘誄、詩賦四科，並推許文章爲「經國之大業，不朽之盛事」，〔註44〕不僅將之與學

---

〔註38〕 《晉書·石勒載記下》卷一○五，頁 2735。

〔註39〕 詳見《宋書·隱逸·雷次宗傳》卷九三，頁 2293。

〔註40〕 《南史·宋本紀下》載：「（明帝泰始）六年……九月戊寅，立總明觀，徵學士以充之。置東觀祭酒、訪舉各一人，舉士二十人，分爲儒、道、文、史、陰陽五部學，言陰陽者遂無其人。」（卷三，頁 82）同書〈王儉傳〉又載：「宋明帝泰始六年，置總明觀以集學士，或謂之東觀，置東觀祭酒一人，總明訪舉郎二人；儒、玄、文、史四科，科置學士十人，其餘令史以下各有差。」（卷二二，頁 595）同爲宋明帝泰始六年立總明觀事，但同一書之前後記載卻略有差別，不僅訪舉郎之員額不同，所置科目亦不相同。「道學」與「玄學」互用，對李延壽而言，兩者之定義似可相通。依《南史》此兩條記載看來，似乎本欲置「陰陽」一科，但因「言陰陽者無其人」，遂不置，且《南史》與《南齊書》所載之四科順序亦不盡相同。然不論四科順序爲何，文學與史學已脫離經學而成爲一門獨立的學科是可以確定的。

〔註41〕 《論語集解·先進》第十一：「子曰：『從我於陳蔡者不及門也。』德行：顏淵、閔子騫、冉伯牛、仲弓。言語：宰我、子貢。政事：冉有、季路。文學：子游、子夏。」頁 123。（宋）朱熹撰：《四書集注》，台北：漢京文化事業有限公司，1987 年 10 月初版。

〔註42〕 《論語集解·先進》第十一，邢昺疏：「若文章博學則有子游、子夏二人。」

〔註43〕 王充《論衡·自紀》卷三十，頁 1202。北京：中華書局，1990 年 2 月第一版。

〔註44〕 《典論·論文》：「夫文本同而末異，蓋奏議宜雅，書論宜理，銘誄尚實，詩賦欲麗。」引自《昭明文選》卷五二，頁 720。台北：文化圖書公司，1964

術教化的著作分開，更提高了文學的地位與價值。魏晉以降，是一本體意識覺醒的時代，諸如曹丕的《典論·論文》、陸機的《文賦》、劉勰的《文心雕龍》、鍾嶸的《詩品》此類文學理論和文學批評著作的出現，正標舉了此點。自建安以來，文學的反映現實，抒寫懷抱，不再依附名教，乃至日後講求聲律、對偶的形式主義，反映的不只是文學的自覺性，亦呈現出文學的獨立傾向。而范曄《後漢書》於〈儒林列傳〉之後，純粹依傳主文學作品之性質，別立〈文苑列傳〉，〔註45〕率先爲純文學家立傳，文學之脫離經學附庸的態勢已十分明顯。宋明帝泰始六年將「文學」劃出「儒學」範疇而單獨列爲一科，實乃對文學早已漸次獨立的事實，給予官方認可而已。

　　史學的情形亦復如此。由於史學意識的漸重，遂使史學由兩漢經學附庸的地位，發展爲魏晉以降的獨立學科，不僅史部著作的數目大增，史籍的種類與性質亦呈現出複雜多樣性。關於魏晉南北朝史學發展的概況，當於第四章詳述之。

　　粗略認識魏晉以來複雜多樣的政治文化環境後，對蕭子顯家學之背景當能更深入瞭解。

## 第二節　蕭子顯之祖源世系

　　蕭子顯，南蘭陵蘭陵（今江蘇省武進縣）人，〔註46〕祖父爲齊高帝蕭道成，父爲高帝次子豫章文獻王蕭嶷。其於《南齊書》卷一〈高帝本紀〉卷首即自敘其先世及祖先遷徙的情況：

> 太祖高皇帝諱道成，字紹伯，姓蕭氏，小諱鬬將，漢相國蕭何二十
> 四世孫也。何子酇定侯延生侍中彪，彪生公府掾章，章生皓，皓生
> 仰，仰生御史大夫望之，望之生光祿大夫育，育生御史中丞紹，紹
> 生光祿勳閎，閎生濟陰太守闡，闡生吳郡太守永，永生中山相苞，

---

年2月。

〔註45〕《後漢書·文苑列傳》贊曰：「情志既動，篇辭爲貴。抽心呈貌，非彫非蔚。殊狀共體，同聲異氣。言觀麗則，永監淫費。」

〔註46〕南蘭陵在今江蘇省武進縣，爲學界之基本共識。然近有大陸學者賀忠賢由地方縣志及出土之考古文物考證，認爲齊梁故里南蘭陵當在丹陽縣，而非武進縣，值得參考。惟此說尚在爭論階段，猶未定讞，故本文仍襲舊說。詳見賀忠賢：〈齊梁故里南蘭陵考〉，收入《六朝史論集》，江蘇省六朝史研究會編。合肥：黃山書社，1993年9月。

苞生博士周，周生蛇丘長矯，矯生州從事遠，遠生孝廉休，休生廣陵府丞豹，豹生太中大夫裔，裔生淮陰令整，整生即丘令儶，儶生輔國參軍樂子，宋昇明二年九月贈太常，生皇考（承之）。蕭何居沛，侍中彪免官居東海蘭陵縣中都鄉中都里。晉元康元年，分東海為蘭陵郡。中朝亂，淮陰令整字公齊，過江居晉陵武進縣之東城里。寓居江左者，皆僑置本土，加以南名，於是為南蘭陵蘭陵人也。

依蕭子顯所言，蕭氏之世系應當如下：

〔表一〕齊高帝蕭道成世系表

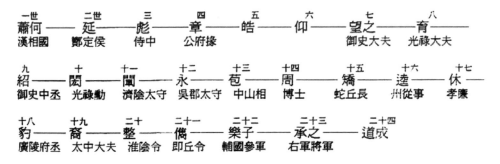

| 一世 | 二世 | 三 | 四 | 五 | 六 | 七 | 八 |
| --- | --- | --- | --- | --- | --- | --- | --- |
| 蕭何 | 延 | 彪 | 章 | 皓 | 仰 | 望之 | 育 |
| 漢相國 | 酇定侯 | 侍中 | 公府掾 | | | 御史大夫 | 光祿大夫 |

| 九 | 十 | 十一 | 十二 | 十三 | 十四 | 十五 | 十六 | 十七 |
| --- | --- | --- | --- | --- | --- | --- | --- | --- |
| 紹 | 閩 | 闡 | 永 | 苞 | 周 | 矯 | 遠 | 休 |
| 御史中丞 | 光祿勳 | 濟陰太守 | 吳郡太守 | 中山相 | 博士 | 蛇丘長 | 州從事 | 孝廉 |

| 十八 | 十九 | 二十 | 二十一 | 二十二 | 二十三 | 二十四 |
| --- | --- | --- | --- | --- | --- | --- |
| 豹 | 裔 | 整 | 儶 | 樂子 | 承之 | 道成 |
| 廣陵府丞 | 太中大夫 | 淮陰令 | 即丘令 | 輔國參軍 | 右軍將軍 | |

蕭子顯自言為漢相國蕭何之後。若深究之，則此說有許多值得懷疑之處，其中最令人質疑的即是蕭望之是否真為蕭何之後？蕭何為漢室開國功臣，蕭望之亦為當時勳德，二人於正史之中均有專傳，然而在《漢書》之中，卻絲毫不見有「蕭望之為蕭何之後」的任何記載，因而顏師古首先對此表示懷疑，甚至推翻了此種說法。顏師古於《漢書》卷七八〈蕭望之傳〉中即注云：

近代譜諜妄相託附，乃云望之蕭何之後，追次昭穆，流俗學者共祖述焉。但酇侯漢室宗臣，功高位重，子孫胤緒具詳表、傳。長倩鉅儒達學，名節並隆，博覽古今，能言其祖。市朝未變，年載非遙，長老所傳，耳目相接，若其實承何後，史傳寧得弗詳？《漢書》既不敘論，後人焉所取信？不然之事，斷可識矣。〔註47〕

李延壽採顏師古之說，否認蕭望之為蕭何之後。李延壽於《南史》卷四〈齊本紀上·論曰〉即云：

據齊、梁紀錄，並云出自蕭何，又編御史大夫望之以為先祖之次。案何及望之於漢俱為勳德，而望之本傳不有此陳，齊典所書，便乖

---

〔註47〕《漢書·蕭望之傳》卷七八，頁 3271。

實錄。近秘書監顏師古博考經籍，注解《漢書》，已正其非，今隨而
改削云。〔註48〕

顏師古否認蕭望之為蕭何後代的理由，乃因正史未載而作推理，即蕭何與蕭
望之俱為漢之勳德，且「市朝未變，年載非遙」，若蕭望之果為蕭何之後，則
正史不可能不載。李延壽採信顏師古之說，甚至據此而否認蕭望之為蕭道成
的先祖，故《南史‧齊本紀》記蕭齊先世，乃是自蕭道成的高祖蕭整述起。
蕭望之不為蕭何後代，此乃齊典可能乖於實錄之處，然而卻不能因此而證明
蕭道成並非蕭望之之後，故李延壽的推論有待商榷。但是蕭望之不為蕭何後
代的懷疑是不錯的；倘若再於正史中尋繹之，當可補強顏師古的說法。

　　《史記》卷五三〈蕭相國世家〉云：「蕭相國何者，沛豐人也。……高祖
以蕭何功最盛，封為鄼侯。」按《史記‧漢興以來將相名臣年表》，蕭何受封
為鄼侯之事，當在高皇帝六年（201.BC）。孝惠帝二年（193.BC），蕭何薨，
子祿嗣，其後嗣便襲為鄼侯。稽於正史，至少漢安帝永初六年（112.AD）時，
其國尚存。〔註49〕

　　在此三百多年中（201.BC～112.AD），蕭何子孫曾數度因故而被免除封
爵，而天子亦屢下詔續封何後。《漢書‧蕭何曹參傳》云：

> 孝惠二年（193.BC），何薨，謚曰文終侯。子祿嗣，薨，無子。高后
> 乃封何夫人同為鄼侯，小子延為筑陽侯。孝文元年，罷同，更封延
> 為鄼侯。薨，子遺嗣。薨，無子。文帝復以遺弟則嗣，有罪免。景
> 帝二年，制詔御史：「故相國蕭何，高皇帝大功臣，所與為天下也。
> 今其嗣絕，朕甚憐之。其以武陽縣戶二千封何孫嘉為列侯。」嘉，
> 則弟也。薨，子勝嗣，後有罪免。武帝元狩中，復下詔御史：「以鄼
> 戶二千四百封何曾孫慶為鄼侯，布告天下，令明知朕報蕭相國德也。」
> 慶，則子也。薨，子壽成嗣，坐為太常犧牲瘦免。宣帝時，詔丞相
> 御史求問蕭相國後在者，得玄孫建世等十二人，復下詔以鄼戶二千
> 封建世為鄼侯。傳子至孫獲，坐使奴殺人減死論。成帝時，復封何
> 之玄孫之子南繺長喜為鄼侯。傳子至曾孫，王莽敗乃絕。

據此，再參之以《漢書‧高惠高后文功臣表》、《史記‧高祖功臣侯者年表》

〔註48〕《南史‧齊本紀上》卷四，頁127。
〔註49〕《後漢書‧馮岑賈列傳》：「永初六年，安帝下詔曰：『……蓋蕭、曹紹封，傳
　　　　繼於今。……』」卷十七，頁652。

及《後漢書》之〈馮岑賈列傳〉、〈伏侯宋蔡馮趙牟韋列傳〉，可知蕭何子孫曾
六度嗣絕，時間分別在：景帝前一年（154.BC）免則、武帝元朔二年（127.BC）
免勝、元封四年（107.BC）免壽成、成帝永始元年（16.BC）免獲、王莽地皇
三年（22.AD）禹國絕、章帝建初七年及和帝永元三年間（82.AD～91.AD），
不知被免者何人。而帝王亦曾六度尋蕭何之後，續封鄼侯：孝景前二年
（155.BC）封嘉〔註50〕、武帝元狩三年（120.BC）封慶、宣帝地節四年（66.BC）
封建世〔註51〕、成帝永始元年（16.BC）封喜〔註52〕、章帝建初七年（82.AD）
封熊、和帝永元三年（91.AD）。〔註53〕考其世系，當如〔表二〕。〔註54〕

〔註50〕 《史記·孝景本紀》張守節正義曰：「蕭何傳云：以武陽縣二千戶封何孫嘉爲
　　　　列侯。漢書及史記功臣表皆云：孝景二年，封係爲列侯。恐有二名也。」卷
　　　　十一，頁206。

〔註51〕 關於建世封侯，有兩種不同的記載。《史記·建元以來侯者年表》云：「（宣帝）
　　　　地節三年，……以邑三千戶封蕭何玄孫建世爲鄼侯。」（卷二〇，頁394）《漢
　　　　書·宣帝紀》云：「（地節）四年春二月，……封故鄼侯蕭何曾孫建世爲侯。」
　　　　（卷八，頁250）按《漢書·高惠高后文功臣表》載：「地節四年，安侯建世
　　　　以何玄孫紹封。」（卷十六，頁543）因此建建封侯的時間以地節四年較爲可
　　　　信。其次，考之於蕭何世系及《漢書·蕭何傳》所載，建世當爲蕭何玄孫。

〔註52〕 《漢書·成帝紀》將喜受封爲鄼侯之事載於元延元年（12.BC）。然據《漢書·
　　　　高惠高后文功臣表》所載，喜於成帝永始元年（16.BC）受封、三年薨，子質
　　　　於永始四年（13.BC）嗣位，五年薨。若喜受封於元延元年，反而較質晚一年，
　　　　故疑喜受封爲鄼侯之事乃誤載於元延元年之下。

〔註53〕 依《後漢書·馮岑賈列傳》所載，僅知和帝永元三年詔封蕭何之後，不知其
　　　　名也。（卷十七，頁652）

〔註54〕 本表所據資料：《史記》之〈孝景本紀〉、〈高祖功臣侯者年表〉、〈建元以來侯
　　　　者年表〉、〈漢興以來將相名臣年表〉、〈蕭相國世家〉，《漢書》之〈景帝紀〉、
　　　　〈武帝紀〉、〈宣帝紀〉、〈成帝紀〉、〈高惠高后文功臣表〉、〈蕭何曹參傳〉，及
　　　　《後漢書》之〈馮岑賈列傳〉、〈伏侯宋蔡馮趙牟韋列傳〉。

〔表二〕鄼侯嗣侯表

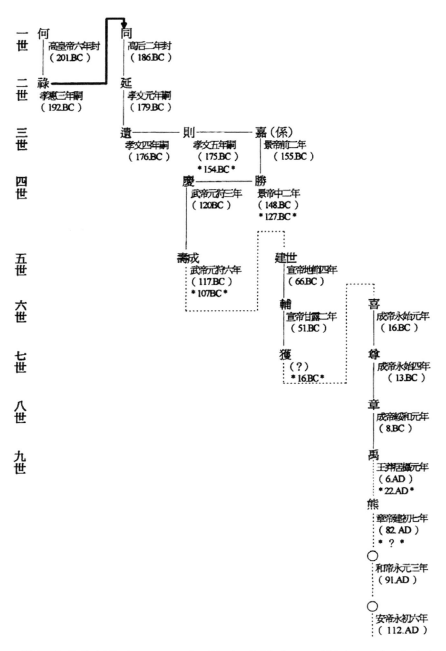

附記：蕭何後代襲封鄼侯，曾六度因故免除封爵，＊所標即為免爵時之西元
　　　紀年。虛線……表示繼承者與被繼承者間不確定是否為同枝。粗線→
　　　所指表嗣侯者非蕭何子孫，而是蕭何妻。

由〔表二〕可見這六次絕嗣後再續封的時間間隔不一：

（1）第一次：間隔 1 年

則於景帝前一年（154.BC）有罪免，翌年（155.BC）景帝即制詔御史，封則弟嘉爲列侯。〔註55〕

（2）第二次：間隔 7 年

勝於武帝元朔二年（127.BC）有罪免，元狩三年（120.BC）武帝復下詔御史，封則子慶爲酇侯。〔註56〕

（3）第三次：間隔 41 年

壽成於武帝元封四年（107.BC）「坐太常犧牲瘦免，宣帝時，詔丞相御史求問蕭相國後在者，得玄孫建世等十二人，復下詔以酇戶二千封建世爲酇侯」。〔註57〕故建世於宣帝地節四年（66.BC）紹封酇侯。

（4）第四次：同年

獲於「（成帝）永始元年（16.BC），坐使奴殺人減死」〔註 58〕免爵，同年「復封何之玄孫之子南織長喜爲酇侯」。〔註59〕

（5）第五次：間隔 60 年

禹因王莽敗（地皇三年，22.AD）而國絕，章帝於「建初七年（82.AD），……乃制詔京兆尹、右扶風求蕭何、霍光後。時光無苗裔，唯封何末孫熊爲酇侯」。〔註60〕

（6）第六次：間隔年數不知

《後漢書·馮岑賈列傳》注云：「和帝永元三年（91.AD），詔紹封蕭、曹之後，以彰厥功也。」〔註61〕

可知至少在建初七年和永元三年之間，酇侯之爵曾因故被免，因而和帝才會有下詔紹封何後之舉。

---

〔註55〕《漢書·蕭望之傳》：「景帝二年，制詔御史：『故相國蕭何，高皇帝大功臣，所與爲天下也。今其嗣絕，朕甚憐之。其以武陽縣戶二千封何孫嘉爲列侯。』」（卷七八，頁3271）

〔註56〕詳見《漢書·蕭望之傳》：「武帝元狩中，復下詔御史：『以酇戶二千四百封封何曾孫慶爲酇侯，布告天下，令明知朕報蕭相國德也。』」（卷七八，頁3271）

〔註57〕《漢書·蕭望之傳》卷七八，頁3271。

〔註58〕《漢書·高惠高后文功臣表》卷十六，頁544。

〔註59〕《漢書·蕭望之傳》卷七八，頁3271。

〔註60〕見《後漢書·伏侯宋蔡馮趙牟韋列傳》卷二六，頁916。

〔註61〕《後漢書·馮岑賈列傳》卷十七，頁652。

在這六次之中，第一、二、四、六次因時間間隔不久，皇帝遂直接下詔御史，續封何後，故值得注意的是時間間隔較久的另外兩次，尤其是第三次。宣帝欲續封酇侯時，蕭何已絕嗣四十年左右，由於時間間隔較久，因此在封爵之前有「求問」蕭何後代之舉，然不能確知望之是否為十二人中之一。

《漢書・蕭望之傳》云：「蕭望之字長倩，東海蘭陵人也，徙杜陵。家世以田為業，至望之，好學，治齊詩，事同縣后倉且十年。以令詣太常受業，復事同學博士白奇，又從夏侯勝問《論語》、《禮服》。京師諸儒稱述焉。」〔註62〕蕭望之以博學通儒知名當世，宣帝在民間時即已聞望之之名，拜為謁者，後屢遷官至二千石。據《漢書》〈元帝紀〉及〈百官公卿表〉所載，蕭望之歷任各官的時間略如下表：

〔表三〕蕭望之仕宦表

| 時　間 | 仕宦經歷 | 備　註 |
|---|---|---|
| 宣帝<br>元康元年（65.BC） | 平原太守蕭望之為少府，一年徙。 | 〈百官公卿表〉 |
| 元康二年（64.BC） | 少府蕭望之為左馮翊，三年遷。 | 〈百官公卿表〉 |
| 神爵元年（61.BC） | 左馮翊蕭望之為大鴻臚，二年遷。 | 〈百官公卿表〉 |
| 神爵三年（59.BC） | 大鴻臚蕭望之為御史大夫，三年貶為太子太傅。 | 〈百官公卿表〉 |
| 五鳳二年（56.BC） | 蕭望之為太子太傅。 | 〈百官公卿表〉 |
| 黃龍元年（49.BC） | 太子太傅蕭望之為前將軍，一年為光祿勳，二年免。 | 〈百官公卿表〉 |
| 元帝<br>初元二年（47.BC） | 賜爵關內侯。 | 〈元帝紀〉 |

宣帝於地節四年（66.BC）紹封建世為酇侯，依〔表三〕來推斷，蕭望之此年當為平原太守。在封酇侯之前，宣帝曾下詔丞相御史訪求「蕭相國後在者」，表示在此四十年中，蕭何後代散佚各地，經「求問」後才尋得玄孫建世等十二人。史書僅舉十二人，而以建世為首，望之不知是否即十二人之一？若望之果為何後，雖為建世之孫輩，〔註63〕但蕭何後人中有一二千石的平原

---

〔註62〕《漢書・蕭望之傳》卷七八，頁3271。
〔註63〕據〔表一〕，望之為蕭何七世孫，依〔表二〕觀之，建世為蕭何五世孫，故望之當為建世之孫輩。

太守，史書寧得弗載？望之「家世以田爲業」，至少其祖、父兩代均務農爲生，若果爲何後，乃是零落之旁枝矣。或以爲其時望之之父祖俱已歿，望之不知己爲蕭何後。既然望之本人尙且不知，後人安能爲之妄相託附？故顏師古的懷疑未算完全不合理。

　　齊、梁同宗，《梁書·武帝本紀》與《南齊書·高帝本紀》所載之世系均相同。至於祖先遷徙的情況，《梁書》未載，《南齊書》所載亦僅二次，一是蕭何孫彪「免官居東海蘭陵縣中都鄉中都里」，一是何二十世孫整「過江居晉陵武進縣之東城里」，王鳴盛即對此記載表示懷疑：「漢書望之傳但云東海蘭陵人，徙杜陵，……望之之子育自稱杜陵男子，何得如齊、梁書言世世居東海蘭陵，直傳至整方渡江居武進爲蘭陵人邪？」〔註64〕《新唐書·宰相世系表》所載遷徙記錄較《南齊書》略爲詳細，且追溯蕭氏祖源至帝嚳：

> 蕭氏出自姬姓，帝嚳之後。商帝乙庶子微子，周封爲宋公，弟仲衍八世孫戴公生子衍，字樂父，裔孫大心平南宮長萬有功，封於蕭，以爲附庸，今徐州蕭縣是也，子孫因以爲氏。其後楚滅蕭，裔孫不疑爲楚相春申君上客，世居豐沛。漢有丞相酇文終侯何，二子：遺、則。則生彪，字伯文，諫議大夫、侍中，以事始徙蘭陵丞縣。生章，公府掾。章生仰，字惠高，生皓。皓生望之，御史大夫，徙杜陵。生育，光祿大夫。生紹，御史中丞，復還蘭陵。生閎，光祿勳。閎生闡，濟陰太守。闡生冰，吳郡太守。冰生苞，後漢中山相。生周，博士。周生蟜，虵丘長。蟜生逵，州從事。逵生休，孝廉。休生豹，廣陵郡丞。豹生裔，太中大夫。生整，字公齊，晉淮南令，過江居南蘭陵武進之東城里。三子：儁、鎋、烈。〔註65〕

《新唐書·宰相世系表》所載蘭陵蕭氏之遷徙記錄雖較爲詳細，但其中有部份記載卻與他史不同。《新唐書》謂蕭何生二子：遺、則，然考諸《史》《漢》，蕭何二子爲祿、延，遺、則乃蕭何孫。又《新唐書》謂則生彪，然依《南齊書》所載，彪之父爲延，而非則。司馬遷、班固均爲漢代人，其撰漢代事之

---

〔註64〕　王鳴盛：《十七史商榷》卷五五〈蕭氏世系〉條，頁344。

〔註65〕　《新唐書》所載世系與《南齊書》略有不同。《新唐書》言蕭何二子遺、則，則生彪；《南齊書》言何生延，延生彪。考之於《史》《漢》，當以《南齊書》所言爲是。又《新唐書》言章生仰、仰生皓、皓生望之；《南齊書》所載爲章生皓、皓生仰、仰生望之。按《梁書》載梁武帝蕭衍之世系，亦言章生皓、皓生仰、仰生望之，故《新唐書》所載之次序恐有顚倒。

可信度自然高於宋代人撰漢代事；且《史》《漢》二書均載蕭何二子爲祿、延，則此事當確然無疑。又《南齊書》所載蕭道成之世系，乃爲作者蕭子顯之家譜，若說因不熟悉而致撰錄有誤，甚難令人信服；即使此世系有訛謬之處，亦不須於此較無關緊要處作僞。且姚察撰《梁書》，述及與蕭道成同爲蘭陵蕭氏之梁武帝蕭衍的世系時，所載亦與《南齊書》同。姚察身處仍重士族門第之唐代，且蘭陵蕭氏之後人於唐代位任仍顯（如蕭瑀時相唐高祖），則《南齊書》所載世系若有誤，姚察應有足夠證據糾其謬誤，《梁書》載與《南齊書》同，即證明當日所見蘭陵蕭氏族譜所載彪之父應爲延，而非則。由此二矛盾處觀之，疑爲《新唐書》考證不精以致傳抄有誤。

　　而關於蕭氏上溯至先秦之祖源，《新唐書》所載亦與諸說大不相同。《通志‧氏族略》云：「蕭氏，子姓。杜預曰：古之蕭國也，其地即徐州蕭縣是也。後爲宋所并。微子之支孫大心平南宮長萬有功，封於蕭，以爲附庸。宣十二年，楚滅之。子孫因以爲氏，世居豐沛之間。裔孫不疑爲楚相春申君客。漢有丞相酇文終侯何，六代孫望之御史大夫。」其他各家說法也大同小異，〔註66〕認爲蕭氏爲宋微子之後，乃是殷氏舊姓，故《通志‧氏族略》謂蕭氏爲子姓，是也。然《新唐書》卻謂蕭氏出自姬姓，此與諸說已大不相同。又言「商帝乙庶子微子，周封爲宋公，……裔孫大心平南宮長萬有功，封於蕭，……子孫因以爲氏」，殷爲子姓，微子爲殷帝子，當然爲子姓，然前又言其出自姬姓。同一段記載卻前後矛盾若斯，則《新唐書‧宰相世系表》關於蘭陵蕭氏記載之可信度恐須再斟酌。

　　關於蕭望之是否爲蕭何之後，何承天《姓苑》所載與諸說頗爲不同：「微子之後，有食荣於蕭者，遂爲氏。《左傳》宋有蕭大心。漢侍中蕭彪居蘭陵，

---

〔註66〕《古今姓氏書辯證》所載之蕭氏祖源與《新唐書》同。（宋‧鄧名世撰。文淵閣四庫全書，992 冊。台北：商務印書館，1983 年。）《姓觿》卷三：「蕭，《左傳》殷六族。有《蕭氏姓譜》云：『宋微子支孫樂叔以討南宮萬之功，封蕭邑，因氏。』」（陳士元著。叢書集成初編。北京：中華書局，1985 年第一版。）《元和姓纂》卷五：「蕭，宋微子之後，支孫封於蕭，蕭叔大心子孫有功，因邑命氏焉。代居豐沛，至不疑，爲楚春申君之客。」（唐‧林寶撰，岑仲勉校註。北京：中華書局，1994 年初版。）《潛夫論》卷九：「蕭氏，……殷氏舊姓也。漢興，相國蕭何封酇侯，本沛人，今長陵蕭其後也。前將軍蕭望之，東海、杜陵蕭其後也。」（漢‧王符撰，清‧汪繼培箋。台北：漢京文化，1984 年初版。）《風俗通‧姓氏篇》：「蕭氏，宋樂叔以討南宮萬，立御說之功，受封於蕭，列附庸之國。漢相國蕭何即其後也。」（應劭纂。叢書集成初編。北京：中華書局，1985 年第一版。）

彪玄孫望之居杜陵，與相國蕭何異族。」〔註67〕此段記載不甚完全，然因其所述爲蘭陵蕭氏世系，故推測何承天似以爲蕭彪、蕭望之俱爲蘭陵蕭氏之先祖，但卻肯定蕭望之與蕭何異族。何承天爲劉宋時人，其時蘭陵蕭氏尚非高門，《姓苑》對其先祖毋需以美惡加之，故《姓苑》之說可信度是較高的。

中國自周代始即重譜系，並設官掌之，以明昭穆世系。〔註68〕但戰國紛擾，秦焚典籍，氏姓混亂，譜牒散失，故漢時所述之氏族多不可信。魏晉以降，因九品中正制的實施，門第高下不只爲任官標準，亦爲姻娶之依據，故譜學之盛可想而知。〔註69〕然經漢末喪亂，漢代譜書亡佚甚多，「雖其子孫不能言其祖」，〔註70〕因而魏晉雖重譜牒之修撰，〔註71〕但其所述先世訛謬之處仍多。〔註72〕而此時是「官有簿狀，家有譜系」的時代，故蕭子顯敘先世之

〔註67〕 轉引自《姓解》卷三，頁 112。（邵思著。叢書集成初編。北京：中華書局，1985 年第一版。）

〔註68〕 《大戴禮記・帝繫》第六三：「《周官》：『瞽矇世奠繫，故書爲帝繫。』杜子春云：『小史次序先王之世，昭穆之繫，述其德行；瞽矇主誦詩，并誦世繫，以戒勸人君也。』」頁 284。（漢・戴德輯，孔子文化大全編輯部編輯。濟南：山東友誼書社，1991 年 12 月第一版。）

〔註69〕 《通志・氏族略・氏族序》曰：「自隋唐而上，官有簿狀，家有譜系。官之選舉，必由於簿狀；家之婚姻，必由於譜系。」（卷二五，頁 439。台北：商務印書館，1987 年 9 月。）由於門第高下是任官依據，因此擔任選官之人須明譜牒。《陳書・姚察傳》曰：「察既博極墳素，尤善人物，至於姓氏所起，枝葉所分，官職姻娶，興衰高下，舉而論之，無所遺失。……及遷選部，雅允朝望。」（卷二七，頁 351）而不諳譜學者便不得任選官。《南齊書・王晏傳》：「上（齊武帝）欲以高宗（齊明帝蕭鸞）代晏領選，手敕問之。晏啓曰：『鸞清幹有餘，然不諳百氏，恐不可居此職。』上乃止。」（卷四二，頁 742。）

〔註70〕 《晉書・摯虞傳》卷五一，頁 1425。

〔註71〕 《通志・氏族略・氏族序》：「歷代並有圖譜局置郎令史以掌之，仍用博通古今之儒，知撰譜事。凡百官族姓之有家狀者，則上之官，爲考定詳實，藏於秘閣，副在左戶。若私書有濫，則糾之以官籍；官籍不及，則稽之以私書。此近古之制，以繩天下，使貴有常尊，賤有等威者也。所以人尚譜系之學，家藏譜系之書。」（卷二五，頁 439）

〔註72〕 《日知錄》卷二四〈氏族相傳之訛〉條云：「魏蔣濟〈郊議〉，稱曹騰碑文云：曹氏族出自邾。王沈《魏書》云：其先出於黃帝，當高陽世，陸終之子曰安，是爲曹姓，周武王克殷，封曹俠於邾，至戰國爲楚所滅，子孫分流，或家於沛。而魏武作家傳，自云曹叔振鐸之後。陳思王作〈武帝誄〉曰：於穆武王，胄稷諸周。則又姬姓之後，以國爲氏者矣。及至景初中，明帝從高堂隆議，謂魏爲舜後，詔曰：曹氏世系，出自有虞氏，今祀圜丘，以始祖帝舜配。後少帝禪晉文，亦稱我皇祖有虞氏，則又不知其何所據。夫以一代之君，而三易其祖，豈不可笑？況於士大夫乎？」（頁 652。台北：文史哲出版社，1979

時，必有所本，即便是此時蘭陵蕭氏的譜牒有妄託先人之嫌，也殆非蕭子顯所偽造。但《姓苑》所載蕭望之一族與蕭何不同族，事在子顯前，子顯不知有參考否？《南齊書》最後一卷今已亡佚，疑此卷為蕭子顯之敘傳，故子顯或許於此卷中詳述其先世也未可知。〔註73〕唐沿六朝之風，仍重譜牒。唐末五代戰亂相尋，譜牒再次散亂亡失。雖然可見者不多，然《新唐書‧宰相世系表》應當是據譜牒而寫成的，應非假造，〔註74〕故蘭陵蕭氏的譜牒歐陽修等人必曾得見。《新唐書‧宰相世系表》載蕭彪由酇徙蘭陵，望之徙至杜陵，紹復還蘭陵的記載，當是據蕭氏族譜而來。只是屢經戰火，可能已殘缺不全，或許有更多的遷徙記錄及其他資料已亡佚不見。因此，蘭陵蕭氏的譜系或有妄託古聖先賢之處，但《南齊書》與《新唐書》對於遷徙之郡縣鄉里皆能道之，故其所述之世系，所據者當是蕭氏的譜牒無疑。惟《新唐書‧宰相世系表》僅承用諸家譜牒而未詳加考證，故訛誤之處甚多，此不可不加在意。《南史》記蕭齊先世，乃是自南遷至江左的蕭整述起，雖然蕭整之前的世系未必為偽，但畢竟曾經亂離，自蕭整述起，一方面世系不致過於邈遠（蕭整為道成高祖），且自整至道成，其間未有似永嘉末年的大動亂，世系不易有脫繆，故《南史》的記法是較為穩當的。茲將蕭整族系表列於本節之末，作為〔表四〕以供參考。

　　《新唐書‧柳沖傳》記載柳芳之論士族曰：「魏氏立九品，置中正，尊世冑，卑寒士，權歸右姓已。……晉、宋因之，始尚姓已。……過江則為『僑姓』，王、謝、袁、蕭為大；東南則為『吳姓』，朱、張、顧、陸為大；……。」然而在東晉之時，蘭陵蕭氏並非如王、謝、袁一般為四海大姓，其崛起時間較晚，是以劉宋外戚起家的，之後又是齊、梁皇室，才得與王、謝、袁並列。〔註75〕柳芳將蕭氏視為僑姓的士族之一，所謂士族，乃指累官三代以上及居

---

年4月。）此時不過漢末魏初，世系已如此舛脫訛誤，何況東晉南朝？

〔註73〕按《史記》、《漢書》、《宋書》之末卷皆為作史者之敘傳，且俱歷述其先世，因此《南齊書》的末卷極有可能是蕭子顯的敘傳，亦極有可能於此卷中詳述其先世。

〔註74〕《容齋隨筆》卷六云：「《新唐書‧宰相世系表》皆承用逐家譜牒，故多有謬誤。」（頁82。上海：上海古籍出版社，1978年1月一版。）

〔註75〕《宋書‧蕭思話傳》卷七八：「蕭思話，南蘭陵人，孝懿皇后弟子也。父源之。」按孝懿皇后為劉裕繼母。元嘉中，蕭思話平漢中時，蕭承之（齊高帝蕭道成之父）是他的部將，而蕭順之（梁武帝蕭衍之父）又是蕭道成部將。詳唐長孺：《魏晉南北朝史論拾遺》之〈士族的形成和升降〉，頁62～63。北京：中

官五品以上者。〔註76〕依此爲標準來檢視蕭道成的先祖：道成父承之爲右軍將軍，官位四品；祖樂子爲輔國參軍，官位七品；〔註77〕曾祖儁爲即丘令、高祖整爲淮陰令，俱爲六品以下官。〔註78〕自道成高祖整至父承之，四代之中僅承之官位至四品，餘皆爲五品以下官，故齊高帝蕭道成臨終語褚淵、王儉曰：「吾本布衣素族，念不到此，因藉時來，遂隆大業。」〔註79〕蘭陵蕭氏本爲小姓，〔註80〕因爲兩朝帝室，才在士庶階級森嚴的南朝上升爲高門。至唐，蕭氏益加貴顯，《新唐書·蕭瑀傳》末贊曰：「梁蕭氏興江左，實有功在民，厥終無大惡，以浸微而亡，故餘祉及其後裔。自瑀逮遘，凡八葉宰相，名德相望，與唐盛衰。世家之盛，古未有也。」雖同爲蕭氏，此卻爲蕭衍後裔，而非蕭道成之後了。

華書局，1983年。

〔註76〕此標準乃依據《新唐書》卷一九九〈柳沖傳〉之記載及《魏書·官氏志》而來的，南朝雖未訂定門第標準，然與北朝應相去不遠。詳毛漢光師：《兩晉南北朝士族政治之研究》，第一章第二節〈士族、小姓、寒素標準之劃分〉，頁3～8。中國學術著作獎助出版委員會，1966年。

〔註77〕按《晉書·職官志》所載，輔國參軍爲輔國大將軍之僚屬。（卷二四，頁726～727）依《通典·職官十八》，參軍的品秩爲第七。（卷三六，頁993。北京：中華書局，1988年12月第一版。）

〔註78〕大縣之「令」爲六品，次縣之「令」爲七品，小縣則稱「長」，爲八品官。

〔註79〕《南齊書》卷二〈高帝本紀下〉，頁38。

〔註80〕父、祖有一代爲五品以上或皆爲六、七品者，列爲小姓。（詳毛漢光師：《兩晉南北朝士族政治之研究》，第一章第二節〈士族、小姓、寒素標準之劃分〉，頁8）蕭道成父爲四品官，祖爲七品，合於小姓的定義。而蕭道成自言爲「素族」，乃是指「門第較低之士族，甚至庶姓寒門」，此即是小姓。（詳周一良：《魏晉南北朝史札記》，頁218。北京：中華書局，1985年3月第一版。）

〔表四〕蕭整族系表

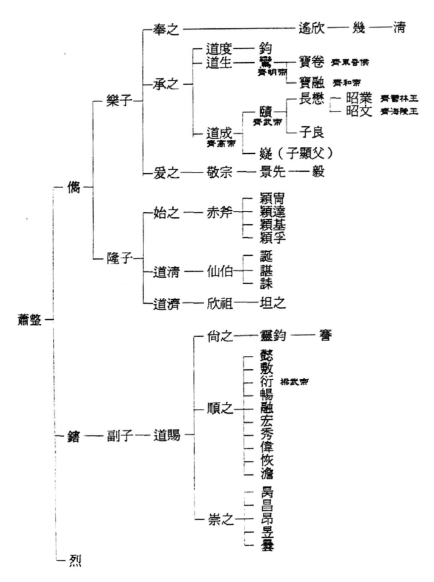

按：依《南齊書》及《梁書》所述之蘭陵蕭氏族系觀之，似有誤也。李慈銘
《越縵堂讀書記》三「歷史」部謂：「齊梁分支于淮陰令整。按其名字，
僑、鎋為同父兄弟，樂子、副子為從父兄弟，承之、道賜為從祖兄弟。
而齊高帝名道成，其兄名道度、道生，不應與其族父同以道字系名，疑
《梁書》敘世系，於副子下脫去一代，其人亦當以之字系名。而道賜與

齊高帝爲族兄弟，則順之乃高帝族子也。疑史文既脫，而後人妄改子字爲弟以實之耳。」（《南齊書》條，頁 235～236）李慈銘之懷疑甚爲合理，然考之於《南北史表》及《新唐書・宰相世系表》蘭陵蕭氏之族系，均不言其於副子之下脫去一代。因無更明確之證據可證明李慈銘之說，筆者今仍從舊，但錄出李氏之說，以爲讀者考論之資。（清）李慈銘撰：《越縵堂讀書記》，台北：世界書局，1975 年再版。（清）周嘉猷撰：《南北史表》，附於《北史》全書之末。

## 第三節 蕭道成家族及其學術

蕭子顯曾祖蕭承之雖爲武將出身，〔註 81〕然自祖父蕭道成始，蕭齊宗室的文化素養已頗高。本節擬述蕭子顯的家學傳承，以明其學術淵源之一端。所敘述之家族成員的範圍，乃自蕭道成（子顯祖父）始，並述及道成所生諸子（子顯叔伯）及諸孫（子顯堂兄弟）之經歷及才藝。

蕭承之生三子：道度、道生、道成。蕭子顯父蕭嶷爲道成次子，齊明帝蕭鸞爲道生之子，其族系排列當如〔表五〕。

就血緣關係而言，齊明帝蕭鸞與蕭子顯雖仍在五服之內，〔註 82〕然自蕭道成之家族視之，事實上已非同枝，〔註 83〕對蕭子顯而言，很難說得上有直接傳承的影響力；且就蕭鸞對其子蕭寶卷（東昏侯）的管教態度及臨終前所囑咐的話語看來，〔註 84〕其與蕭道成的家學、家教已大不相同，故齊明帝一支不在本節討論範圍內。而蕭嶷（子顯父）及其諸子（子顯兄弟）的文藝表現及政治遭遇較爲特殊，且與蕭子顯的關係更爲直接，故另章討論之。

〔註81〕 蕭承之於劉宋時初爲建威府參軍，元嘉初徙威烈將軍、濟南太守。其後因討伐異族（北魏、氐），屢建軍功，歷任輔國鎮北中兵參軍、太子屯騎校尉，後遷右軍將軍。詳《南齊書・高帝本紀上》卷一，頁 2～3。

〔註82〕 古時喪制以親疏爲差等，分爲斬衰、齊衰、大功、小功、緦麻等，謂之五服。蕭鸞之於蕭子顯爲小功叔伯，故其血緣關係甚近。詳《通典・禮・凶禮十四》卷九二，頁 2501。（唐・杜佑撰，北京：中華書局，1988 年 12 月第一版。）

〔註83〕 蕭子顯在《南齊書・明帝本紀》末之「贊曰」謂高宗（蕭鸞）乃傍起，「史臣曰」亦言「高宗以支庶纂曆」。詳《南齊書・明帝本紀》卷六，頁 92～93。

〔註84〕 《南齊書・東昏侯本紀》：「帝在東宮便好弄，不喜書學，高宗亦不以爲非，但勖以家人之行，……高宗（齊明帝蕭鸞）臨崩，屬以後事，以隆昌（齊鬱林王年號）爲戒，曰：『作事不可在人後！』故委任群小，誅諸宰臣，無不如意。」卷七，頁 102。

〔表五〕蕭承之族系表

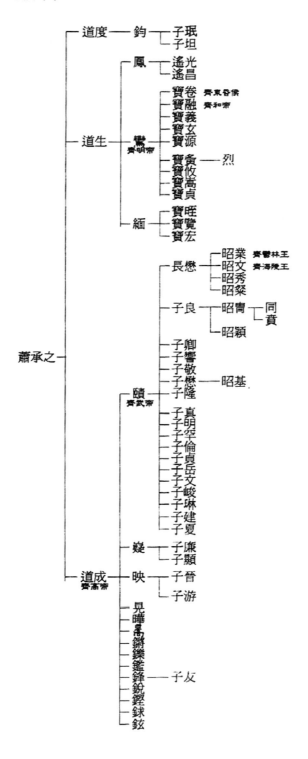

在正式進入本文前，先略述蕭道成家庭成員學術文藝方面的表現，將之表列於下，以明其家學教化。

〔表六〕蕭道成家族才藝表〔註85〕

| 姓名項目 | 經 | 史 | 詩 | 文 | 樂 | 棋 | 書 | 畫 | 聲律 | 名理 | 好古 | 評論 | 抄撰群書 | 佛 | 武 |
|---|---|---|---|---|---|---|---|---|---|---|---|---|---|---|---|
| ※子顯祖<br>蕭道成（齊高帝） | ✓ | ✓ | ✓ | ✓ | ✓ | ✓ | ✓ | ✓ | | | | ✓ | ✓ | ✓ | |
| ※子顯伯<br>蕭賾（齊武帝） | | | ✓ | | | | | | | | | | | | |
| ※子顯叔<br>蕭映（臨川獻王） | ✓ | | | | ✓ | | | | ✓ | | | | | | ✓ |
| 蕭晃（長沙威王） | | | | | | | | | | | | | | | ✓ |
| 蕭曄（武陵昭王） | ✓ | | ✓ | ✓ | | ✓ | ✓ | | | | | | | | ✓ |
| 蕭鏘（鄱陽王） | | | | ✓ | | | | | | | | | | | |
| 蕭鑠（桂陽王） | | | | | | | | | | | ✓ | | | | |
| 蕭鑑（始興簡王） | | | | ✓ | | | | | | | | | | | |
| 蕭鈞（衡陽王） | | | | ✓ | | | | | | | | | | | |
| 蕭鋒（江夏王） | | | | ✓ | ✓ | | ✓ | | | | | | | | |
| ※子顯堂兄弟<br>蕭長懋<br>（文惠太子） | ✓ | ✓ | | | | | | | ✓ | | | | | ✓ | ✓ |
| 蕭子良<br>（竟陵文宣王） | | | | ✓ | | | | | | | ✓ | | ✓ | ✓ | |
| 蕭子懋（晉安王） | | | | | | | | | | | | | ✓ | | |
| 蕭子隆（隨郡王） | | | | ✓ | | | | | | | | | ✓ | | |
| 蕭子游（蕭映子） | | | | ✓ | | | | | | | | | | | |

據上表，蕭道成本身的文化素養頗高，經、史、詩、文、書、畫均為其

〔註85〕本表所據資料：《南齊書》卷一、二〈高帝本紀〉、卷三〈武帝本紀〉、卷二一〈文惠太子傳〉、卷二四〈柳世隆傳〉、卷二六〈王敬則傳〉、卷三二〈何戢傳〉、卷三三〈王僧虔傳〉、卷三五〈高祖十二王傳〉、卷三六〈謝超宗傳〉、卷四○〈武十七王傳〉、卷四七〈謝朓傳〉、卷五二〈文學・賈淵、祖沖之傳〉、卷五四〈高逸・臧榮緒傳〉，《南史》卷四〈齊本紀上〉、卷二二〈王儉傳〉、卷三二〈張融傳〉、卷四一〈齊宗室傳〉、卷四三〈齊高帝諸子傳下〉、卷四四〈齊武帝諸子傳〉、卷五○〈庾於陵傳〉。

所好，由他對謝靈運詩及張融書的評論來推測，﹝註86﹞其學問程度當非泛泛。在蕭道成諸子孫中，自有不好文義者（如長沙威王蕭晃、廬陵王蕭子卿、魚復侯蕭子響等），然多數是頗好文的（如武陵昭王蕭曄、始興簡王蕭鑑、衡陽王蕭鈞、江夏王蕭鋒、晉安王蕭子懋、隨郡王蕭子隆等）。與劉宋皇室相比，蕭道成家族的文化素養顯然高出甚多，此與道成久與世族相接（如：褚淵、王儉等），頗受世族門第風氣之沾染不無關係。

　　上表諸人中，蕭子顯堂兄竟陵文宣王蕭子良的文化成就是頗為特出的。在齊武帝永明年間，至少有三個文人集團活躍於當時，即王儉集團、蕭子良集團、蕭子隆集團。﹝註87﹞王儉以琅邪王氏的顯赫家世，及開國佐命的元勳之尊，知名於當世，並以淵博的學問使天下學士翕然宗之。王儉長於經學，「弱年便留意《三禮》，尤善《春秋》，發言吐論，造次必於儒教」。﹝註88﹞據《南齊書·王儉傳》記載，齊高帝蕭道成將踐阼，「時大典將行，儉為佐命，禮制詔冊，皆出於儉。……朝廷初基，制度草創，儉識舊事，問無不答」。﹝註89﹞王儉長於禮學，武帝蕭賾亦甚為倚重，「儉長於禮學，諳究朝儀，每博議，證引先儒，罕有其例。八坐丞郎，無能異者。令史諮事，賓客滿席，儉應接銓序，傍無留滯」，故「世祖深委仗之，士流選用，奏無不可」。﹝註90﹞永明三年，齊武帝省總明觀，「於儉宅開學士館，悉以四部書充儉家，又詔儉以家為府」。﹝註91﹞此時王儉儼然為文壇宗主，才學之士多遊於門下。﹝註92﹞出於王

---

﹝註86﹞ 《南齊書·高祖十二王·蕭曄傳》：「（曄）詩學謝靈運體，以呈上，報曰：『見汝二十字，諸兒作中最為優者。但康樂放蕩，作體不辨有首尾，安仁、士衡深可宗尚，顏延之抑其次也。』」（卷三五，頁 625）又《南史·張融傳》：「（張）融善草書，常自美其能。（齊高）帝曰：『卿書殊有骨力，但恨無二王法。』」（卷三二，頁 835）

﹝註87﹞ 一般學者多認為永明年間的文學集團有四，除上述三集團外，尚有蕭嶷集團。如劉躍進《門閥士族與永明文學》第一章第二節（北京：三聯書店，1996 年 3 月第一版），及詹秀惠《蕭子顯及其文學批評》第一章第二節，均如此主張。然筆者以為，蕭嶷文學集團應該是不存在的。蕭嶷於齊高帝建元二年於南蠻園開館立學，嘗延攬才學之士，樂藹、劉繪、張樅雖被蕭嶷親禮，但並未見其有任何文學活動，反而是與蕭子良文學集團的來往較為密切，劉繪甚至為西邸後進領袖。故充其量只能說蕭嶷曾禮重文士，但並未形成如王儉、蕭子良之類的文學集團。

﹝註88﹞ 《南史·王儉傳》卷二二，頁 595。

﹝註89﹞ 《南齊書·王儉傳》卷二三，頁 434。

﹝註90﹞ 同上注，頁 436。

﹝註91﹞ 同上注。

儉尙儒專經，儒學此時復爲人所重，暫變晉宋以來尙玄言文采之風。《南齊書·劉瓛、陸澄傳》云：

> 永明纂襲，克隆均校，王儉爲輔，長於經禮，朝廷仰其風，胄子觀
> 其則，由是家尋孔教，人誦儒書，執卷欣欣，此焉彌盛。〔註93〕

然此集團在永明五年竟陵王蕭子良開西邸、招文士後逐漸衰歇。

另一堂兄隨郡王蕭子隆甚有文才，永明八年任荆州刺史時數集僚友，〔註94〕其文學集團當形成於此時。蕭衍、謝朓、張欣泰、庾於陵、宗夬等爲此集團中人，唯其規模不如蕭子良集團。

竟陵王蕭子良性好文學，素來禮才好士。及至永明五年，子良正位司徒，移居雞籠山，開西邸，再現宋文帝時雞籠山盛況。〔註95〕此文學集團以「八友」爲核心，廣招天下才學。《梁書·武帝本紀上》：

> 竟陵王子良開西邸，招文學，高祖（蕭衍）與沈約、謝朓、王融、
> 蕭琛、范雲、任昉、陸倕等並遊焉，號曰八友。

當日與遊西邸者，除「竟陵八友」外，尙有劉繪、張融、王僧孺、宗夬、陸慧曉、周顒、邱國賓等才學之士數十人，「天下才學皆遊集焉」。〔註96〕

與王儉及蕭子隆文學集團相同，蕭子良集團的文學活動大都以吟詠酬唱、抄撮群書爲主，〔註97〕較爲不同者，乃因蕭子良篤信釋氏，故屢有大規

---

〔註92〕《南史·王摛傳》：「王儉嘗集才學之士，總校虛實，類物隸之，謂之隸事，自此始也。儉曾使賓客隸事多者賞之，事皆窮，唯廬江何憲爲勝，……（王）摛後至，……操筆便成，文章既奧，辭亦華美，舉坐擊賞。」由此可窺見才學之士遊集於王儉門下盛況之一斑。（卷四九、頁1213）

〔註93〕卷三九末「史臣曰」，頁687。

〔註94〕《南齊書·謝朓傳》：「子隆在荆州，好辭賦，數集僚友，（謝）朓以文才，尤被賞愛。」（卷四七，頁825）又《南史·庾於陵傳》：「齊隨王子隆爲荆州，召（庾於陵）爲主簿，使與謝朓、宗夬抄撰群書。」（卷五〇，頁1246）

〔註95〕《宋書·雷次宗傳》：「元嘉十五年，徵（雷）次宗至京師，開館於雞籠山，聚徒教授，置生百餘人。會稽朱膺之、潁川庾蔚之並以儒學，監總諸生。」（卷九三，頁2293）齊高帝此時亦曾於雞籠山受業於雷次宗。

〔註96〕蕭齊的重要文士，似乎除江淹、丘遲、鍾嶸外，大多都曾與遊西邸。張蓓蓓：〈齊竟陵王蕭子良「西邸」文士集團考略〉，收入氏著《中古學術論略》，頁242～261。台北：大安出版社，1991年5月第一版。

〔註97〕如蕭子良作〈登山望雷居士精舍同沈右衛過劉先生墓下詩〉，謝朓、虞炎、沈約、柳惲等均同作此詩。（參見《先秦漢魏晉南北朝詩》〈齊詩〉〈梁詩〉，其中尙有諸多同題共作之詩。）《南齊書·樂志》卷十一：「永平樂歌者，竟陵王子良與諸文士造奏之。人爲十曲。道人釋寶月辭頗美，上常被之管絃，而不列於樂官也」（頁196）此皆西邸文士吟詠酬唱、創作詩文之事。又子良於

模的佛教活動。〔註98〕正因時招名僧講論佛法，「造經唄新聲」，西邸諸文士受此啟發而制四聲韻，其中周顒著《四聲切韻》，沈約撰《四聲譜》。〔註99〕《南齊書‧陸厥傳》云：

> 永明末，盛為文章。吳興沈約、陳郡謝朓、琅邪王融以氣類相推轂。汝南周顒善識聲韻。約等文皆用宮商，以平上去入為四聲，以此制韻，不可增減，世呼為「永明體」。

該集團的文學活動雖然隨著蕭子良的去世而風流雲散，但其影響力卻是十分深遠的。竟陵八友之一的蕭衍滅齊，是為梁武帝，其餘七人除王融、謝朓先卒外，俱仕梁為臣。在君主臣僚均愛好文學的情況下，梁代的文風之盛是歷代所罕見的。而聲律論的出現，更是深刻的影響了唐代以後詩的格律與創作。

　　對於此時文學之盛，劉師培有云：

> 齊梁文學之盛，雖承晉宋之餘緒，亦由在上者之提倡。據《齊書‧高帝紀》謂：帝博學善屬文。故高帝諸子，若鄱陽王鏘好文章，江夏王鋒能屬文，並見《齊書》《南史》，非惟豫章王嶷工表啟、武陵王曄工詩已也。嗣則文惠太子、竟陵王子良、衡陽王鈞、隨王子隆，均愛好文學，招集文士。又開國之初，王儉之倫，亦以文章提倡。故宗室多才，而庶姓之中亦人文蔚起。〔註100〕

劉師培此番話，將上述蕭齊文學集團的盛況作一總結。誠如劉師培所言，齊梁文學之興盛，雖是承襲晉宋以來重文之餘緒，然何以至齊梁文風卻遠勝前代？此與在上位者的提倡有莫大關係。蕭道成與蕭賾在位時，屢與王公臣子遊宴賦詩，〔註101〕所謂「上有好者，下必盛焉」，君主積極提倡文學，當代文

---

永明五年「集學士抄《五經》、百家（譜），依《皇覽》例為《四部要略》千卷」，並使賈淵撰《見客譜》。上述之事，王儉集團與蕭子隆集團均曾為之（各詳見《南齊書》本傳），蓋此皆為當日文學集團之主要活動。

〔註98〕 《南齊書‧武十七王‧蕭子良傳》：「招致名僧，講語佛法，造經唄新聲，道俗之盛，江左未有也。……數於邸園營齋戒，大集朝臣眾僧，至於賦食行水，或躬親其事，世頗以為失宰相體。勸人為善，未嘗厭倦，以此終致盛名。」（卷四〇，頁700）

〔註99〕 見《南史‧周顒傳》（卷三四，頁895）及《梁書‧沈約傳》（卷十三，頁243）。

〔註100〕 劉師培：《中古文學史》第五課（乙）「齊梁文學」節，頁83。按衡陽王鈞為齊高帝十一子，非武帝之嗣，疑劉師培誤將衡陽王鈞置於武帝之嗣。台北：文海出版社，1972年9月影印版。

〔註101〕 《南齊書‧高帝本紀下》：「（建元元年九月）戊申，車駕幸宣武堂宴會，詔諸王公以下賦詩。」（卷二，頁35）又《南齊書‧武帝本紀》：「（永明二年）八

風自然大盛。蕭齊時三大文學集團的領導者，王儉爲世家大族、開國功臣，蕭子良、蕭子隆爲宗室，登高一呼，天下士人莫不贏糧景從，文風自易流布。而王儉集團在蕭子良開西邸後，文學活動漸歇，更可見蕭子良以其政治上的相對優勢地位（齊武帝次子，並與文惠太子相友悌，居不疑之地），更易獲得士人的青睞。

如前所言，蘭陵蕭氏的文化素養自蕭道成始漸高，此與其久與世族相接不無關係，但是同時也沾染了玄遠之風。《南史・齊高帝諸子上・蕭嶷傳》云：

> 武帝嘗問臨川王映居家何樂事，映曰：「政使劉瓛講禮，顧惻講易，朱廣之講莊、老，臣與二三諸彥兄弟友生時復擊贊，以此爲樂。」上大賞之。他日謂嶷曰：「臨川爲善，遂至於斯。」嶷曰：「此大司馬公之次弟，安得不爾！」上仍以玉如意指嶷曰：「未若皇帝之次弟爲善最多也。」

自清談風氣盛行以來，老、莊、易「三玄」即爲講談之資。蕭映以講「三玄」爲樂，可見頗受玄風沾染。而蕭賾與蕭嶷的對話，也似《世說新語・言語篇》中魏晉名士所尚之清談名對。

齊高帝蕭道成幼時嘗於儒士雷次宗處受經學，踐阼後，亟思振興儒業，修建國學，然因天下初定，直至建元四年始詔立國學。尋高帝崩，武帝蕭賾以國喪故，罷國學，事遂寢。三年後（永明三年），武帝復詔立國學，省總明觀，國學乃立。永明十一年，武帝以文惠太子亡故，乃廢國學。〔註 102〕齊明帝蕭鸞於建武四年復詔立學，〔註 103〕然因「時不好文，輔相無術，學校雖設，前軌難追」。〔註 104〕翌年（永泰元年），東昏即位，依永明故事而廢國學。〔註 105〕蕭齊一代，國學興廢無常，武帝實爲關鍵。武帝雖紹父志，

---

月丙午，車駕幸舊宮小會，設金石樂，在位者賦詩。」（卷三，頁 49）
〔註102〕 《南齊書・禮志上》：「永泰元年，東昏侯即位，尚書符依永明舊事廢學。領國子助教曹思文上表曰：『……永明以無太子故廢，斯非古典也。……貴賤士庶，皆須教成，故國學太學兩存之也，非有太子故立也。然繫廢興於太子者，此永明之鉅失也。……』」（卷九，頁 144）
〔註103〕 《南齊書・明帝本紀》：「（建武）四年春正月庚午，大赦。詔曰：『……經緯九區，學數爲大。……今華夏乂安，要荒慕嚮，締脩庠序，寔允適時。便可式依舊章，廣延國胄，弘敷景業，光被後昆。』」（卷六，頁 89）
〔註104〕 《南齊書・劉瓛傳》卷三九，頁 687。
〔註105〕 《南齊書・禮志上》：「永泰元年，東昏侯即位，尚書符依永明舊事廢學。」（卷九，頁 144）

立國學，卻兩度因國諱而罷國學，此舉爲歷代所未有，〔註 106〕而下開東昏廢學之例。由此亦可看出蕭賾對國家教育的重視程度遠不如其父蕭道成。然蕭齊在學校教育如此衰落的情況下，文風卻異常興盛，此現象可謂十分特殊。〔註 107〕

　　此時學校教育雖不甚發達，蕭道成、蕭賾卻很重視宗室子弟的教育。此與蕭道成親見劉宋諸君屠戮宗室子弟有關。如本章第一節所言，漢魏以降，儒學衰微，倫理綱常受到嚴重挑戰，至南朝有加劇的趨勢，劉宋皇室即爲典型。劉宋皇室成員的文化素養甚差，除劉義慶、劉義眞等少數人略能文詞外，〔註 108〕餘如劉道憐、劉義康諸人皆胸無點墨。〔註 109〕正由於皇室成員不識文義、不好讀書，又不重教育、闇於大體，故劉宋宮闈之亂，倫理之泯，令人咋舌，〔註 110〕而諸帝之自屠宗室，亦唯恐不盡，〔註 111〕時人語曰：「遙望建康城，小江逆流縈，前見子殺父，後見弟殺兄。」〔註 112〕齊高帝、武帝有鑑於此，故甚重儒教，尤重《孝經》，〔註 113〕期以儒家三綱五常的倫理規範約束

〔註106〕《南齊書・禮志上》：「領國子助教曹思文上表曰：『若以國諱故宜廢，昔漢成立學，爰洎元始，百餘年中，未嘗暫廢，其閒有國諱也。且晉武之崩，又其學猶存，斯皆先代不以國諱而廢學之明文也。』」（卷九，頁 144）

〔註107〕南朝因政治不穩定，教育機構難常置，《南史・儒林傳》云：「宋、齊國學時或開置，而勸課未博，建之不能十年，蓋取文具而已。」當時知識獲得的途徑，一是世家大族的家學相傳，如琅邪王氏之家傳儒學；一是私人的開館立學，如劉瓛、沈驎士、吳苞、徐伯珍等（各詳《南齊書》本傳），國家教育甚少發揮實際效用。然而此時的文風卻異常活潑，文化風氣與學校教育的發展呈現出截然不同的面貌，這不僅是蕭齊的特殊現象，也是整個南朝的特殊現象。

〔註108〕《宋書・宗室傳》：「（義慶）爲性簡素，寡嗜欲，愛好文義，才詞雖不多，然足爲宗室之表。）（卷五一，頁 1477）《宋書・劉義眞傳》：「義眞聰明愛文義，而輕動無德業。」（卷六一，頁 1635）

〔註109〕《宋書・宗室傳》：「道憐素無才能，言音甚楚，舉止施爲，多諸鄙拙。」（卷五一，頁 1462）《南史・劉義康傳》：「義康素無學術，待文義者甚薄。袁淑嘗詣義康，義康問其年，答曰：『鄧仲華拜袞之歲。』義康曰：『身不識也。』淑又曰：『陸機入洛之年。』義康曰：『身不讀書，若姑爲作才語見向。』其淺陋若此。」（卷十三，頁 367）

〔註110〕如：元凶劭之弒父（文帝）、前廢帝爲姐山陰公主置面首、後廢帝欲煮藥酖太后等，多不勝數。

〔註111〕如：宋文帝殺弟義康，孝武帝、前廢帝大殺叔父及兄弟，宋明帝殺盡孝武諸子及兄弟等，史不絕書。

〔註112〕《魏書・島夷劉裕傳》，卷九七，頁 2142。

〔註113〕魏晉以來，「忠」的觀念日益淡薄，不僅士族大臣無「忠」的觀念（「主位

宗室子弟，並企圖突顯「孝」的觀念，使宗室子弟不悖亂，忠心翊戴王室。蕭道成臨終時猶諄諄告誡蕭賾，「宋室若不骨肉相圖，他族豈得乘其衰弊，汝深戒之」，〔註114〕實乃鑑於劉宋王室的慘劇也。蕭賾不欲子孫骨肉相殘，頗能恪遵乃父遺訓，故對威脅其地位（如蕭嶷）及不見寵（如蕭晃、蕭曄）的諸弟尚能容忍不誅。

和蕭道成一樣，蕭賾也很重視諸子的教育。盧陵王子卿不好學，蕭賾斥之：「汝比在都，讀書不就，年轉成長，吾日冀汝美，勿得敷如風過耳，使吾失氣。」晉安王子懋好學，「啓求所好書，上（蕭賾）又曰：『知汝常以書讀在心，足為深欣也。』賜子懋杜預手所定《左傳》及《古今善言》」。〔註115〕但蕭賾卻由於性格上的缺失（奢侈、猜疑），致使對太子長懋、太孫昭業的教育無法貫徹，變其父蕭道成所傳之家教，使道成子孫幾乎覆滅。

蕭道成性清儉，「身不御精細之物」，〔註116〕蕭賾卻好奢，「後宮萬餘人，宮內不容，太樂、景第、暴室皆滿，猶以為未足」。〔註117〕至文惠太子長懋則奢侈更甚，「宮內殿堂，皆雕飾精綺，過於上宮。……善製珍玩之物，織孔雀毛為裘，光彩金翠，過於雉頭矣。……」。〔註118〕蕭道成無法將蕭賾奢侈的習性予以改正，已為一失。蕭賾對此雖有認知，卻難以改變自身的奢侈性格：「頗喜游宴、彫綺之事，言常恨之，未能頓遣。」〔註119〕太子長懋雖曾以好奢見責，〔註120〕蕭賾卻無法以身教導正太子的偏差行為，以致太孫（鬱林王）沾

---

雖改，臣任如初」「殉國之感無因，保家之念宜切」），宗室亦無（如晉八王之亂、劉宋宗室之屢叛）。蕭道成即位後，嘗問政於劉瓛，瓛曰：「『政在《孝經》。宋氏所以亡，陛下所以得之是也。』帝咨嗟曰：『儒者之言，可寶萬世。』」（《南史·劉瓛傳》卷五十，頁1236）故而甚重儒學，尤其是《孝經》。永明年間，國學時講《孝經》，武帝每車駕幸聽，以表重視。而文惠太子之嫻於《孝經》，亦由於其父、祖重視之故。有以「孝」的觀念取代「忠」的意思。

〔註114〕《南齊書·蕭晃傳》卷三五，頁624。

〔註115〕上述引文引自《南齊書·武十七王傳》卷四十，頁703、710。

〔註116〕《南齊書·高帝本紀下》卷二，頁38。

〔註117〕《南史·齊高帝諸子上·蕭嶷傳》卷四二，頁1063。

〔註118〕詳《南齊書·文惠太子傳》卷二一，頁401。

〔註119〕《南史·齊本紀上》卷四，頁126。《南齊書·武帝本紀》言「頗不喜游宴、雕綺之事，言常恨之，未能頓遣」，依句意看來，「不」字疑為衍文。

〔註120〕《南齊書·文惠太子傳》：「上（蕭賾）幸豫章王宅，還過太子東田，見其彌亙華遠，壯麗極目，於是大怒，收監作主帥，太子懼，皆藏匿之，由是見責。」（卷二一，頁401）

染父祖之習而更變本加厲。〔註121〕文惠太子之無法糾正太孫的奢侈習性，一如武帝之於文惠太子只能言教而不能身教，〔註122〕再加上太子早死，對太孫的教育不足，以致鬱林王之驕奢淫逸遠較其父祖爲甚。又蕭賾臨終前囑太孫：「五年中一委宰相，汝勿厝意。五年以後，勿復委人。若自作無成，無所多恨。」〔註123〕僅教太孫如何固權保位，勿輕信宗室大臣，卻未教導如何修身治國，此與道成臨終「不圖骨肉」之訓誡已不相同。致鬱林失道，遂令江山淪於旁枝（齊明帝蕭鸞），而使宗室子孫幾被誅除盡淨。〔註124〕

---

〔註121〕《南史・齊本紀下》：「武帝聚錢上庫五億萬，齋庫亦出三億萬，金銀布帛不可稱計。（鬱林）即位未期歲，所用已過半，皆賜與諸不逞群小。取諸寶器以相擊剖破碎之，以爲笑樂。及至廢黜，府庫悉空。」（卷五，頁I37）

〔註122〕《南齊書・鬱林王本紀》：「爲南郡王時，文惠太子禁其起居，節其用度，昭業（鬱林王）謂豫章王妃庾氏曰：『……今日見作天王，便是大罪，左右主帥，動見拘執，不如作市邊屠酤富兒百倍矣。』及即位，極意賞賜，動百數十萬。」（卷四，頁73）

〔註123〕《南史・齊本紀下》卷五，頁136。

〔註124〕高、武子孫中，僅豫章王蕭嶷（子顯父）一門未罹禍。詳下章。

# 第三章　蕭子顯及其父兄在政壇與學術的表現

## 第一節　蕭嶷的權勢與人格行為

　　蕭子顯之父蕭嶷為齊高帝蕭道成次子，齊武帝蕭賾之弟。齊臺建，封為豫章郡王。蕭嶷素為蕭道成所親信，蕭賾即位後，與嶷雖仍相友愛，但位任已不如高帝在位時。在齊明帝蕭鸞當國，蕭道成子孫先後遭慘殺的情況下，蕭嶷一門卻得以保全，除少數於齊時已亡故者，蕭嶷諸子幾乎皆仕於梁。相較於蕭道成諸子，蕭嶷或許是較為幸運的，然而在當時的政治環境下，蕭嶷一門的全身遠禍卻絕非僥倖。此固然與蕭嶷政治地位的起伏有關，其家庭教育亦是蕭嶷一門得以保全的重要原因；而蕭子顯兄弟卓越的文藝成就，也與蕭嶷的政治遭遇和家庭教育有關。此即為本節所欲討論的重點。

　　蕭嶷因性格「寬仁弘雅，有大成之量」，[註1] 特為蕭道成所鍾愛。宋明帝時始仕，為蕭道成之得天下出力甚多。今就其曾任之官爵來看，較易看出其政治地位的起伏變化。

---

〔註1〕《南齊書‧豫章文獻王嶷傳》卷二二，頁405。

## 〔表七〕蕭嶷歷任官爵表〔註2〕

| | |
|---|---|
| 宋明帝 | 〔1〕起家爲太學博士‧長城令。<br>　　※太學博士：學官名。<br>　　※長城令：地方官名，掌一縣之政。七品。<br>〔2〕入爲尙書左民郎‧錢唐令。<br>　　※尙書左民郎：隸屬左民尙書，掌戶籍與工官之事。六品。<br>　　※錢唐令：地方官名，掌一縣之政。七品。<br>〔3〕太祖（蕭道成）破薛索兒，賜爲晉壽縣侯。<br>　　※晉壽縣侯：該縣爲其食邑。三品。<br>〔4〕除通直散騎侍郎，以偏憂去官。<br>　　※通直散騎侍郎：掌奏事，直侍左右，隸門下省。五品。 |
| 宋蒼梧王 | 〔5〕桂陽之役，板爲寧朔將軍，領兵衛從。<br>　　※寧朔將軍：三國時魏置，南朝時成爲加官、散官性質的將軍，無實際職<br>　　　　務。四品。<br>〔6〕事寧，遷中書郎。<br>　　※中書郎：即中書侍郎。掌起草詔命。五品。<br>〔7〕尋爲安遠護軍‧武陵內史。<br>　　※安遠護軍：主護少數民族，爲武陵內史的兼任職。六品。<br>　　※武陵內史：主一郡之政。五品。<br>〔8〕爲安成王（宋順帝）車騎諮議參軍府掾。<br>　　※車騎諮議參軍：車騎府屬官，職參謀議。七品。<br>〔9〕轉驃騎，仍遷從事中郎。<br>　　※驃騎從事中郎：驃騎府屬官，職參謀議。三品。 |
| 宋順帝 | 〔10〕轉侍中，總宮內直衛。<br>　　※侍中：隸門下省，掌奏事，直侍左右。三品。<br>〔11〕沈攸之之難，出鎮東府，加冠軍將軍。<br>　　※冠軍將軍：爲加官、散官性質的將軍。三品。 |

〔註2〕本表資料來源：
　　《南齊書》：〈豫章文獻王列傳〉〈高帝本紀〉〈武帝本紀〉〈百官志〉
　　《南史》：〈齊高帝諸子上〉〈齊本紀上〉
　　《宋書》：〈百官志〉〈順帝本紀〉
　　《資治通鑑》：〈宋紀〉〈齊紀〉
　　《通典》：〈職官〉
　　《歷代職官表》
　　《中國官制大辭典》

| | | |
|---|---|---|
| | 〔12〕 | 遷中領軍，加散騎常侍。<br>※中領軍：爲禁衛軍，掌內軍。三品。<br>※散騎常侍：隸門下省，掌奏事，直侍左右。三品。 |
| | 〔13〕 | 出爲使持節・都督江州豫州之新蔡晉熙二郡軍事・左將軍・江州刺史，常侍如故。<br>※使持節都督：使持節得殺二千石以下。都督爲地方高級軍政長官，對屬州有指揮督察權，可向屬州徵集兵員與軍械，調用財物，且可板授郡太守，上書黜陟刺史。二品。<br>※左將軍：三品。<br>※江州刺史：主一州之政，五品。 |
| | 〔14〕 | 改封永安縣公。<br>※永安縣公：地位在開國郡公之下，侯之上。 |
| | 〔15〕 | 徙都督荊湘雍益梁寧南北秦八州諸軍事・鎮西將軍・荊州刺史，持節、常侍如故。<br>※都督八州諸軍事：爲地方高級軍政長官，對屬州有指揮督察之權。二品。<br>※鎮西將軍：一品。<br>※荊州刺史：主一州之政。五品。 |
| 齊高帝 | 〔16〕 | （建元元年）遷侍中・尚書令・都督揚南徐二州諸軍事・驃騎大將軍・開府儀同三司・揚州刺史，持節如故。<br>※侍中、持節都督已見前。<br>※尚書令：綜理政務，總領尚書台諸曹。三品。<br>※驃騎大將軍：重號將軍。二品。<br>※開府儀同三司：從公級加官。一品。<br>※揚州刺史：掌治京師地區。三品。 |
| 齊高帝 | 〔17〕 | 封豫章郡王。 |
| 齊高帝 | 〔18〕 | 北魏動，復以爲都督荊湘雍益梁寧南北秦八州諸軍事・南蠻校尉・荊湘二州刺史，持節、侍中、將軍、開府如故。<br>※都督等官已見前。<br>※南蠻校尉：主護少數民族。四品。 |
| 齊高帝 | 〔19〕 | 平張群之叛，入爲都督揚南徐二州諸軍事・中書監・司空・揚州刺史，持節、侍中如故。加兵置佐。<br>※都督等官已見前。<br>※中書監：掌詔命，南朝爲實際宰相職。三品。<br>※司空：三公之一。一品。 |
| 齊武帝 | 〔20〕 | 進位太尉，置兵佐，解侍中，增班劍爲三十人。<br>※太尉：三公之首。一品。 |
| 齊武帝 | 〔21〕 | 領太子太傅，解中書監，餘如故。<br>※太子太傅：掌輔導太子。三品。 |

> 〔22〕服闋，加侍中。
> 〔23〕（永明三年）求解太傅，不許。皇孫婚竟，又陳解，不許。求解揚州授竟陵王子良，終不許。
> 〔24〕（永明五年）進位大司馬。
> ※大司馬：位上公。一品。
> 〔25〕（永明八年）給卓輪車。尋加中書監，固讓。
> 〔26〕（永明十年）使持節、都督揚南徐二州諸軍事・大司馬・領太子太傅・揚州刺史，新除中書監。

按：南齊之官品不詳，或與宋同，故蕭嶷於齊時所任之官爵，其品位蓋依《晉書・職官志》與《宋書・百官志》為準。

據上表。蕭嶷以品秩較低的學官及地方官起家仕宋（〔1〕條），在宋明帝時並未有何功績。雖被封為三品的晉壽縣侯，卻是以蕭道成之先爵賜嶷；〔註3〕除通直散騎侍郎，不久即以偏憂去官（〔3〕〔4〕條）。蒼梧王時，蕭嶷漸露頭角。桂陽王休範起兵反，蕭嶷為寧朔將軍。寧朔將軍雖屬加官、散官性質的將軍，並無實權，但卻因「領兵衛從」而有了實際上的兵權（〔5〕條），然而這只是蕭道成威權漸重的證據之一，〔註4〕也是戰時的權宜措施，〔註5〕不宜視之為蕭嶷掌權之始，此點由桂陽王事平後，遷蕭嶷為中書（侍）郎一事可看出。就制度上而言，中書侍郎的職權是起草詔命（〔6〕條），蕭嶷所擔任的應是掌握機權的中央官。但蒼梧王此時深忌蕭道成，〔註6〕故亦疑蕭嶷。〔註7〕此後又任蕭嶷為安成王（宋順帝）車騎諮議參軍和驃騎從事中郎（〔8〕〔9〕條）。此二職雖屬參謀性質，但因車騎將軍與驃騎大將軍均為重號，故應能與聞中央實際軍事事務。安成王此時所任之職為揚州刺

---

〔註3〕《南齊書・豫章文獻王嶷傳》：「太祖（蕭道成）破薛索兒，改封西陽，以先爵賜（嶷）為晉壽縣侯。」（卷二二，頁405）

〔註4〕《南齊書・豫章文獻王嶷傳》：「桂陽之役，太祖出頓新亭壘，板嶷為寧朔將軍，領兵衛從」，可見蕭嶷此任乃是蕭道成所授。（卷二二，頁405）

〔註5〕蕭道成欲蕭嶷領兵衛從，但此時蕭嶷位望不高，故加一四品的寧朔將軍銜，用以服眾。

〔註6〕《南史・齊本紀上》：「帝（蕭道成）威名既重，蒼梧深相猜忌，刻木為帝形，畫腹為射堋，自射之，……加以手自磨鋌，曰：『明日當以刃蕭道成。』……」（卷四，頁101）

〔註7〕《南齊書・豫寧文獻王嶷傳》：「太祖在領軍府，嶷居青溪宅。蒼梧王夜中微行，欲掩襲宅內，嶷令左右舞刀戟於中庭，蒼梧從牆閒窺見，以為有備，乃去。」（卷二二，頁406）

史、都督揚南豫二州諸軍事，〔註8〕蕭嶷爲其車騎府與驃騎府參謀，雖然史書不載，但其後蕭道成奉安成王爲帝，殆與蕭嶷居間不無關係。

或因與蕭嶷有舊，或因蕭道成總擅朝權，宋順帝即位後，蕭嶷漸掌實權。值得注意的是蕭嶷所任之〔10〕〔12〕職。侍中與散騎常侍俱爲掌奏事，直侍左右之官，本爲親近之職，但此時侍中與散騎常侍已不掌權，僅爲加官。〔註9〕故蕭嶷權力的來源並非由於侍中或散騎常侍，而是因爲「總宮內直衛」之職，其後「遷中領軍」，更是名正言順的掌握了禁衛軍。

宋順帝昇明二年正月，沈攸之事平後，蕭道成都督荊湘等十六州軍事，掌握南朝半壁江山。〔註10〕更命蕭賾爲江州都督，亦即命蕭賾出當其督區外之另一戰略要州。八月，命蕭賾爲領軍將軍，掌控內軍，而以蕭嶷爲江州都督（〔13〕條），此即兄弟互相接代，掌控京城內外的部署，預備篡位。江州兵源充足、交通方便、糧儲充足，〔註11〕可制衡荊、揚，戰略地位十分重要。〔註12〕宋孝武帝劉駿與桂陽王劉休範均據此地起兵奪權，休範雖敗，但劉駿卻成功的奪取了政權。蕭道成雖掌握了荊湘等十六州的軍政，若不能控制江

---

〔註8〕　《宋書・順帝本紀》：「（泰始）七年，封安成王，……廢帝（蒼梧王）即位，爲揚州刺史，元徽二年，進號車騎將軍、都督揚南豫二州諸軍事，給鼓吹一部，刺史如故。四年，又進號驃騎大將軍、開府儀同三司，班劍三十人，都督、刺史如故。」（卷十，頁193）

〔註9〕　《南齊書・百官志》：「侍中，漢世爲親近之職。魏晉選用，稍增華重，而大意不異。」（卷十六，頁322）但至宋孝武時，侍中選任以風貌爲主，「宋孝武選侍中四人，並以風貌。王彧、謝莊爲一雙，韜與何偃爲一雙。常充兼假。」（《南齊書・阮韜傳》卷三二，頁586）蕭子顯評曰：「内侍樞近，世爲華選，金璫頭耀，朝之麗服，久忘儒藝，專授名家。加以簡擇少姿，簪貂冠晃，基蔭所通，後才先貌，事同調者，以形骸爲官，斯違舊矣。」（卷三二，頁587）至於散騎常侍，《南齊書・百官志》云：「舊與侍中通官，其通直員外，用衰老人士，故其官漸替。宋大明雖華選比侍中，而人情久習，終不見重，尋復如初。」所謂「復如初」，乃是回復漢時以散騎常侍爲加官。

〔註10〕　蕭道成此時都督的十六州爲：南徐、南兗、徐、兗、青、冀、司、豫、荊、雍、湘、郢、梁、益、廣、越。（《南齊書・高帝本紀上》卷一，頁13）

〔註11〕　張承宗：〈六朝時期江州的戰略地位〉，《蘇州大學學報》1993年第一期，頁89。《南齊書・州郡志上》也云：「江州，鎮尋陽，中流衿帶。……庾亮領刺史，都督六州，云以荊、江爲本，校二州戶口，雖相去機事，實覺過半，江州實爲根本。」（頁260）

〔註12〕　田餘慶：《東晉門閥政治》：「江州若合於荊州，上游就更能自主，從而對下游的優勢也會加大，建康將感到威脅。江州若控制在建康朝廷手中，荊州方鎮將難於獨立，有可能受制於建康。」（頁118）北京：北京大學出版社，1996年5月第三版。

州，一旦反對勢力於此地起兵，蕭道成大業未必能成，故蕭嶷於此時任此職的意義十分重大。

在蕭道成奪位前三個月，改命蕭嶷任荊州刺史，〔註 13〕並使持節、都督荊湘等八州軍事（15）條）。荊州形勝，「荊居上流，甲兵所萃」，〔註 14〕向來即是十分重要的軍事要地。〔註 15〕昇明二年，沈攸之事平後，竟僅以年方九歲的武陵王劉贊爲荊州刺史。蕭道成於此時命蕭嶷接替其官，使之掌八州軍政，亦即將權力基礎委之。

蕭道成即位後，蕭嶷更是屢任重職。蕭道成於昇明三年四月登基，改元建元，即命蕭嶷爲揚州刺史，並都督揚、南徐二州諸軍事，持節如故、（〔16〕條），京畿安危繫於蕭嶷之手。蕭嶷同時又總理門下、尚書省事，加以驃騎大將軍・開府儀同三司，故爲齊初實際掌握政軍大權的首相，證明了蕭嶷當日權位之尊隆罕有匹敵者。

國初定，蕭道成即思有所作爲，意圖北伐。因慮南蠻在後方爲患，元年九月復以蕭嶷爲南蠻校尉、荊湘二州刺史，並都督八州軍事（〔18〕條）。《南齊書・豫章文獻王嶷傳》云：「晉宋之際，刺史多不領南蠻，別以重人居之，至是有二府二州。」〔註16〕蕭嶷之破例，除因其身份的可靠性（蕭道成次子）與本身之才幹外，蕭嶷於宋時曾任安遠護軍（〔7〕條），有處理少數民族問題的經驗，相信是蕭道成最主要的考量因素。湘州糧產至爲殷富，〔註 17〕荊州又爲天下甲兵之所聚，蕭道成以蕭嶷任此職，其對蕭嶷之倚賴不言而喻。待建元二年蕭嶷平張群之叛後，復重返中央，以宰相兼領揚州。

由上可知，蕭嶷於宋末曾進入禁衛軍系統，其後又任江、荊二州刺史，在宋齊易革之際助其父甚多，又爲之收拾民心，〔註 18〕無怪乎甚得蕭道成之

---

〔註13〕 蕭道成於昇明三年四月即帝位，改元建元，蕭嶷於一月任荊州刺史，見《資治通鑑・齊紀一》卷一三五「高帝建元元年」條，頁 4221。

〔註14〕 吳廷燮：〈東晉方鎮年表・序〉收入《二十五史補編》，開明鑄版。

〔註15〕 《三國志・蜀書・諸葛亮傳》：「荊州北據漢沔，利盡南海，東連吳會，西通巴蜀，此用武之國。」（卷三五，頁 912）

〔註16〕 《南齊書・豫章文獻王嶷傳》卷二二，頁 407。

〔註17〕 當時荊州之糧食尚賴江、湘二州供給：「荊州資費歲錢三千萬，布萬匹，米六萬斛，又以江、湘二州米十萬斛給（荊州）鎮府。」（《南齊書・豫章文獻王嶷傳》卷二二，頁 407）

〔註18〕 「時高帝作輔，嶷務在省約，停府州儀迎物。」「初，沈攸之欲聚眾，開人相告，士庶坐執役者甚眾。嶷至鎮（荊州），一日遣三千餘人，見囚五歲刑以下不連臺者，皆原遣。以市稅重，多所寬假。百姓甚悅。」「高帝即位，赦詔未

親信倚賴。

　　自蕭賾即位（永明元年）至蕭嶷薨（永明十年），蕭嶷一方面加領太子太傅、進位大司馬，另一方面卻解除了侍中、中書監的官職，其他職務並無多大變動，值得注意。蕭賾甫即位，便進蕭嶷爲太尉，並領太子太傅，先後解除了侍中與中書監的職務，也就是解除了蕭嶷入侍天子及掌握詔令之權，顯示了兄皇不讓皇弟繼續任宰相，將他排出權力核心圈的用意，並以進位安撫其心。此舉對蕭嶷來說，必定造成了某種程度的震撼與警覺，日後蕭嶷數度上啓，請求解除太子太傅及揚州刺史職務的舉動，多少流露出了蕭嶷心中的警戒。而蕭嶷在永明年間任揚州刺史一直達十年之久，在南朝甚爲罕見，不禁令人懷疑蕭賾是否一方面仍用他來治理京畿，另一方面又不欲蕭嶷遠出，遂藉此職務將之留在身邊，就近監視？

　　「時豫章王嶷與文惠太子以年秩不同，物論謂宮、府有疑」，〔註19〕故蕭嶷在永明元年及三年，兩度求解太子太傅職，或因與文惠太子不睦有關。〔註20〕而蕭賾即位後，竟陵王子良官位屢遷，〔註21〕且禮才好士，名動天下，蕭嶷又「常慮盛滿」，遂要求解揚州以授子良。雖然蕭賾始終不許，但蕭嶷此舉已自言無意於高位，以除世祖疑己之心，加之以蕭嶷行事態度謙卑謹慎，故武帝終不殺嶷，而蕭嶷也逐漸淡出權力核心。

　　然何以蕭賾與蕭嶷間的兄弟關係竟是如此暗潮起伏？

　　蕭賾爲太子時嘗「以事失旨」，致太子地位幾乎不保。此事《南史·荀伯玉傳》載之甚詳：

> 時武帝在東宮，自以年長，與高帝同創大業，朝事大小悉皆專斷，多違制度。左右張景眞偏見任遇，又多僭侈。武帝拜陵還，景眞白服乘畫舸舺，坐胡床。觀者咸疑是太子，內外祇畏，莫敢有言者。……

---

至，嶷先下令蠲除部內昇明二年以前逋負。」見《南史·齊高帝諸子上·蕭嶷傳》卷四二，頁1061。

〔註19〕《南齊書·劉繪傳》卷四八，頁841。

〔註20〕蕭嶷的死，當日亦有傳言與文惠太子有關。《南史·齊高帝諸子上·蕭嶷傳》：「嶷薨後，忽見形於沈文季曰：『我未應便死，皇太子加膏中十一種藥，使我癃不差，湯中復加一種藥，使利不斷。……』」（卷四二，頁1067）幽邈之事，難以爲據，此或許爲當時傳說，但卻可證明「宮、府有疑」的說法可信度甚高。

〔註21〕永明元年，蕭子良徙爲侍中、都督南兗兗徐青冀五州、征北將軍、南兗州刺史。永明二年入爲護軍將軍，兼司徒，領兵置佐。詳《南齊書·武十七王·蕭子良傳》卷四十，頁694。

> 伯玉因武帝拜陵之後，密啓之，上大怒。豫章王嶷素有寵，政以武
> 帝長嫡，又南郡王兄弟並列，故武帝爲太子，至是有改易之意。武
> 帝東還，遣文惠太子、聞喜公子良宣敕詰責，……武帝憂懼，稱疾
> 月餘日。上怒不解，晝臥太陽殿，王敬則直入叩頭，啓請往東宮以
> 慰太子。……高帝了無動意。敬則索衣以衣高帝，仍牽上輿。遂幸
> 東宮，召諸王宴飮，……長沙王晃捉華蓋，臨川王映執雉尾扇，聞
> 喜公子良持酒鎗，南郡王行酒，武帝與豫章王嶷及敬則自捧肴饌。
> 高帝大飮，賜武帝以下酒，並大醉盡歡，日暮乃去。〔註22〕

一場廢立太子的危機消彌於觥籌交錯中，而「嶷事世祖恭悌盡禮，未嘗違忤
顏色，故世祖友愛亦深」。〔註23〕《南齊書‧豫章王嶷傳》中也屢見蕭賾與蕭
嶷的友愛親近：

> 永明末，車駕數游幸，唯嶷陪從。……每幸第清除，不復屏人。上
> 敕外監曰：「我往大司馬第，是還家耳。」（嶷）妃庾氏常有疾，瘳，
> 上幸嶷邸，後堂設金石樂，宮人畢至。每臨幸，輒極日盡歡。

代嫡風波似乎未在二人間留下嫌隙。但事實果眞如表面所見？蕭賾果眞是寬
仁弘忍之人？此由下列數事可得見答案。

《南史‧王瞻傳》：

> 豫章王嶷少時，早與瞻友。瞻常候嶷高論，齊武帝時在大床寢，瞻
> 謂公嶷曰：「帳中人物亦復隨人寢興。」嶷言次忽問王景文兄楷賢愚
> 何如殷道矜，瞻曰：「卿遂復言他人兄邪。」武帝笑稱嶷小名阿玉，
> 「汝兄愚，那得忽來王參軍此句」。瞻曰：「直恐如卿來談。」武帝
> 銜之，未嘗形色。……及齊建元初，瞻爲永嘉太守，詣闕跪拜不如
> 儀。武帝知之，召入東宮，仍送付廷尉殺之。

又《南齊書‧江謐傳》：

> 謐才長刀筆，所在事辦。太祖崩，謐稱疾不入，衆頗疑其怨不豫顧
> 命也。世祖即位，謐又不遷官，以此怨望。時世祖不豫，謐詣豫章
> 王嶷請閒曰：「至尊非起疾，東宮又非才，公今欲作何計？」世祖知
> 之，出謐爲征虜將軍、鎭北長史、南東海太守。未發，上使御史中

---

〔註22〕 卷四七，頁 1168 ～1169。《南齊書‧荀伯玉傳》所載與《南史》同，唯不言高
　　　　帝欲以嶷代武帝爲太子，恐因蕭子顯爲其父祖隱諱之故，是以於此引用《南史》。
〔註23〕 《南齊書‧豫章文獻王嶷傳》卷二二，頁 409。

丞沈沖奏謐前後罪，……詔賜死。

此二人皆因有意或無意勸蕭嶷自代而獲罪，「跪拜不如儀」和「心懷怨望」只是蕭賾欲誅除二人的藉口。此事顯示出蕭賾深沈記恨的性格，再加上蕭道成一度有以蕭嶷為嫡之心，蕭賾對嶷何能不疑？蕭嶷對此焉能不知？初，蕭嶷無子，養巴東王子響為世子，其後有子，仍上表留子響為嫡，直至永明六年，為有司所奏，子響始還本。何以蕭嶷有子後，卻仍欲以子響為世子？此事史未明言，今試論之。若子響仍為世子，蕭嶷百年後必由子響嗣豫章王之爵位，蕭嶷之子反而不得承繼。以蕭賾子襲己之爵位，不僅意在絕蕭賾疑己之心，也使諸子逐漸遠離高爵厚位，以全身遠禍。由此事可想見蕭嶷之戒懼謹慎，也可見其謀畫之深遠。然子響還本後兩年（永明八年），事變卻起，而蕭賾性格之深沈狠硬，又在此事中表露無遺。

蕭子響好武，個性蠻直，〔註24〕任荊州刺史時，因欲與蠻交易器仗，為長史密啟，子響怒殺長史、典籤等人，因而引發事端。事件發生之初，蕭賾甚怒，史載：

> （永明）八年，巴東王子響殺僚佐，世祖召（戴）僧靜使領軍向江陵，僧靜面啟上曰：「巴東王年少，長史捉之太急，忿不思難故耳。天子兒過誤殺人，有何大罪。官忽遣軍西上，人情惶懼，無所不至，僧靜不敢奉敕。」上不答而心善之。〔註25〕

經大臣的勸告，蕭賾憤怒的情緒似乎平復了，乃改遣胡諧之、尹略、茹法亮、蕭順之等安撫子響，敕曰：「子響若束首自歸，可全其性命。」〔註26〕但由於茹法亮等人居間用事，子響終被絞殺，並為有司奏絕屬籍，賜為蛸氏。

整個事件除文惠太子秘密授意蕭順之殺子響外，〔註27〕武帝並無非置其於死地不可的念頭。子響行事過於乖戾，不能說完全無錯，但導致父子兵戎相見，以致喪生殞命的結果，卻是十分不必要。事後，蕭賾對此點也有所認知，史云：

〔註24〕《南齊書‧武十七王‧蕭子響傳》：「既出繼，車服異諸王，每入朝，輒忿怒，拳打車壁。」（卷四〇，頁704）
〔註25〕《南齊書‧戴僧靜傳》卷三十，頁556。
〔註26〕《南齊書‧武十七王‧蕭子響傳》卷四〇，頁705。
〔註27〕《南史‧齊武帝諸子‧蕭子響傳》：「上又遣丹陽尹蕭順之領兵繼之，……初，順之將發，文惠太子素忌子響，密遣不許還，令使為之所。子響及見順之，欲自申明，順之不許，於射堂縊之。」（卷四四，頁1109）

巴東王子響事，方鎮皆啟稱子響爲逆，（垣）容祖曰：「此非所宜言。

政應云劉寅等孤負恩獎，逼迫巴東，使至於此。」時諸啟皆不得通，

事平後，上乃省視，以容祖爲知言。〔註28〕

故甚爲懊悔，史謂「及順之還，上心甚怪恨。百日於華林爲子響作齋，上自行香，對諸朝士頓蹙」。〔註29〕又謂「上憐子響死，後遊華林園，見猿對跳子鳴嘯，上流目久之，因嗚咽流涕」。〔註30〕

蕭子響事件令人不解之處甚多，何以文惠太子不欲子響生還？何以朝士方鎮皆稱子響爲逆？尤令人費解的乃是蕭賾事後的處置與態度。

子響死後，蕭賾甚怪責蕭順之、茹法亮諸人，但卻並未有任何實際的懲處行動。蕭順之之死乃是因「慚懼，感病，遂以憂卒」，〔註31〕對於茹法亮則更是縱容。《南齊書·倖臣·茹法亮傳》：

巴東王子響於荊州殺僚佐，上遣軍西上，使茹法亮宣旨慰勞，安撫子響。法亮至江津，子響呼法亮，法亮疑畏不肯往。又求見傳詔，法亮又不遣。故子響怒，遣兵破尹略軍。事平，法亮至江津，刑賞處分，皆稱敕斷決。軍還，上悔誅子響，法亮被責。少時，親任如舊。

而胡諧之被免官，乃是因其所率之臺軍爲子響所敗之故。〔註32〕久之，蕭賾悔殺子響，甚思之，蕭嶷於是趁機上表，請求收葬子響，蕭賾竟不許，並貶爲魚復侯。〔註33〕蕭賾悔恨之情的表現與其實際的作爲竟如此大相逕庭，其心思令人難以猜測，而心腸之狠硬更是令人驚異。至此，不禁使人懷疑茹法亮違旨之諸行與「稱敕斷決」是否實爲武帝所應允？蕭子響曾出繼蕭嶷，其死是否與此有關？因資料不足，無法證明此項懷疑的合理性；但蕭子響被誅，與蕭賾之堅持不許收葬子響，應會對蕭嶷產生了一定程度的警惕。

前已言之，蕭道成生前對蕭嶷至爲親信倚重，而蕭嶷爲政寬厚，又甚得朝野愛戴，〔註34〕故蕭賾即位後，蕭嶷深懷謙退，以免蕭賾疑己。在《南

〔註28〕 《南齊書·垣容祖傳》卷二八，頁531。

〔註29〕 《南史·齊武帝諸子·蕭子響傳》卷四四，頁1109。

〔註30〕 《南史·齊武帝諸子·蕭子響傳》卷四○，頁706。

〔註31〕 《南史·齊武帝諸子·蕭子響傳》卷四四，頁1109。

〔註32〕 《南齊書·胡諧之傳》卷三七，頁657。

〔註33〕 《南齊書·武十七王·蕭子響傳》卷四○，頁706～707。

〔註34〕 《南史·齊武帝諸子·蕭子響傳》，卷四四，頁1109。又王儉與蕭嶷書曰：「舊楚蕭條，仍歲多故，政荒人散，實須綷理。公臨蒞甫爾，英風惟穆，江漢來蘇，八荒慕義，庚亮以來，荊州無復此政。古人云『期月有成』，而

齊書‧豫章王嶷傳》中，屢見蕭嶷上啓求解太子太傅職與儀杖，且蕭嶷事無大小，必欲上啓。〔註35〕若二人眞深相友愛，蕭嶷何必事事上「啓」？凡此種種不自然的舉措，證明了蕭嶷心中戒懼，二人的友好關係也顯得十分表面化。

雖然如此，但終武帝之世，蕭嶷始終保全。一方面與蕭賾尚能恪遵父訓有關，一方面也是蕭嶷處處謹言愼行，善處家人關係所致，如史載蕭晃事云：

> （蕭）晃愛武飾，罷徐州還，私載數百人仗還都，……世祖禁諸王畜私仗，聞之大怒，將糾以法。豫章王嶷於御前稽首垂涕曰：「晃罪誠不足宥。陛下當憶先朝念白象。」白象，晃小字也。上亦垂泣。太祖大漸時，誡世祖曰：「宋室若不骨肉相圖，他族豈得乘其衰弊，汝深戒之。」故世祖終無異意。〔註36〕

又載蕭曄之例云：

> 曄無寵於世祖，未嘗處方嶽，數以語言忤旨。世祖幸豫章王嶷東田宴諸王，獨不召曄。嶷曰：「風景殊美，今日甚憶武陵。」上乃呼之。曄善射，屢發命中，顧謂四座曰：「手何如？」上神色甚怪。嶷曰：「阿五常日不爾，今可謂仰藉天威。」帝意乃釋。〔註37〕

蕭嶷時時提醒蕭賾莫忘父訓，並盡心保全兄弟，也因此而保全了自己的性命。

蕭子良言蕭嶷「奉上無艱劬之貌，接下無毀傷之容，淡矣止於清貞，無喜慍之色，悠然栖於靜默，絕馳競之聲」，〔註38〕與蕭道成「深沈大量，喜怒無色」的性格頗相似。史又載其善納雅言：

> 時武帝奢侈，後宮萬餘人，……嶷後房亦千餘人。潁川荀丕獻書於嶷，極言其失，嶷咨嗟良久，爲書答之，又爲之減遣。〔註39〕

爲人寬厚：

> 嶷性汎愛，不樂聞人過失，左右有投書相告，置靴中，竟不視，取火焚之。齋庫失火，燒荊州還資，評直三千餘萬，主局各杖數十而

---

公旬日成化，豈不休哉。」嶷由荊湘刺史，欲入爲揚州刺史時，「以將還都，修治廨宇及路陌，東歸部曲不得齎府州物出城。發江津，士女觀送數千人，皆垂泣」。（《南齊書‧豫章文獻王嶷傳》卷二二，頁407、408。）

〔註35〕《南齊書‧豫章文獻王嶷傳》卷二二，頁409～413。
〔註36〕《南齊書‧高祖十二王‧蕭晃傳》卷三五，頁624。
〔註37〕《南齊書‧高祖十二王‧蕭曄傳》卷三五，頁625。
〔註38〕《南齊書‧豫章文獻王嶷傳》卷二二　，頁415。
〔註39〕《南史‧齊高帝諸子上‧蕭嶷傳》卷四二，頁1064。

已。〔註40〕

蕭嶷正因如此待人，故而無樹敵；抑或因不欲樹敵，故而如此待人？蕭嶷臨終語諸子曰：「聖主儲皇及諸親賢，亦當不以吾沒易情也。」〔註41〕當是此意。而蕭嶷時時戒懼在心，其意乃在保全自己及後代。

　　蕭嶷本身雖甚有才幹，或許是天性使然，也許是前朝的歷史教訓，蕭嶷對權勢並不熱中汲營，〔註42〕反而極力遠離以保身，並以此諄諄告誡諸子：

> 嶷常戒諸子曰：「凡富貴少不驕奢，以約失之者鮮矣。漢世以來，侯王子弟，以驕恣之故，大者滅身喪族，小者削奪邑地，可不戒哉！」
> 〔註43〕

有鑑於前朝骨肉相殘的慘劇，並謹守蕭道成遺訓，蕭嶷誡諸子曰：

> 吾無後，當共相勉勗，篤睦爲先。才有優劣，位有通塞，運有富貧，此自然理，無足以相陵侮。……勤學行，守基業，治閨庭，尚閑素，如此足無憂患。〔註44〕

因蕭嶷沖懷謙退的實際作爲與其殷殷叮囑，故子恪、子顯等兄弟始終能奉行父命，與蕭賾教子之只能言教不能身教大不相同。而子顯兄弟在文學方面成就頗高，亦與蕭嶷之訓勉不無關係。

　　「貧賤常思富貴，富貴必履機危」，〔註45〕享有權力富貴之人如何掙脫伴隨權力而來的危機？在生命與權力之間，蕭嶷選擇了棄權力而保生命。並非所有放棄權位者皆能保全性命，歷史上多的是失權力即喪生命之人。〔註46〕蕭嶷的特殊之處，在於其對權力始終不表興趣，也不鑽營汲求，故不因此而樹敵，且早知權位之不可久戀而思遠離，終於因此而得善終，亦保全了後代子孫。

　　南朝以降，政治環境瀰漫著殘忍嗜殺之風，蕭道成諸子中除次子蕭嶷外，

---

〔註40〕　《南齊書·豫章文獻王嶷傳》卷二二，頁418。
〔註41〕　《南齊書·豫章文獻王嶷傳》卷二二，頁417。
〔註42〕　《南齊書·豫章文獻王嶷傳》：「嶷臨終，召子廉、子恪曰：『……性不貪聚，自幼所懷，政以汝兄弟累多，損吾暮志耳。』」（卷二二，頁417）
〔註43〕　《南史·齊高帝諸子上·蕭嶷傳》卷四二，頁1065。
〔註44〕　《南齊書·豫章文獻王嶷傳》卷二二，頁417。
〔註45〕　見《晉書·諸葛長民傳》卷八五，頁2213。
〔註46〕　陶希聖以爲，「生命與權力之間，自有其不可分之勢，失權力即喪生命。戰國末西漢初『夸父死權』之說，遂重演無數悲劇於劉宋。」詳〈南朝士族之社會地位與政治權力（上）〉，4卷8期，1974年。

餘皆難以倖免。自齊明帝以至梁初，高、武子孫被誅殺殆盡，而蕭嶷一門始終保全，一方面因蕭嶷早已離開權力核心，謹言遜行之故，一方面也與其子始終恪遵父訓有極大的關係。

## 第二節　蕭子顯及其兄弟之政治遭遇與仕宦情形

　　蕭子顯，字景陽，齊豫章文獻王嶷第八子。兄弟至少二十人，其中除子廉、子操、子行、子光卒於齊外，〔註47〕餘十六人皆由齊入梁，並仕於梁。〔註48〕其家庭成員表如下：

〔表八〕蕭子顯家庭成員表

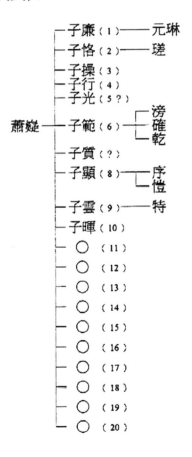

---

〔註47〕詳見《南齊書・豫章文獻王嶷傳》末附見子廉、子操、子行諸人之傳。（卷二二，頁419～420）

〔註48〕《梁書・蕭子恪傳》：「子恪兄弟十六人，並仕梁。」（卷三五，頁509）

## 一、入梁前之政治危機

蕭嶷於齊武帝永明十年病故。翌年（永明十一年），齊武帝蕭賾崩，傳位太孫昭業，是爲鬱林王。自此南齊多事，政爭不息。蕭鸞（齊明帝）以旁枝繼曆，恐帝位之不永，遂將高、武子孫誅殺殆盡，僅蕭嶷一門尚存。其後蕭衍當國，蕭鸞諸子也幾乎覆滅。

蕭鸞爲齊高帝蕭道成兄子，少孤，由高帝撫育，恩過諸子。武帝蕭賾待之亦厚，臨終以蕭鸞爲顧命大臣，輔佐太孫昭業，並遺詔「內外眾事無大小，悉與鸞參懷共下意」。〔註49〕蕭鸞遂藉位隆權重之便，先後廢鬱林王、海陵王而自爲帝。對於以支庶入統的身份，蕭鸞心中十分在意，於是在宣德太后下令廢海陵王後，「以上（蕭鸞）入纂爲太祖第三子」，〔註50〕其目的乃是要爲自己的登基，覓得一合法的正統地位。由於己之得位畢竟非正，故對朝臣甚爲猜防，事必躬親。《南史・鍾嶸傳》即載：

> 齊明帝躬親細務，綱目亦密，於是郡縣及六署九府常行職事，莫不爭自啓聞，取決詔敕。……嶸乃上書言：「古者明君揆才頒政，量能授職，三公坐而論道，九卿作而成務，天子可恭己南面而已。」書奏，上不懌，謂太中大夫顧嵩曰：「鍾嶸何人，欲斷朕機務，卿識之不？」答曰：「嶸雖位末名卑，而所言或有可採。且繁碎職事，各有司存，今人主總而親之，是人主愈勞而人臣愈逸，所謂代庖人宰而爲大匠斵也。」上不顧而他言。

胡三省謂「齊明帝以吏事權詐得國，猜防群下，故親攬機務」，〔註51〕蕭子顯言蕭鸞「兢兢小心，察察吏政」，〔註52〕是也。

由於心理上的不安全感，其性格的猜忌多疑則完全表現在對高、武子孫的大肆誅戮上。如上所言，由於蕭鸞得位之不正，爲子孫永保帝位，遂將高、武子孫誅殺盡淨。蕭鸞對高、武子孫，前後共三次進行大規模屠殺：

（1）第一次：海陵王延興元年（494.AD）

> 九月，蕭鸞殺鄱陽王鏘及隨郡王子隆、安陸王子敬、晉安王子懋、南平王銳、晉熙王銶、宜都王鏗。〔註53〕

〔註49〕《南齊書・武帝本紀》卷三「永明十一年七月」條，頁61。
〔註50〕《南齊書・明帝本紀》卷六，頁84。
〔註51〕《資治通鑑・齊紀六》卷一四〇「明帝建武三年」條，頁4398。
〔註52〕《南齊書・明帝本紀》末之「贊曰」，卷六，頁93。
〔註53〕《南齊書・海陵王本紀》卷五，頁79。

十月，殺桂陽王鑠、衡陽王鈞、江夏王鋒、建安王子眞、巴陵王子倫。〔註54〕

同月，蕭鸞即帝位，改元建武。

十一月，海陵王卒。〔註55〕

（2）第二次：齊明帝建武二年（495.AD）六月

殺西陽王子明、南海王子罕、邵陵王子貞。〔註56〕

（3）第三次：齊明帝永泰元年（498.AD）正月

殺河東王炫、臨賀王子岳、西陽王子文、永陽王子峻、南康王子琳、衡陽王子珉、湘東王子建、南郡王子夏、桂陽王昭粲、巴陵王昭秀。〔註57〕

對蕭鸞而言，誅高、武子孫，實不得已，心中亦深知此舉之殘忍悖常：

> 高宗誅世祖諸子，唯子岳及弟六人在後，世呼爲七王。朔望入朝，
> 上還後宮，輒嘆息曰：「我及司徒諸兒子皆不長，高、武子孫日長大。」
> 永泰元年，上疾甚，絕而復蘇。於是誅子岳等。延興建武中，凡三
> 誅諸王，每一行事，高宗輒先燒香火，鳴咽涕泣，眾以此輒知其夜
> 當相殺戮也。〔註58〕

上述被殺的諸王中，即使是七歲的南郡王子夏和八歲的桂陽王昭粲，蕭鸞亦殺之不疑。且蕭鸞明知此舉過於慘毒，仍亟行誅戮，其性格的殘忍狠毒與心理的極度不安，實已到了旁人難以想像的地步，蕭嶷諸子的生存，又如何不令蕭鸞深感芒刺在背？會永泰元年（498.AD）四月，王敬則反，遂予蕭鸞一斬草除根的藉口，此事《南史》載之甚詳：

> 大司馬王敬則於會稽反，奉子恪爲名，而子恪奔走，未知所在。始
> 安王遙光勸上並誅高、武諸子孫，於是並敕竟陵王昭冑等六十餘人
> 入永福省，令太醫煮椒二斛，並命辦數十具棺材，謂舍人沈徽孚曰：
> 「椒熟則一時賜死。」期三更當殺之。會上暫臥，主書單景儁啟依
> 旨斃之，徽孚堅執曰：「事須更審。」爾夕三更，子恪徒跣奔至建陽

---

〔註54〕同上註。

〔註55〕《南齊書‧海陵王本紀》云：「建武元年，……十一月，稱王有疾，數遣御師占視，乃殞之。」（卷五，頁80）海陵王有疾乃是對外的宣稱，疑非事實。此可顯見是有預謀的殺害。

〔註56〕《南齊書‧明帝本紀》卷六，頁87。

〔註57〕《南齊書‧明帝本紀》卷六，頁90。

〔註58〕《南齊書‧武十七王‧蕭子岳傳》卷四〇，頁713。

門。上聞驚覺曰：「故當未賜諸侯命邪？」徽孚以答。上撫床曰：「遙
光幾誤人事。」及見子恪，顧問流涕，諸侯悉賜供饌。〔註59〕

《南齊書·武十七王·昭冑傳》亦載：

先是王敬則事起，南康侯子恪在吳郡，高宗慮有同異，召諸王侯入
宮。晉安王寶義及江陵公寶覽等住中書省，高、武諸孫住西省，敕
人各兩左右自隨，過此依軍法，孩抱者乳母隨入。其夜太醫煮藥，
都水辦數十具棺材，須三更當悉殺之。子恪奔歸，二更達建陽門刺
啓。時刻已至，而帝眠不起，中書舍人沈徽孚與帝所親左右單景儁
共謀少留其事，須臾帝覺，景儁啓子恪已至，驚問曰：「未邪？」景
儁具以事荅。明日悉遣王侯還第。

蕭子恪此時爲吳郡太守。王敬則奉子恪之名起兵，一方面是高、武子孫中已
無較長之人，另一方面是欲挾蕭嶷生前威望令譽之餘緒，以期獲得朝野支持。
是時，蕭鸞病篤，新君尚未即位，且朝中並無似鬱林、海陵時的蕭鸞一般的
權臣在位，又王敬則起兵，百姓從之者甚眾。〔註60〕就客觀局勢分析，此刻
對蕭子恪兄弟而言，當是撥亂反正之時。然如同其父蕭嶷一樣，蕭子恪兄弟
對此可能獲致更大權力的機會卻並不表示興趣，因此當王敬則奉子恪之名起
兵於會稽時，「子恪奔走，未知所在」，以示不參與王敬則的行動。故當蕭子
恪棄郡奔歸，即時便消除了蕭鸞的疑心，終不使高、武子孫悉盡覆滅於此。
而日後蕭衍代齊，始終不誅蕭子恪、子顯兄弟，與此事亦有甚大關係。

蕭鸞欲誅子恪兄弟，乃是聽從始安王遙光建議之故，且「河東王鉉等十
王一夕見殺，遙光意也」，〔註61〕顯見蕭鸞之誅高武子孫，遙光出力甚多，而
此次事件看來似乎也是遙光的主意。但這種殘殺宗室的建議卻屢被採納，此
又非遙光之力所能及了。《南齊書·宗室·始安王遙光傳》云：「上（齊明帝
蕭鸞）以親近單少憎忌高、武子孫，欲並誅之，遙光計畫參議，當以次施行。」
可見遙光之勸殺高、武子孫，乃是順應蕭鸞個人的主觀意願而提出的。此次
事件亦當是如此。蕭鸞驚問：「未邪？」顯見是震驚於子恪回京之速，惟恐不
及殺此諸人。逮知時已不及，乃推託「遙光幾誤人事」，並轉而採取安撫態度，

〔註59〕 《南史·齊高帝諸子上·蕭子恪傳》卷四二，頁1068。《梁書·蕭子恪傳》亦
有載，惟不如《南史》詳盡。

〔註60〕 《南齊書·王敬則傳》：「敬則以舊將舉事，百姓擔篙荷鍤隨逐之，十餘萬眾。」
（卷二六，頁487）

〔註61〕 《南史·齊宗室·始安王遙光傳》卷41，頁1040。

不但賜饌與諸侯，還以子恪爲太子中庶子。

　　但此處另有一疑，齊明帝蕭鸞前三次不以任何理由即誅高、武子孫，何以此次待蕭子恪歸，蕭鸞即放棄屠殺之舉？想來應是蕭嶷生前與人爲善，不樹敵，與蕭鸞並無宿怨，也未曾因權力問題與蕭鸞發生過衝突。而蕭嶷在有機會取武帝蕭賾之位而代之之時，即對帝位不表興趣，且日後雖名尊位隆，卻有意的遠離權力核心，表明了對權位的不戀棧。至子恪兄弟時，與權力的距離更遠，既不驕恣，也未熱衷於權力，事實上對王位幾乎不構成威脅。此點蕭鸞雖知，但若不除，卻又如鯁在喉。而事發之後，子恪非但不避，反而冒險奔歸，正因此貪生懼禍之舉，遂釋蕭鸞之疑。蕭嶷父子在最有機會奪位之時均未有不臣之舉，反而皆以行動表明了己之無異心，故即便蕭鸞甚忌高、武子孫，也無理由對蕭嶷一門趕盡殺絕了。

　　蕭子恪爲子顯第二兄，長兄子廉已於永明十一年亡故，家中之事必多賴子恪操持。子恪亦頗能恪遵父訓，不驕恣、不戀權，篤睦親族，且由於子恪兄弟皆貪生懼禍，反而挽救了此次險遭滅門之危難。此事可謂蕭子顯及其兄弟在入梁前所遭遇的最大危機，也由於對此次有驚無險的危機處理得當，間接的將下一次發生的潛在危機消弭於無形。

## 二、齊梁之際的政治危機

　　在《梁書・蕭子恪傳》載有一事：

> 子恪與弟子範等，嘗因事入謝。高祖（梁武帝）在文德殿引見之，從容謂曰：「我欲與卿兄弟有言。夫天下之寶，本是公器，非可力得。苟無期運，雖有項籍之力，終亦敗亡。……宋孝武爲性猜忌，兄弟粗有令名者，無不因事鴆毒，所遺唯有景和。至於朝臣之中，或疑有天命而致害者，枉濫相繼。然而或疑有天命而不能害者，或不知有天命而不疑者。于時雖疑卿祖，而無如之何，此是疑而不得。又有不疑者，如宋明帝本爲庸常被免，豈疑而得全。又復我于時已年二歲，彼豈知我應有今日。當知有天命者，非人所害，害亦不能得。我初平建康城，朝廷內外皆勸我云：『時代革異，物心須一，宜行處分。』我于時依此而行，誰謂不可！我政言江左以來，代謝必相誅戮，此是傷於和氣，所以國祚例不靈長。所謂『殷鑒不遠，在夏后之世』。此是一義。二者，齊梁雖曰革代，義

異往時。我與卿兄弟雖復絕服二世，宗屬未遠。卿勿言兄弟是親，人家兄弟自有周旋者，有不周旋者，況五服之屬邪？齊業之初，亦是甘苦共嘗，腹心在我。卿兄弟年少，理當不悉。我與卿兄弟，便是情同一家，豈當都不念此，作行路事。此是二義。我有今日，非是本意所求。且建武屠滅卿門，致卿兄弟塗炭。我起義兵，非惟自雪門恥，亦是爲卿兄弟報仇。卿若能在建武、永元之世，撥亂反正，我雖起樊、鄧，豈得不釋戈推奉；其雖欲不已，亦是師出無名。我今爲卿報仇，且時代革異，望卿兄弟盡節報我耳。且我自藉喪亂，代明帝家天下耳，不取卿家天下。……梁初，人勸我相諸滅者，我答之猶如向（宋）孝武時事：彼若苟有天命，非我所能殺；若其無期運，何忽行此，政足示無度量。曹志親是魏武帝孫，陳思之子，事晉武能爲晉室忠臣，此即卿事例。卿是宗室，情義異佗，方坦然相期，卿無復懷自外之意。小待，自當知我寸心。」又……高祖呼（趙）叔祖曰：「若見北第諸郎，道我此意：我今日雖是革代，情同一家；但今磐石未立，所以未得用諸郎者，非惟在我未宜，亦是欲使諸郎得安耳。但閉門高枕，後自當見我心。」叔祖即出外具宣敕語。

上述事在梁武帝天監元年四月，〔註62〕蕭衍主動對蕭子恪、子顯兄弟表明不殺之意。此事透露了蕭子恪、子顯兄弟或許對於目前自身的處境感到不安，否則蕭衍何以會有此番安撫蕭氏兄弟的舉動出現？而子顯兄弟之所以不安，想來應與蕭衍先前一連串密集的誅殺蕭齊宗室之舉不無關係。

　　蕭衍少時爲竟陵王府邸「八友」之一（第二章第三節已言），然其權勢之始興，乃在齊明帝亡後。永泰元年七月，齊明帝蕭鸞殂，太子寶卷即位，是爲東昏侯。是時，六貴（始安王蕭遙光、尚書令徐孝嗣、右僕射江祏、領軍蕭坦之、侍中江祀、衛尉劉暄）同參政事，互相傾軋，且東昏侯「數與近習謀誅大臣，皆發於倉猝，決意無疑；於是大臣人人莫能自保」。〔註63〕此時亂象已現，蕭衍遂勸說其兄蕭懿行廢立事，蕭懿不從。會永元二年十月，東昏賜蕭懿死。蕭衍聞之，乃決意除東昏。十一月，蕭衍起兵襄陽。永元三年三月，和帝即位江陵，改元中興。九月，蕭衍兵逼建康。十二月，東昏被弒。

〔註62〕此日期乃據《通鑑》。又該年三月以前，猶是齊和帝中興二年。
〔註63〕《資治通鑑・齊紀八》卷一四二「東昏侯永元元年」條，頁4452。

蕭衍此時權勢甚盛。〔註64〕中興二年正月甲寅，詔封蕭衍爲梁公，位在諸王之上。蕭衍隨即爲代齊展開緊鑼密鼓的行動，誅殺蕭齊宗室亦然：

（1）中興二年（502.AD）二月：

> 辛酉，蕭衍始受相國、梁公之命。
>
> 壬戌，蕭衍稱湘東王寶晊（安陸昭王緬之子）謀反，並其弟江陵公寶覽、
> 　　汝南公寶宏皆殺之。
>
> 戊辰，詔進蕭衍梁公爵爲梁王。

（2）中興二年三月：

> 辛丑，殺邵陵王寶攸、晉熙王寶嵩、桂陽王寶貞。梁王蕭衍將殺齊諸王，
> 　　防守猶未急，鄱陽王寶寅奔魏。
>
> 丙辰，齊和帝欲禪位於梁王衍。
>
> 丁巳，廬陵王寶源卒。〔註65〕

（3）中興二年四月：

> 辛酉，禪詔至，宣德太后遜外宮。
>
> 丙寅，梁王蕭衍即皇帝位，改元天監。
>
> 丁卯，奉和帝爲巴陵王。齊世王、侯封爵，悉從降省。
>
> 戊辰，巴陵王卒。〔註66〕
>
> 辛未，以謝沐縣公寶義爲巴陵王，奉齊祀。寶義幼有廢疾，不能言，故
> 　　獨得全。

除寶寅奔魏，及寶義以喑啞得全外，齊明帝蕭鸞諸子及安陸昭王蕭緬（蕭鸞弟）諸子共八人，均在二個月內爲蕭衍所誅（而東昏侯寶卷於中興元年被弒），殺之不可謂不急。至此，蕭齊宗室除竟陵王子良孫（同、賁）仍在外，僅蕭嶷一門尚存。雖梁武帝蕭衍所殺者皆爲齊明帝之後，然誅夷速度過急，且永泰年間危機之殷鑑不遠，子恪、子顯兄弟心中的不安是可以想見，可以理解的。或許是有所耳聞，或許是猜想到子顯兄弟可能產生的不安，蕭衍於

---

〔註64〕《資治通鑑・齊紀十》「和帝中興元年」條載：「蕭衍以宣德太后令追廢涪陵
　　　王爲東昏侯，褚后及太子誦並爲庶人。以衍爲中書監、大司馬、錄尚書事、
　　　驃騎大將軍、揚州刺史，封建安郡公，依晉武陵王遵承制故事，百僚致敬。」
　　　（卷一四四，頁 4508）顯見蕭衍此時權寢君主。

〔註65〕《資治通鑑・梁紀一》「武帝天監元年」條，胡三省注云：「非疾也。」（卷一
　　　四五，頁 4516）

〔註66〕奉和帝寶融爲巴陵王之翌日，巴陵王即薨，顯見是死於非命。

是主動的表明了不殺之意。上述引文中，蕭衍情理並舉，極言無殺害之意，望子顯兄弟盡節於梁。而由蕭衍陳詞之懇切及日後子顯兄弟在梁的境遇看來，蕭衍也的確無殺害之意。

　　然蕭衍將蕭鸞諸子誅殺殆盡，又為何獨不害蕭嶷之後？蕭衍雖言若有天命，非人所能害，故不必如宋、齊誅滅前朝，但前述事實卻證明了並非如此，此當也是蕭氏兄弟不安的原因之一。史書雖未載蕭衍不殺子顯兄弟的原因為何，但推測有下列幾種可能。蕭衍之父蕭順之與子顯祖父蕭道成舊時甚友好，二人推心置腹，宋、齊易代之際，蕭順之亦參預佐命，〔註67〕蕭衍念此舊情，故不欲對齊高帝後人趕盡殺絕。周一良則以為，蕭衍對子恪、子顯兄弟之所言，有「出於策略進行分化拉攏安定人心的成分」，蕭衍對子顯兄弟又言「今磐石未立，所以未得用諸郎（指子恪兄弟）者」，當指國方草創，「蕭衍本身的宗室尚未建藩封國」，故「也有坦白推心以誠相見的成分」。〔註68〕是時，鄱陽王蕭寶寅奔北魏，故巴陵王寶融（即齊和帝）薨後，蕭衍即以有廢疾的謝沭縣公寶義為巴陵王，以明齊正朔之所在。隨即又安撫子顯兄弟，乃不欲使之與寶寅有裡應外合的理由。又蕭衍對子恪、子顯兄弟言「我與卿兄弟雖復絕服二世，宗屬未遠」，「建武屠滅卿門，致卿兄弟塗炭。我起義兵，非惟自雪門恥，亦是為卿兄弟報仇」，均有表明自身的立場與子顯兄弟相同之意，拉攏的態度十分明顯。強調子顯兄弟的滅門之仇，間接分化其與蕭鸞之後的關係，並阻絕聯合的可能。且不滅齊高帝之後，正足以示梁武帝之寬大，亦可藉此安撫天下臣民之心，故子恪、子顯兄弟保全性命於梁並仕於梁，誠為蕭衍極佳的政治宣傳工具。然筆者以為，蕭衍之所以放心子恪、子顯兄弟的真正理由，乃是前一次政治危機時，子恪兄弟的表現。蕭衍語子恪曰：「卿若能在建武、永元之世，撥亂反正，我雖起樊、鄧，豈得不釋戈推奉。」在有機會造反時不敢造反，子恪兄弟的舉動，表明了根本無心於權勢，也無謀奪權力的勇氣。齊明帝尚不誅蕭嶷諸子，梁武帝又何必誅之？

　　此次事件雖不似齊明帝時所遭遇的危機那般兇險，但對子恪、子顯兄弟

---

〔註67〕《南史・梁本紀上》：「皇考（蕭順之）……與齊高少而款狎。……時宋帝昏虐，齊高謀外出，皇考以為一旦奔亡，則危幾不測，不如因人之欲，行伊、霍之事，齊高深然之。」（卷六，頁167）蕭道成之欲代宋，蕭順之亦曾勸進，可見二人相待之推心置腹。

〔註68〕周一良：〈論梁武帝及其時代〉，《魏晉南北朝史論集續編》，頁24。北京：北京大學出版社，1991年11月第一版。

而言，確可稱得上是一次潛在的危機，端賴蕭嶷及其諸子之素行，與蕭衍之主動化解而安然度過。此後，子顯兄弟俱仕於梁，威望雖不能與其父當年可比，但位任仍尚清顯，仕途亦堪稱平順。

## 三、入梁後的仕途

姑且不論梁武帝不殺子顯兄弟真正的原因為何，但在政治上，蕭衍確實對子顯兄弟有相當程度的任用，表明了不殺的誠意。

蕭子顯一生之官遇可謂十分順遂，又子顯頗以文學知名當世，故其所任之官職頗能適其才。

### 〔表九〕蕭子顯歷任官爵表〔註69〕

| | |
|---|---|
| 齊 | 〔1〕七歲，封寧都縣侯。<br>　※寧都縣侯：該縣為其食邑。<br>〔2〕永元末，以王子例拜給事。<br>　※給事中：掌侍從、顧問。五品。 |
| 梁武帝<br>（天監年間） | 〔3〕天監初，降爵為子。<br>〔4〕累遷安西外兵，仁威記室參軍，司徒主簿，太尉錄事。<br>　※安西外兵：安西將軍府屬官，為軍事幕僚。五班。<br>　※仁威記室參軍：仁威將軍府屬官，掌文翰。五班。<br>　※司徒主簿：為司徒府屬官，掌管文書簿籍及監守印信，其任甚重。六班。<br>　※太尉錄事：為太尉府屬官，掌各曹文書，舉彈善惡。六班。<br>〔5〕太子洗馬。〔註70〕 |

〔註69〕本表資料來源：
　　　《梁書》：〈蕭子顯傳〉〈武帝本紀下〉
　　　《南史》：〈齊高帝諸子上〉
　　　《隋書》：〈百官志上〉
　　　《通典》：〈職官〉
　　　《二十五史補編》：〈梁將相大臣年表〉
　　　《歷代職官表》
　　　《中國官制大辭典》
〔註70〕在《梁書‧蕭子顯傳》中，並無蕭子顯曾任「太子洗馬」一職的記錄，然而在《先秦漢魏晉南北朝詩‧梁詩》中有吳均〈和蕭洗馬子顯古意六首〉、王筠〈寓直中庶坊贈蕭洗馬詩〉，《玉臺新詠》中有費昶〈和蕭洗馬畫屏風二首〉，可見蕭子顯確曾任「太子洗馬」。又「太子洗馬」位列六班、將之置於同屬六班的「太尉錄事」和八班的「太子中舍人」之間，似乎較為合理。

| | |
|---|---|
| | ※太子洗馬：掌文翰，尤爲清選，皆取甲族有才名者爲之。六班。<br>〔6〕累遷太子中舍人，建康令。<br>※太子中舍人：職如中書舍人，與中庶子共掌文翰，凡奏事文書皆綜典之。八班。<br>※建康令：掌治京縣，屬丹陽尹。八班。 |
| （普通、大通年間） | 〔7〕邵陵王友，丹陽尹丞，中書郎，守宗正卿。<br>※邵陵王友：皇弟皇子府官，掌侍游處，規諷道義。八班。<br>※丹陽尹丞：丹陽尹掌治京師，丞爲其佐守。八班。<br>※中書郎：即中書侍郎。掌起草詔命。九班。<br>※宗正卿：主皇室外戚之籍，以宗室爲之。十三班。<br>〔8〕出爲臨川內史，還除黃門郎。<br>※臨川內史：王國官，掌民政，相當於郡守。十班。<br>※黃門郎：與侍中同掌侍從左右，儐相威儀，盡規獻納，糾正違闕，監合嘗御藥，封璽書。隸門下省。十班。 |
| （中大通年間） | 〔9〕（二年）遷長兼侍中。<br>※侍中：直侍左右，掌機密。隸門下省。十二班。<br>〔10〕（三年）以本官領國子博士。<br>※國子博士：教授國子學生學業，並備政治諮詢及參與祭典的顧問，爲國子學授業的最高學官。九班。<br>〔11〕（四年）遷國子祭酒，加侍中。<br>※國子祭酒：隸太常，爲國子博士之長，教授國子生徒。十三班。<br>※侍中見前。<br>〔12〕（五年）選吏部尙書，侍中如故。<br>※吏部尙書：掌選事，資任重。十四班。 |
| （大同年間） | 〔13〕（三年）出爲仁威將軍、吳興太守。<br>※仁威將軍：爲加官、散官性質，代舊征虜將軍。十六班。<br>※吳興太守：掌一郡之政。十班。 |

　　蕭子顯在齊明帝建武二年被封爲寧都縣侯，時年七歲。東昏永元末年，拜給事中（〔2〕條）。給事中雖掌侍從、顧問，但此卻是以王子例所任之起家官，僅表身分之清顯，並非眞掌實權。

　　天監初年降爵爲子後，子顯累遷安西外兵，仁威記室參軍，司徒主簿，太尉錄事（〔4〕條）。此諸職除安西外兵爲軍事幕僚外，均爲文書官。記室參軍掌章表書記文檄，主簿掌管文書簿籍及監守印信，太尉錄事掌各曹文書、舉彈善惡，故此時蕭子顯所任之官職班位雖低，但在各府之中，責任卻重。

　　蕭子顯曾兩任東宮官屬，一爲太子洗馬，一爲太子中舍人，由上表〔5〕

〔6〕條可知此二職皆掌文翰。《梁書‧文學‧庾於陵傳》載:「舊事,東宮官屬,通爲清選,洗馬掌文翰,尤其清者。近世用人,皆取甲族有才望。」又《通典‧職官十二》載:「梁有典經局,又置(洗馬)八人,掌文翰,尤爲清選,皆取甲族有才名者爲之。」〔註71〕至於太子中舍人,自西晉以來,乃「以舍人才學之美者爲之」。〔註72〕由此可見雖已改朝換代,蕭子顯在此時仍屬甲族子弟。而蕭衍之任子顯爲太子洗馬及太子中舍人,想必是因子顯當日在宗族子弟中頗以才學知名故,其後子顯之任邵陵王友抑或由此。

　　自普通、大通年間始,蕭子顯漸受重用。中書侍郎之職掌雖是起草詔命,然此時中書舍人權勢漸凌中書監、令、侍郎之上,專掌詔誥之任,〔註73〕故齊、梁之時中書侍郎之權已不如魏晉時重。至於宗正卿,主皇室外戚簿籍,「掌序錄王國嫡庶之次,及諸宗室親屬遠近」,〔註74〕以辨親疏,以明昭穆,職任甚重,〔註75〕故歷來皆以皇族爲之。蕭子顯與蕭衍雖同爲蘭陵蕭氏,然彼此的親疏關係卻是「絕服二世」(九等親以外),並非爲同一宗室,而蕭子恪、子顯、子雲兄弟三人均曾先後被任命爲宗正卿,故此舉或可視爲蕭衍安撫、拉攏子顯兄弟的具體表現。

　　在出爲臨川內史之前,蕭子顯所任之官皆在京邑。臨川王蕭宏爲梁武帝蕭衍六弟,天監元年封爲臨川王,普通七年四月薨,次子蕭正義嗣。蕭子顯出爲臨川內史的時間無法確定,然其由邵陵王友遷回京師,應是在普通五年,〔註76〕其後又任丹陽尹丞、中書郎、守宗正卿,故其出爲臨川內史極有可能是在普通七年至大通元年間,則此時的臨川王是蕭正義的可能性較蕭宏爲大。甚至疑子顯此時被任命爲臨川內史即是因蕭宏薨亡之故,以子顯曾輔佐皇子(邵陵王友)及任職地方(建康令、丹陽尹丞)的經驗,助初嗣臨川王

〔註71〕卷第三十,頁 829。《隋書‧百官志上》亦載:「(梁)典經局洗馬八人,位視通直郎。」(卷二六,頁 727)

〔註72〕《通典‧職官十二》卷第三十,頁 827。

〔註73〕《通典‧職官三》:「梁用人殊重,簡以才能,不限貴地,多以他官兼領。後除『通事』字,直曰中書舍人,專掌詔誥,兼呈奏之事。自是詔誥之任,舍人專之。」(卷第三一,頁 563～564)

〔註74〕《後漢書‧百官志三》卷二六,頁 3589。

〔註75〕宗正卿在兩漢時爲中二千石,魏晉時爲三品大員,梁時位列十三班。

〔註76〕《南史‧梁武帝諸子‧蕭綸傳》:「普通五年,(邵陵王綸)以西中郎將權攝南徐州事。在州輕險躁虐,車服僭擬,肆行非法。……籤帥懼罪,密以聞。帝始嚴責,綸不能改,於是遣代。」(卷五三,頁 1322)

位的正義處理郡國事務。

　　自臨川內史一職遷回京師後，蕭子顯所任之官多爲權位並重者。黃門郎與侍中均侍從皇帝左右，其職掌見上表〔7〕〔8〕條。南北朝時期，黃門侍郎掌管機密文件，備皇帝顧問，職位日趨重要，〔註77〕而侍中之權則更重，《通典・職官三》云：「梁侍中功高者在職一年，詔加侍中祭酒，與散騎侍郎功高者一人對掌禁令，此頗爲宰相矣。」〔註78〕且遷子顯爲長兼侍中，更可見其受親任的程度。

　　「高祖雅愛子顯才，又嘉其容止吐納」，〔註79〕且子顯曾著《後漢書》、《齊史》（即《南齊書》），並撰〈鴻序〉一賦，名聞當世。〔註80〕因其才學兼備，素有令譽，故中大通三年子顯以侍中領國子博士，任教授國子學的最高學官。中大通四年，子顯「上表置制旨《孝經》助教一人，生十人，專通高祖所釋《孝經義》」，〔註81〕「又啓撰《高祖集》，并《普通北伐記》」，〔註82〕該年乃遷爲國子祭酒。自晉武帝立國子學以來，國子博士「皆取履行清淳，通明典義者，若散騎常侍、中書侍郎、太子中庶子以上，乃得召試」，〔註83〕而國子祭酒在齊、梁時又號爲國師，〔註84〕顯見此二官位望之清隆。

　　在蕭子顯歷任官職中，吏部尚書爲班品最高者（十四班）。魏晉以來，門閥勢盛，考察士人與官員雖爲中正官之職責，然眞正任官之權卻在吏部，〔註85〕故自「晉宋以來，吏部尚書資位尤重，梁陳亦然」。〔註86〕史謂子顯「及掌選，見九流賓客，不與交言，但舉扇一撝而已，衣冠竊恨之」，〔註87〕

---

〔註77〕　《中國官制大辭典》頁193。哈爾濱：黑龍江人民出版社，1992年10月第一版。
〔註78〕　卷第二一，頁548。
〔註79〕　《梁書・蕭子顯傳》卷三五，頁511。
〔註80〕　蕭子顯〈自序〉云：「〈鴻序〉一作，體兼眾製，文備多方，頗爲好事所傳，故虛聲易遠。」（《梁書・蕭子顯傳》卷三五，頁512）
〔註81〕　《梁書・武帝本紀下》卷三，頁78。
〔註82〕　《梁書・蕭子顯傳》卷三五，頁511。
〔註83〕　《晉書・職官志》卷二四，頁736。
〔註84〕　《通典・職官九》卷二七，頁764。又《梁書・王承傳》載：「王承……轉國子祭酒。承祖儉及父暕嘗爲此職，三世爲國師，前代未之有也，當世以爲榮。」（卷四一，頁585）
〔註85〕　參羅新本：〈兩晉南朝入仕道路研究之——兩晉南朝的直接入仕〉，《西南民族學院學報》，1986年第四期。
〔註86〕　《通典・職官五》卷二三，頁630。
〔註87〕　《梁書・蕭子顯傳》卷三五，頁512。

故言其爲人頗自負才氣。然因吏部掌選，「貴要多所屬請」，〔註88〕故對吏部諸曹的要求甚嚴。〔註89〕《南齊書・褚炫傳》載褚炫於永明元年爲吏部尙書，「居身淸立，非弔問不雜交遊，⋯⋯及在選部，門庭蕭索，賓客罕至」。如此居身淸立之人掌選，方能不受請託而致選舉失公。蕭子顯掌選後不與衣冠交言的舉措，想來也是欲立身淸正，免受請託之故也。

蕭子顯一生仕途平順，官位淸顯，其兄弟的政治經歷亦與之大體相同（見〔表十〕）。如宗正卿、黃門郎、侍中、吏部尙書等位高權重之官，蕭子顯及其兄弟均曾爲之，顯見梁武帝蕭衍不欲誅滅前朝的誠意，亦可知蕭衍之胸襟遠較宋、齊諸君廣闊，故「子恪兄弟及群從，並隨才任職，通貴滿朝，不失於舊，豈爲魏幽晉顯而已哉」？〔註90〕李延壽之言，可爲子顯兄弟一生之遭遇作一總結：

> 自宋受晉終，馬氏遂爲廢姓，齊受宋禪，劉宗盡見誅夷。梁武革齊，
> 弗取前轍，子恪兄弟，並皆錄用，雖見梁武之弘裕，亦表文獻之餘慶。

## 〔表十〕蕭子顯兄弟官爵表

| | 蕭子恪 | 蕭子範 | 蕭子雲 | 蕭子暉 |
|---|---|---|---|---|
| 齊 | 〔1〕永明中，以王子封南康縣侯。初寧朔將軍、淮陵太守。<br>〔2〕建武中，遷輔國將軍、吳郡太守。太子中庶子。<br>〔3〕東昏即位，遷秘書監，領右軍將軍，俄爲侍中。<br>〔4〕和帝中興二年遷輔國諮議參軍。 | 〔1〕永明十年，封祁陽縣侯，拜太子洗馬。 | 〔1〕建武四年，封新浦縣侯。 | |

---

〔註88〕《南齊書・王琨傳》卷三二，頁 577。
〔註89〕《宋書・庾炳之傳》載庾炳之爲吏部尚書，頗通貨賄。吏部令史、主客令史詣炳之宅諮事，留宿其家。因「尚書舊制，令史諮事，不得宿停外，雖有八座命，亦不許」，遂爲有司所奏。（卷五三，頁 1518）
〔註90〕《梁書・蕭子恪傳》卷三五，頁 516。

| 梁武帝 | | | |
|---|---|---|---|
| 天監年間<br>〔5〕天監元年,降爵爲子,除散騎常侍,領步兵校尉,以疾不拜,徙爲光祿大夫,俄爲司徒左長史。<br>〔6〕出爲永嘉太守。<br>〔7〕還除光祿卿,秘書監。<br>〔8〕出爲明威將軍、零陵太守。<br>〔9〕十七年,入爲散騎常侍、輔國將軍。<br>普通年間<br>〔10〕普通元年,遷宗正卿。<br>〔11〕三年,遷都官尚書。<br>〔12〕四年,轉吏部。<br>〔13〕六年,遷太子詹事。<br>大通年間<br>〔14〕大通二年,出爲寧遠將軍、吳郡太守。 | 〔2〕天監初,降爵爲子,除後軍記室參軍,復爲太子洗馬,俄遷司徒主簿,丁母憂去職。<br>〔3〕服闋,又爲司徒主簿,累遷丹陽尹丞,太子中舍人。<br>〔4〕出爲建安太守,還除大司馬南平王戶曹屬,從事中郎。<br>〔5〕南平王薨,遷宣惠諮議參軍,護軍臨賀王正德長史。<br>〔6〕正德爲丹陽尹,復爲正德信威長史,領尹丞。<br>〔7〕除中散大夫、遷光祿、廷尉卿。<br>〔8〕出爲戎昭將軍、始興內史。<br>〔9〕還除太中大夫,遷祕書監。 | 天監、普通年間<br>〔2〕天監初,降爵爲子。<br>〔3〕起家祕書郎。<br>〔4〕遷太子舍人。<br>〔5〕累遷北中郎外兵參軍,晉安王文學,司徒主簿,丹陽尹丞。<br>〔6〕遷北中郎廬陵王諮議參軍,兼尚書左丞。<br>大通年間<br>〔2〕大通元年,除黃門郎,俄遷輕車將軍,兼司徒左史。<br>〔3〕二年,入爲吏部。<br>〔4〕三年,遷長兼侍中。<br>中大通年間<br>〔10〕中大通元年,轉太卿府。<br>〔11〕三年,出爲貞威將軍、臨川內史。<br>〔12〕還除散騎常侍,俄復爲侍中。 | 〔1〕起家員外郎散騎侍郎,遷南中郎記室。<br>〔2〕出爲臨安令。<br>〔3〕遷安西武陵王諮議,帶新繁令,隨府轉儀同從事、驃騎長史,卒。 |

| | | 大同年間 | |
|---|---|---|---|
| | | 〔13〕大同二年，遷員外散騎常侍、國子祭酒，領南徐州大中正。 | |
| | | 〔14〕頃之，復爲侍中，祭酒、中正如故。 | |
| | | 〔15〕七年，出爲仁威將軍、東陽太守。 | |
| | | 中大同年間 | |
| | | 〔16〕中大同元年，還拜宗正卿。 | |
| | | 太清年間 | |
| | | 〔17〕太清元年，復爲侍中、國子祭酒，領南徐州大中正。 | |

# 第三節　蕭子顯之學術成就與交遊

## 一、蕭子顯及其兄弟之學術成就

蕭子顯甚有文才，創作力強。然其著作亡佚甚多，抑或有散失不知名者，單就今可知者觀之，其作品數量已甚豐。子顯兄弟中亦不乏有文學者，史稱「子恪兄弟十六人，並仕梁。有文學者，子恪、子質、子顯、子雲、子暉五人」。〔註91〕今將子顯及其兄弟之著作表列於下，以見其學術之成就。

〔註91〕《梁書‧蕭子恪傳》卷三五，頁509。

## 〔表十一〕蕭子顯及其兄弟生平著作表 [註92]

| | 著作 | | 備註 |
|---|---|---|---|
| 蕭子顯 | 經 | 《孝經義疏》一卷 | 佚 |
| | | 《孝經敬愛義》一卷 | 佚 |
| | 史 | 《後漢書》一百卷 | |
| | | 《南齊書》六十卷（今存五十九卷） | |
| | | 《晉史草》三十卷 | 佚 |
| | | 《普通北伐記》五卷 | 佚 |
| | 詩 | 〈日出東南隅行〉〈南征曲〉 | |
| | | 〈代美女篇〉〈陌上桑〉 | |
| | | 〈春別四首〉〈桃花曲〉 | |
| | | 〈樂府烏棲曲應令二首〉〈樹中草〉 | |
| | | 〈烏棲曲一首〉〈從軍行〉 | |
| | | 〈燕歌行〉〈奉和昭明太子鍾山解講詩〉 | |
| | | 〈春閨思〉〈侍宴餞陸倕應令〉 | |
| | | 〈詠苑中遊人〉 | |
| | | 〈古意詩〉 | 佚 |
| | | 〈畫屏風〉 | 佚 |
| | 文 | 〈御講摩訶般若經序〉 | |
| | | 〈自序〉 | 略存 |

〔註92〕本表資料來源：
　　《玉臺新詠》
　　《樂府詩集》
　　《廣弘明集》
　　《先秦漢魏晉南北朝詩・梁詩》
　　《漢魏六朝百三名家集》
　　《全上古三代秦漢三國六朝文・全梁文》
　　《隋書・經籍志》
　　《梁書》
　　《南史》

| | | | |
|---|---|---|---|
| | | 〈鴻序賦〉 | 佚 |
| | | 〈伐社文〉 | 佚 |
| | | 《貴儉傳》 | 佚 |
| | | 《高祖集》〔註93〕 | 佚 |
| | | 文集二十卷 | 佚 |
| 蕭子範 | 詩 | 〈春望古意〉〈羅敷行〉〈夏夜獨坐詩〉<br>〈望秋月詩〉〈落花詩〉〈東亭極望詩〉<br>〈夜聽鴈詩〉〈後堂聽蟬詩〉〈歌〉<br>〈入元襄王第詩〉 | |
| | 文 | 〈七誘〉〈冠子箴〉〈直坊賦〉〈傷往賦〉<br>〈建安城門峽賦〉〈家園三月三日賦〉<br>〈爲蔡令樽讓吳郡表〉〈到臨賀王信威府牋〉<br>〈求撰昭明太子集表〉〈爲兄宗正讓都官尚書表〉<br>〈千字文〉 | 佚 |
| | | 文集三十卷〔註94〕 | 佚 |
| 蕭子雲 | 經 | 禮：《東宮新記》二十卷<br>樂：<br>〈宮引〉〈商引〉〈角引〉〈徵引〉〈羽引〉<br>〈俊雅三首〉〈介雅三首〉〈需雅八首〉<br>〈雍雅三首〉〈胤雅〉〈寅雅〉 | 佚 |
| | 史 | 《晉書》一百一十卷 | 佚 |
| | 詩 | 〈春思〉〈東郊望春誧王建安雋晚遊詩〉<br>〈贈吳均詩〉〈落日郡西齋望海山詩〉<br>〈贈海法師遊甌山詩〉〈寒夜直坊憶袁三公詩〉 | |
| | 文 | 〈歲暮直廬賦〉〈玄圃園講賦〉<br>〈請改郊廟樂辭啓〉〈答敕改郊廟樂辭〉〈答敕論書〉<br>《蕭子雲集》十九卷 | 佚 |
| 蕭子暉 | 詩 | 〈春宵〉〈多曉詩〉<br>〈隴水頭〉〈應教使君春遊詩〉 | |
| | 文 | 〈多草賦〉〈反舌賦〉<br>〈講賦〉<br>《蕭子暉集》九卷 | 佚<br>佚 |

〔註93〕《貴儉傳》與《高祖集》性質不詳，今將之置於此類。
〔註94〕疑此即《隋書・經籍志四》所載之《蕭子範集》十三卷。

上述諸人爲子顯兄弟中有著作傳世者。此外，子顯第二兄子恪亦甚有文才，「年十二，和從兄司徒竟陵王子良〈高松賦〉，衛軍王儉見而奇之」，「子恪少亦涉學，頗屬文，隨棄其本，故不傳文集」。〔註95〕

經、史之學素爲子顯家學。祖父蕭道成幼時嘗受業於雷次宗，「治《禮》及《左氏春秋》」，〔註96〕《孝經》亦爲其家族所重，子顯堂兄文惠太子嘗講《孝經》，〔註97〕並與宗室大臣講論《孝經》及《禮》。〔註98〕子顯於中大通四年，上表請置《孝經》助教一人，專通蕭衍所釋之《孝經義》，〔註99〕並撰《孝經義疏》及《孝經敬愛義》，此固然是因在上位者對《孝經》甚爲重視之故，〔註100〕另一方面也與此素爲子顯家學有關。

禮學亦爲蕭子顯家學，而子顯弟子雲則長於禮樂。禮學在魏晉南北朝可謂之顯學，《隋書‧經籍志》載此時有關經學之著作中，以禮學之數量爲冠。六朝人極精禮學，尤重喪服，乃因「當時門第制度鼎盛，家族間之親疏關係，端賴喪服資識別，故喪服乃維繫門第制度一要項」，〔註101〕此外於朝廷之禮樂與服儀注亦甚重視。〔註102〕蕭子雲爲太子舍人時，即撰《東宮新記》奏之，〔註103〕大同二年，子雲上啓請改郊廟樂辭：「梁初，郊廟未革牲牷，樂辭皆沈約撰，至是承用，子雲始建言宜改之。……使子雲撰定。……敕並施

〔註95〕《梁書‧蕭子恪傳》卷三五，頁 507、509。

〔註96〕《南齊書‧高帝本紀上》卷一，頁 3。

〔註97〕《南齊書‧文惠太子傳》：「永明三年，（文惠太子）於崇正殿講《孝經》，少傅王儉以擿句令太子僕周顯撰爲義疏。」（卷二一，頁 399）

〔註98〕《南史‧齊武帝諸子‧文惠太子傳》：「五年冬，太子臨國學，親臨策試諸生，於坐問少傅王儉《曲禮》云『無不敬』義，儉及竟陵王子良等各有酬答。……儉又諮太子《孝經》『仲尼居曾子侍』義，臨川王映諮『孝爲德本』義，太子並應機酬答，甚有條貫。」（卷四四，頁 1099）

〔註99〕《梁書‧武帝本紀下》卷三，頁 78。

〔註100〕《隋書‧經籍志一》載梁武帝撰《孝經義疏》十八卷。又「梁有皇太子（蕭統）講《孝經義》三卷，天監八年皇太子講《孝經義》一卷，梁簡文《孝經義疏》五卷」。（卷三二，頁 934）足見蕭梁皇室對《孝經》的重視程度。

〔註101〕錢穆：〈略論魏晉南北朝學術文化與當時門第之關係〉，收入《中國學術思想史論叢（三）》，頁 254。（台北：東大圖書公司，1985 年。）

〔註102〕張天來在〈魏晉南北朝儒學、家學與家族觀念〉中認爲世家大族除透過禮學來穩定家族內部外，並以此來干預朝政。因每一政權建立之伊始，總要制定朝章禮儀，士族文人遂憑藉他們的文化優勢，直接參加朝章禮儀的制定。（《東北師大學報》，1986 年第二期。）

〔註103〕按《隋書‧經籍志二》將《東宮新記》歸爲儀注類。

用。」〔註104〕子雲之嫻於禮樂，於此可見。

　　《左氏春秋》素爲蕭道成所喜，故宗室子弟亦有好史者。〔註105〕在蕭嶷諸子中，子顯與子雲的史學成就甚爲可觀，尤以子顯爲最。蕭子顯之《後漢書》雖是採眾家《後漢》，考正同異而成，但隱然可見其有統合《後漢書》之意，故亦爲一家之書。〔註106〕又蕭子顯以齊宗室的身份「啓撰《齊史》，書成，表奏之，詔付祕閣」。〔註107〕因梁武焚吳均《齊春秋》在前，故子顯以其敏感身份所撰之《齊史》則格外值得注意。中大通四年，子顯啓撰《普通北伐記》，此書今雖不傳，顧名思義，當是記載普通年間梁朝對北方用兵之事，應爲當代史之性質。此外《隋書・經籍志》載蕭子顯尙有《晉史草》三十卷。名爲「史草」，想來應非完稿，或因其弟蕭子雲已撰成《晉書》一百一十卷，〔註108〕故子顯於晉史遂不再多所著墨。子顯兄弟之史學成果雖斐然可觀，然上述諸史書中，僅蕭子顯《南齊書》今尙在，爲二十四史之一，餘皆亡佚，甚爲可惜。

　　蕭子顯與兄子範、弟子雲、子暉皆有文集傳世，今雖俱已亡佚，卻可由此見子顯兄弟之創作力均甚旺盛。

　　蕭道成善書，嘗與王僧虔賭書。〔註109〕宗室子弟中亦有好書者，子顯叔父臨川獻王映、武陵昭王曄、江夏王鋒等均工書法。〔註110〕及蕭子雲，「善草

---

〔註104〕《梁書・蕭子雲傳》卷三五，頁514。

〔註105〕《梁書・武帝本紀下》：「太祖好《左氏春秋》，太子承旨諷誦，以爲口實。」又《南齊書・武十七王・蕭子懋傳》載晉安王子懋「撰《春秋例苑》三十卷奏之，世祖嘉之」，（卷三，頁 78）並「賜子懋杜預手所定《左傳》」。（卷四十，頁 710）

〔註106〕依《隋書・經籍志》所載，除注疏者外，在蕭子顯之前至少有九家《後漢書》。

〔註107〕《梁書・蕭子顯傳》卷三五，頁511。

〔註108〕《梁書・蕭子雲傳》：「（子雲）以晉代竟無全書，弱冠便留心撰著，至年二十六，書成，表奏之，詔付祕閣。」（卷三五，頁514）

〔註109〕《南齊書・王僧虔傳》：「太祖善書，及即位，篤好不已。與僧虔賭書畢，謂僧虔曰：『誰爲第一？』僧虔曰：『臣書第一，陛下亦第一。』上笑曰：『卿可謂善自爲謀矣。』示僧虔古跡十一帙，就求能書人名。」（卷三三，頁596）

〔註110〕史稱蕭映工左右書。蕭曄工篆法：「高帝雖爲方伯，而居處甚貧，諸子學書無紙筆，曄常以指畫空中及畫掌學字，遂工篆法。」蕭鋒好學書，爲當時蕃王所推：「家無紙札，乃倚井欄爲書，書滿則洗之，已復更書，如此者累月。又晨興不肯拂窗塵，而先畫塵上，學爲書字。五歲，高帝使學鳳尾諾，一學即工。高帝大悅，以玉麒麟賜之。」「工書，爲當時蕃王所推。南郡王昭業亦稱工，謂武帝曰：『臣書固應勝江夏王。』武帝答：『闍梨（鋒小名）第一，法身（昭業小名）第二。』」詳《南齊書・高祖十二王傳》卷三五及《南史・齊高帝諸子傳》卷四三。

隸，爲世楷法，自云善效鍾元常、王逸少而微變字體」。〔註111〕子雲書不僅知名當世，甚至百濟國亦遣人至建鄴求子雲書。〔註112〕子雲次子蕭特、姪蕭乾（子範子）亦善書，頗能傳其家業。〔註113〕

蕭子顯父蕭嶷並無文學作品傳世，今可見者多爲表、啓，並無甚文采。〔註114〕然蕭嶷之起家官爲太學博士，想來應頗有學問，只是並未致力於此道。臨終誡諸子「勤學行，守基業」，本是爲免子孫遭政治迫害，然子顯兄弟承其家學，夙遵父訓，遂在文學上有頗高的成就。加之以梁代君主甚重學術，有梁一代文風大盛，致子顯兄弟以文才被知遇，〔註115〕並知名於當世。

## 二、蕭子顯之交遊

蕭子顯學術思想之淵源除承自其家學門風外，與古今人物之交遊對之影響亦深。蕭子顯於〈自序〉中嘗云：

> 余爲邵陵王友，忝還京師，遠思前比，即楚之唐、宋，梁之嚴、鄒。追尋平生，頗好辭藻，雖在名無成，求心已足。若乃登高極目，臨水送歸，風動春朝，月明秋夜，早雁初鶯，開花落葉，有來斯應，每不能已也。前世賈、傅、崔、馬、邯鄲、繆、路之徒，並以文章顯，所以屢上歌頌，自比古人。〔註116〕

---

〔註111〕《梁書·蕭子雲傳》卷三五，頁515。

〔註112〕《南史·齊高帝諸子上·蕭子雲傳》：「百濟國使人至建鄴求書，逢子雲爲郡，維舟將。使人於渚次候之，望船三十許步，行拜行前。子雲遣問之，答曰：『侍中尺牘之美，遠流海外，今日所求，唯在名跡。』子雲乃爲停船三日，書三十紙與之。」（卷四二，頁1075）

〔註113〕蕭乾善隸書，「得叔父子雲之法」。蕭特早知名，善草隸，「時人比之衛恒、衛瓘」。「高祖嘗謂子雲曰：『子敬之書，不及逸少。近見特跡，遂逼於卿。』」詳《梁書》：〈蕭子範傳〉〈蕭子雲傳〉卷三五及《南史·齊高帝諸子傳》卷四二。

〔註114〕蕭嶷作品今可見者：〈請立州郡秩俸供給定格表〉、〈讓領太子太傅手啓〉、〈自陳啓〉〈又啓〉〈又啓〉〈又啓〉、〈唐寓之賦起啓〉、〈疾篤啓〉、〈與沙州刺史楊廣香書〉、〈戒諸子〉、〈遺令〉。

〔註115〕如蕭子顯：「高祖雅愛子顯才，又嘉其容止吐納，每御筵侍坐，偏顧訪焉。」蕭子範：「（南平）王愛文學士，子範偏被恩遇，嘗曰：『此宗室奇才也。』使製〈千字文〉，其辭甚美，……自是府中文筆，皆使草之。」蕭子雲：「其書跡雅爲高祖所重，嘗論子雲書曰：『筆力勁駿，心手相應，巧踰杜度，美過崔寔，當與元常並驅爭先。』其見賞如此。」蕭子暉：「嘗預重雲殿聽制講《三慧經》，退爲〈講賦〉奏之，甚見稱賞。」（各詳《梁書》本傳）

〔註116〕《梁書·蕭子顯傳》卷三五，頁512。

蕭子顯將己之經歷與學術，自比唐勒、宋玉、嚴忌、鄒陽、賈誼、傅毅、崔駰、馬融、邯鄲淳、繆襲、路溫舒等人，顯示了子顯以為己之境遇足堪與上述諸人匹敵的自信，亦有尚友古人之意。〔註117〕

至於與當世之交遊，蕭子顯並無明言，然由史書及今日可見之詩文中蒐羅可得部份資料。雖難確知交情之深淺，與子顯有往來者至少有下列諸人：

（1）梁武帝蕭衍。字叔達，南蘭陵人，與蕭子顯為同宗。「博學多通，好籌略，有文武才幹」，〔註118〕子顯堂兄竟陵王子良於永明五年開西邸時，蕭衍即「八友」之一。梁臺建，不因子顯兄弟為前朝宗室而殺之，反甚重用，故子顯兄弟於梁朝位皆清顯。子顯有文才，為蕭衍所愛重。《梁書·蕭子顯傳》載：

> 高祖雅愛子顯才，又嘉其容止吐納，每御筵侍坐，偏顧訪焉。嘗從容謂子顯曰：「我造《通史》，此書若成，眾史可廢。」子顯對曰：「仲尼讚《易》道，黜《八索》，述職方，除《九丘》，聖製符同，復在茲日。」時以為名對。

又子顯〈自序〉曰：

> 天監十六年，始預九日朝宴，稠人廣坐，獨受旨云：「今雲物甚美，卿得不斐然賦詩。」詩既成，又降旨曰：「可謂才子。」余退謂人曰：「一顧之恩，非望而至，遂方賈誼何如哉？未易當也。」

此可見蕭衍對子顯才學之賞識，亦可見子顯得意之情。

蕭衍甚重儒學，即位後，便置五經博士，廣開庠序：

> 高祖有天下，深愍之，詔求碩學，治五禮，定六律，改斗曆，正權衡。天監四年，詔曰：「……可置五經博士各一人，廣開館宇，招內後進。」……十數年間，懷經負笈者雲會京師。又……分遣博士祭酒，到州郡立學。……高祖親屈輿駕，釋奠於先師先聖，申之以讌語，勞之以束帛，濟濟焉，洋洋焉，大道之行也如是。〔註119〕

正因蕭衍是一重儒尊經之君，故蕭子顯上表請置《孝經》助教一人，生十人，蕭衍即許之。

〔註117〕蕭子顯之自比古人，詹秀惠已論之甚詳，今於此不贅。參氏著：《蕭子顯及其文學批評》第二章第二節〈蕭子顯的文學源流〉之五「古人的匹比」，頁 87～96。
〔註118〕《梁書·武帝本紀上》卷一，頁 2。
〔註119〕《梁書·儒林傳序》卷四八，頁 661～662。

　　蕭衍之崇佛，爲歷代君王所罕見者。中大通五年，「二月癸未，行幸同泰寺，設四部大會，高祖升法座，發〈金字摩訶波若經〉題，訖於己丑」，〔註120〕子顯陪侍講筵，撰〈御講摩訶般若經序〉。故子顯之信佛，除來自家族信仰外，與梁時武帝之提倡佛教有極大關係。

　　（2）昭明太子蕭統。字德施，蕭衍長子，天監元年立爲皇太子。性聰慧，「讀書數行並下，過目皆憶」。才思敏捷，「每遊宴祖道，賦詩至十數韻。或命作劇韻賦之，皆屬思便成，無所點易」，〔註121〕亦崇信佛法，遍覽佛經。昭明太子性喜文學，《昭明文選》三十卷爲其代表作。又雅愛才學之士，史載之曰：

> 引納才學之士，賞愛無倦。恒自討論篇籍，或與學士商榷古今；閒
> 則繼以文章著述，率以爲常。于時東宮有書幾三萬卷，名才並集，
> 文學之盛，晉、宋以來未之有也。〔註122〕

蕭子顯曾任太子洗馬、太子中舍人等東宮官屬，子顯甚有文才，且與昭明太子皆「性愛山水」，〔註123〕必爲昭明太子所接引。又子顯有〈奉和昭明太子鍾山解講詩〉，此當爲昭明太子於鍾山講解佛法而作。由此觀之，二人應當有某種程度的親密往來。

　　（3）簡文帝蕭綱。字世纘，蕭衍第三子。中大通三年四月，昭明太子薨，五月，詔立晉安王蕭綱爲皇太子。蕭綱生而聰敏，「九流百氏，經目必記；篇章辭賦，操筆立成。博綜儒書，善言玄理」。好文學，與昭明太子同，「引納文學之士，賞接無倦，恒討論篇籍，繼以文章」，〔註124〕有〈和蕭侍中子顯春別四首〉，顯見子顯之文才頗爲蕭綱所欣賞。蕭子顯爲人雖頗負其才氣，然蕭綱甚重之：

> 太宗素重其爲人，在東宮時，每引與促宴。子顯嘗起更衣，太宗
> 謂坐客曰：「嘗聞異人間出，今日始知是蕭尚書。」其見重如此。
> 〔註125〕

蕭綱爲晉安王時，曾主撰《法寶聯璧》，此事當在梁武帝普通年間。〔註126〕

---

〔註120〕《梁書・武帝本紀下》卷三，頁77。
〔註121〕《梁書・昭明太子傳》卷八，頁166。
〔註122〕《梁書・昭明太子傳》卷八，頁167。
〔註123〕詳《梁書》、《南史》本傳。
〔註124〕《梁書・簡文帝本紀》卷四，頁109。
〔註125〕《梁書・蕭子顯傳》卷三五，頁512。
〔註126〕《梁書・簡文帝本紀》：「（普通）四年，徙爲使持節、都督雍梁南北秦四州郢州之竟陵司州之隨郡諸軍事、平西將軍、寧蠻校尉、雍州刺史。……七年，…

《南史‧陸罩傳》載：

> 初，簡文在雍州，撰《法寶聯璧》，罩與群賢並抄撮區分者數歲。中
> 大通六年而書成，命湘東王爲序。其作者有侍中國子祭酒南蘭陵蕭
> 子顯等三十人，以比王象、劉邵之《皇覽》焉。

蕭子顯曾參與編撰蕭綱所主持之《法寶聯璧》，於此可見。

（4）元帝蕭繹。字世誠，蕭衍第七子，天監十三年封爲湘東郡王。性聰
悟，天才英發，五歲即能誦《曲禮》。著述頗豐，多行於世。〔註127〕蕭繹雖與
蕭子顯弟子雲較爲交好，〔註128〕然亦有和蕭子顯〈春別應令詩〉四首，於子
顯之才學應頗爲欣賞，爲文友之交。

（5）邵陵王蕭綸。字世調，蕭衍第六子，天監十三年封爲邵陵郡王。少
聰穎，博學善屬文，然性卻戾躁佻險：

> 普通五年，（邵陵王綸）以西中郎將權攝南徐州事。在州輕險躁虐，
> 車服僭擬，肆行非法。邀遊市里，雜於廝隸。嘗問賣鮰者曰：「刺史
> 如何？」對者言其躁虐，綸怒，令吞鮰以死，自是百姓惶駭，道路
> 以目。嘗逢喪車，奪孝子服而著之，匍匐號叫。籤帥懼罪，密以聞。
> 帝始嚴責，綸不能改，於是遣代。〔註129〕

蕭子顯曾爲邵陵王友，自言忝還京師，將己此番經歷，比之唐勒、宋玉、嚴
忌、鄒陽，頗有自慚己之輔佐不力之意。〔註130〕

齊梁兩代，文學集團興盛。姑不論此現象之形成，是否代表了政治與文
化或皇權與士族間勢力之消長，〔註131〕然此與在上位者之提倡有莫大關係是

---

丁所生穆貴嬪喪，上表陳解，詔還攝本任。」由此可知蕭綱在雍州時，當爲
普通四年至七年。

〔註127〕《梁書‧元帝本紀》載其著作至少有《孝德傳》三十卷，《忠臣傳》三十卷，
《丹陽尹傳》十卷，《注漢書》一百一十五卷，《周易講疏》十卷，《內典博
要》一百卷，《連山》三十卷，《洞林》三卷、《玉韜》十卷，《補闕子》十
卷，《老子講疏》四卷，《全德志》、《懷舊志》、《荊南志》、《江州記》、《貢
職圖》、《古今同姓名錄》一卷。《筮經》十二卷，《式贊》三卷，文集五十
卷。

〔註128〕《梁書‧元帝本紀》：「世祖（蕭繹）性不好聲色，頗有高名，與裴子野、劉
顯、蕭子雲、張纘及當時才秀爲布衣之交。」（卷五，頁136）

〔註129〕《南史‧梁武帝諸子‧蕭綸傳》卷五三，頁1322。

〔註130〕詳《梁書‧蕭子顯傳》子顯之〈自序〉，卷三五，頁512。

〔註131〕閻采平認爲，南朝各代存在著一種十分特殊的社會現象：一方面，皇權在政
治上控制著士族，而在文化上卻又向士族學習；另一方面，士族在政治上趨

肯定的。梁代文風之盛，與蕭衍父子因個人之愛好而大力倡導有關，因其本身有相當高的才氣學識與文化素養，故在蕭梁形成各個以其爲實際領袖的文學集團。對於梁代文學集團之劃分，學者之意見頗有不同，或以蕭衍、蕭統爲一集團，蕭綱、蕭繹爲一集團〔註132〕；或以爲此四人各形成一文學集團。〔註133〕然要而言之，此四人之文學主張與好尙確實影響著當代文風，也代表著文學演進至梁代所呈現的實際面貌。

　　蕭子顯由齊入梁，與蕭衍父子俱有往來，亦頗受賞愛。蕭子顯與蕭綱之往來較爲密切，父子二人均爲蕭綱所重，〔註134〕故學者大都將其視之爲蕭綱文學集團中人。〔註135〕然蕭子顯之文學主張與作品與蕭綱卻不盡相同，反而與當時其他文學家（包括蕭衍父子）有暗合之處。

　　蕭綱爲太子時，宮體詩興：「梁簡文之在東宮，亦好篇什，清辭巧製，止乎衽席之間，彫琢蔓藻，思極閨闈之內。後生好事，遞相放習，朝野紛紛，號爲宮體。」〔註136〕其《梁書》本紀稱其詩「傷於輕豔」，故宮體詩往往也被稱爲豔詩。雖然宮體詩也是新變文學觀下發展出的新文體，〔註137〕與蕭子顯

---

附於皇權，但在文化上卻又影響著皇權。然而當皇權日益鞏固，皇室成員的文化素養發展到與士族相等或是超越士族時，士族就不僅在政治上更加依附皇權，而且在文化上也不得不向皇室成員接近，乃至以他們爲核心，形成規模不等的文學集團。詳氏著：《齊梁詩歌研究》第二章第一節「士庶之間文化優勢的對比與演變」頁45。北京：北京大學出版社，1994年10月第一版。

〔註132〕如張辰：〈略論四蕭的文學觀〉即將此四人之文學觀點如此劃分。(《內蒙古大學學報》，1988年第二期。)

〔註133〕如詹秀惠：《蕭子顯及其文學批評》第一章第二節之三「文學集團繁興」即如此區分。此外尚有其他劃分法：如蕭衍、蕭統爲一集團，蕭綱爲一集團；或蕭統、蕭綱、蕭繹各爲一集團。今不贅述。

〔註134〕蕭子顯爲蕭綱所重，前已言之。子顯子蕭愷亦爲蕭綱所重，《梁書·蕭愷傳》：「愷才學譽望，時論以方其父。太宗在東宮，早引接之。時中庶子謝嘏出守建安，於宣猷堂宴餞，並召時才賦詩，同用十五劇韻。愷詩先就，其辭又美。太宗與湘東王令曰：『王筠本自舊手，後進有蕭愷可稱，信爲才子。』先是時太學博士顧野王奉令撰《玉篇》，太宗嫌其書詳略未當，以愷博學，於文字尤善，使更與學士刪改。」將之與王筠並舉，其見重如此。

〔註135〕如閻采平：《齊梁詩歌研究》第二章第二節「齊梁文學三集團」，王力堅：《由山水到宮體——南朝的唯美詩風》下編第一章「宮體正義」（台北：台灣商務印書館，1997年初版）即如此視之。唯王力堅以爲蕭子顯本爲蕭統集團，伺蕭綱立爲皇太子後，遂相繼附集蕭綱麾下。

〔註136〕《隋書·經籍志四》卷三五，頁1090。

〔註137〕《梁書·徐摛傳》：「屬文好爲新變，不拘舊體。……摛文體既別，春坊盡學之，『宮體』之號，自斯而起。」（卷三十，頁446～447）

「若無新變，不能代雄」〔註138〕之新變主張頗合，但由蕭子顯之詩作觀之，詩風大都清新，不見淫豔之氣。故以蕭子顯爲蕭綱集團中人尚可，若以其爲宮體詩人則並不恰當。〔註139〕蕭子顯在《南齊書·文學傳論》中評論當代五言詩風第一體之「啓心閑繹，託辭華曠，雖存巧綺，終致迂回。……而疏慢闡緩，膏肓之病，典正可採，酷不入情」，與蕭綱之論當時京師文體頗爲相似。〔註140〕

今由蕭子顯所提出的文學理論，以見其與當代文人主張之互通處。

> 若夫委自天機，參之史傳，應思悱來，勿先構聚。言尚易了，文憎過意，吐石含金，滋潤婉切。雜以風謠，輕脣利吻。不雅不俗，獨中胸懷。〔註141〕

蕭衍素不喜聲律，《梁書·沈約傳》曰：

> （約）撰《四聲譜》，以爲在昔詞人，累千載而不悟而獨得胸臆，窮其妙旨，自謂入神之作。高祖（梁武帝）雅不好焉，嘗問周捨曰：「何謂四聲？」捨曰：「天子聖哲是也。」然帝竟不遵用。

同時之另一文人鍾嶸對齊梁聲律說亦甚反感，認爲太執泥於聲律的規範，會「使文多拘忌，傷其眞美」。〔註142〕而蕭子顯主張「輕脣利吻」，不過分拘守聲律，與此二人之觀點甚相近。

昭明太子蕭統認爲「夫文典則累也，麗亦傷浮。能麗而不浮，典而不野，文質彬彬，有君子之致」，〔註143〕此與蕭子顯主張爲文應「不雅不俗」的觀點頗爲接近。

至於蕭子顯「委自天機」的說法，則與較早出的《文心雕龍》所言較爲相似。《南齊書·文學傳論》對「靈感」之說曾有言曰：

> 屬文之道，事出神思，召感無象，變化不窮。俱五聲之音響，而出

---

〔註138〕《南齊書·文學傳論》卷五二，頁908。

〔註139〕詹福瑞：〈梁代宮體詩人略考〉認爲蕭子顯存詩中，十之八九爲宮體，且與蕭綱等宮體詩人往來密切，故將之視爲宮體詩人的說法過於籠統，有待商榷。（《河北大學學報》，1996年第2期。）

〔註140〕蕭綱〈與湘東王書〉：「比見京師文體，儒鈍殊常，競學浮疏，爭爲闡緩。……未聞吟詠情性，反擬〈內則〉之篇，操筆寫志，更摹〈酒誥〉之作。遲遲春日，翻學《歸藏》，湛湛江水，遂同《大傳》。」（《全梁文》卷十一，頁3011）

〔註141〕《南齊書·文學傳論》卷五二，頁908～909。

〔註142〕鍾嶸：《詩品下·序》，頁35。北京：中華書局，1991年第一版。

〔註143〕蕭統：〈答湘東王求文集及詩苑英華書〉，《全梁文》卷二十，頁3064。

言異句；等萬物之情狀，而下筆殊形。

並於〈自序〉中言己：「每有製作，特寡思功，須其自來，不以力構。」〔註144〕與劉勰於《文心雕龍》〈神思篇〉所言「秉心養術，無務苦慮，含章司契，不必勞情」〔註145〕的說法甚爲一致。

蕭子顯「新變」的文學觀，與《文心雕龍》〈通變篇〉的主張亦合。《南齊書‧文學傳論》曰：「習玩爲理，事久則瀆，在乎文章，彌患凡舊，若無新變，不能代雄。」《文心雕龍‧通變篇》則言：「文辭氣力，通變則久，此無方之數也。……通變無方，數必酌於新聲，故能騁無窮之路，飲不竭之源。」〔註146〕並指出文學之由簡入繁，由質趨麗，乃是其發展之必然規律。故而蕭子顯的見解，或可視之爲劉勰「通變」觀的繼承和發展。〔註147〕

蕭子顯與鍾嶸、劉勰爲同時代之人，文學觀點亦有頗多相合之處，彼此之間是否曾有往來則不得而知，然此二人及蕭衍父子之文學主張，與蕭子顯的文學理論，有頗多可互相參照發明處。上述諸人之文學，論之者頗多，至於蕭子顯的文學理論，亦有學者專文論之，〔註148〕筆者於此無庸贅述，僅欲由蕭子顯之交遊，明其與當代文壇的關係，並由此諸人之文學主張，以見其相互影響之處。

以上所言之重點，在於蕭子顯的交遊對其文學的影響。而在蕭子顯的交遊中，亦不乏對其史學產生影響之人。

（6）沈約。字休文，吳興人，歷仕宋、齊、梁三代，爲齊梁之際的文壇領袖，在文學與史學上均有卓越成就。沈約與蘭陵蕭氏淵源甚深，子顯堂兄竟陵王子良開西邸時，沈約即「八友」之一，與梁武帝蕭衍之交游至遲始於此。

齊武帝永明十年，蕭子顯父豫章王嶷薨，僚屬樂藹等遂與沈約書欲求碑文，沈約答曰：

文獻王冠冕彝倫，儀行寓內，自非一代辭宗，難或與此。約閭閈鄙

〔註144〕《梁書‧蕭子顯傳》卷三五，頁512。
〔註145〕劉勰著，王更生注譯：《文心雕龍讀本》下篇〈神思〉第二十六，頁4。台北：文史哲出版社，1988年3月三版。
〔註146〕同上注。〈通變〉第二十九，頁49。
〔註147〕詳丁福林：〈《南齊書‧文學傳論》對文壇三派的評價〉，《遼寧大學學報》，1996年第3期。
〔註148〕論蕭子顯文學者，有鄧仕樑：〈蕭子顯的文論〉（《香港中文大學中國文化研究所學報》十八期）、丁福林：〈《南齊書‧文學傳論》對文壇三派的評價〉、及詹秀惠：《蕭子顯及其文學批評》，讀者可參看。

人，名不入第，歟酬今旨，便是以禮許人，聞命慚顏，已不覺汗之
沾背也。〔註149〕

沈約之託辭避作，一般均認為是文惠太子與蕭嶷有嫌隙之故。〔註150〕此事《南
史・豫章文獻王傳》有載：

嶷薨後，忽見形於沈文季曰：「我未應便死，皇太子加膏中十一種藥，
使我癱不差，湯中復加藥一種，使利不斷。吾已訴先帝，先帝許還
東邸，當判此事。」……少時太子薨。

神鬼之事，難以為據，然正史有此記載，表示當時二人有不睦的可能，以致
有蕭嶷之死與文惠太子有關的說法。建武中，蕭子恪復求文於沈約，〔註151〕
時過境遷，沈約始為蕭嶷撰碑，故文惠太子與蕭嶷有嫌隙之說可能為真。而
由蕭嶷之子兩度求文於沈約，亦可見沈約之才學甚得時人敬重。

沈約為尚書令時，見蕭子顯所著〈鴻序賦〉，讚之曰：「可謂得明道之高
致，蓋〈幽通〉之流也。」〔註152〕沈約較子顯長約六十歲，對子顯而言，沈
約與其祖當為同輩，且沈約以文壇辭宗之身分而對子顯之作有此番讚辭，對
子顯的鼓勵與肯定是不言而喻的，而子顯心中之喜悅亦不難想見。蕭子顯〈自
序〉謂：「少來所為詩賦，則〈鴻序〉一作，體兼眾製，文備多方，頗為好事
所傳，故虛聲易遠。」〔註153〕子顯雖謙稱〈鴻序賦〉乃因好事所傳，致有虛
名，然此賦於當時確頗有名聲，此或與沈約之褒揚於前有關，而子顯的得意
之情亦溢於言表。

又沈約嘗著史《晉書》一百一十卷、《宋書》一百卷、《齊紀》二十卷，〔註
154〕蕭子顯亦著有《晉史草》及《南齊書》。沈約《晉書》與蕭子顯《晉史草》
皆亡佚，不知二書有何種程度上的關連。沈約之《齊紀》今已不見，無法得知
《南齊書》那些部份採自《齊紀》，然蕭子顯之撰《南齊書》時，《齊紀》必為
一重要之參考資料當無疑義；又由《宋書》觀之，《南齊書》在體例上有師法《宋
書》處，〔註155〕故蕭子顯的史學成就雖非完全襲自沈約，然亦頗受其影響。

〔註149〕《南齊書・豫章文獻王嶷傳》卷二二，頁419。
〔註150〕王鳴盛：《十七史商榷》卷六二〈沈約不作豫章王碑〉條，頁401。
〔註151〕《南齊書・豫章文獻王嶷傳》卷二二，頁419。
〔註152〕《梁書・蕭子顯傳》卷三五，頁511。
〔註153〕《梁書・蕭子顯傳》卷三五，頁512。
〔註154〕詳《梁書・沈約傳》卷十三，頁243。
〔註155〕趙翼：《廿二史箚記》卷九〈宋齊書帶敘法〉條言《宋書》有帶敘法，《南齊
書》亦師之。

（7）吳均。字叔庠，吳興人，家世寒賤。吳均好學有俊才，史謂其「文體清拔有古氣，好事者或效之，謂爲『吳均體』」，沈約見吳均之文亦頗爲讚賞。〔註156〕吳均較蕭子顯約莫年長二十歲，其〈和蕭洗馬子顯古意詩六首〉，〔註157〕顯見對子顯才情頗爲欣賞，故有唱和之作，亦有肯定之意。

吳均於史學亦頗有成就，嘗注范曄《後漢書》九十卷、著《齊春秋》三十卷，並奉召撰《通史》。〔註158〕吳均撰《齊春秋》，書成後卻遭焚毀：

> 先是，均將著史以自名，欲撰齊書，求借齊起居注及群臣行狀，武帝不許，遂私撰《齊春秋》奏之。書稱帝爲齊明帝佐命，帝惡其實錄，以其書不實，使中書舍人劉之遴詰問數十條，竟支離無對。敕付省焚之，坐免職。〔註159〕

上文引自《南史》。依李延壽之意，《齊春秋》書成遭焚的原因應爲梁武帝惡其實錄之故。此或爲原因之一，然眞正原因乃在吳均之書有不實之處。蕭衍惡其實錄，當然可因此指其書不實，藉口焚之。然《齊春秋》之所以不實，恐怕在於其爲私撰，無從窺見官方之檔案文書，難得史實，且對蕭梁王室之興的說法，與官方解釋有異，故梁武使博覽群籍、精通史學的劉之遴詰問之，〔註160〕吳均竟不能對，致書遭焚毀。〔註161〕即便史料不足，詔不用此書即可，何須焚書免官？《齊春秋》今已不見，想來書中應有觸及梁武忌諱之處，遂以其主觀之好惡焚吳均書。

吳均書焚之時，蕭子顯已撰《南齊書》，且二人有交遊往來，子顯當知吳均之撰《齊春秋》，至於子顯是否得見此書，今無由得知，故難以確定《齊春秋》對《南齊書》之影響程度。然《齊春秋》之遭焚，必然對當時正撰齊史

---

〔註156〕《梁書・文學上・吳均傳》卷四九，頁 698。
〔註157〕見《玉臺新詠》，頁 227（陳・徐陵編，清・吳兆宜注，程琰刪補，穆克宏點校。台北：明文書局，1988 年 7 月初版），或《先秦漢魏晉南北朝詩・梁詩》卷十一，頁 1745（逯欽立輯校，台北：木鐸出版社，1988 年 7 月）。
〔註158〕《梁書・文學上・吳均傳》卷四九，頁 699。
〔註159〕《南史・文學・吳均傳》卷七二，頁 1781。
〔註160〕《梁書・劉之遴傳》：「……是時《周易》、《尚書》、《禮記》、《毛詩》並有高祖義疏，惟《左氏傳》尚闕，之遴乃著《春秋大意》十科，《左氏》十科，《三傳同異》十科，合三十事以上之。高祖大悅，詔答之曰：『省所撰《春秋》義，比事論書，辭微旨遠。』」梁武帝盛讚劉之遴所著書，顯見梁武遣劉之遴詰問吳均，並非僅是無故刁難。
〔註161〕以上所言，詳雷家驥師：《中古史學觀念史》第九章〈正史及其形成理念（上）〉，頁 441～442。台北：學生書局，1990 年十月初版。

的蕭子顯產生警惕作用，此由子顯書齊梁易代事之筆法甚為謹慎可知。

　　蕭子顯於大同三年卒於吳興太守任時，梁武帝蕭衍甚表哀憐，並讚子顯「神韻峻舉，宗中佳器」。及請諡，卻手詔「恃才傲物，宜諡曰驕」。〔註162〕蕭子顯一生宦途平順，甚受君主及太子（蕭統、蕭綱）賞愛敬重，且當代文壇辭宗沈約對之亦極為稱許，子顯所為之〈自序〉今日雖難窺全豹，其志得意滿之情卻躍然紙上。在政壇、文壇均有相當地位的蕭子顯，心高氣傲想來應是免不了的，然是否果真恃才傲物到宜以「驕」為諡的地步，其詳情則不得而知了。

　　此外，尚有諸人與蕭子顯或有交遊往來。

　　（8）陸倕。字佐公，吳郡人。晉太尉玩六世孫，父齊太常卿慧曉。勤學善屬文，齊竟陵王子良開西邸，陸倕亦預焉。梁武帝蕭衍愛其才，遷倕為太子中舍人，管東宮書記，又遷太子庶子。天監年間，蕭子顯曾任太子洗馬、太子中舍人，其與陸倕之交往或始於此時。與子顯同，陸倕亦有〈奉和昭明太子鍾山講解詩〉，可能作於任職東宮時。其後出為晉安王長史、尋陽太守，子顯之作〈侍宴餞陸倕應令〉當為此事。

　　（9）劉孝綽。本名冉，彭城人。祖宋司空勔，父齊大司馬霸府從事中郎繪。幼聰敏，舅齊中書郎王融賞異之，號曰神童。梁天監初，起家著作佐郎，為名流所重。嘗任太子舍人、太子洗馬等東宮官，「時昭明太子好士愛文，孝綽與陳郡殷芸、吳郡陸倕、琅邪王筠、彭城到恰等，同見賓禮」，〔註163〕故劉孝綽與蕭子顯同，其有〈奉和昭明太子鍾山講解詩〉、〈侍宴餞陸倕應令〉等作，當淵源於此。除有相同之詩作與官歷外，不見其與蕭子顯交遊往來之線索，然依此推斷二人至少有同僚關係。

　　（10）費昶。善為樂府，又作鼓吹曲，梁武重之，謂其「才意新拔，有足嘉異」，〔註164〕與王子雲並為閭里才子。今不見蕭子顯有〈畫屏風詩〉傳世，然費昶有唱和之作〈和蕭洗馬畫屏風二首〉，顯見蕭子顯確有此詩，而二人應有交誼。

　　（11）王筠。字元禮，琅邪人。祖齊司空僧虔。幼警寤，清靜好學，當世辭宗沈約盛讚之：「晚來名家，唯見王筠獨步。」〔註165〕頗為昭明太子所賞

〔註162〕《梁書·蕭子顯傳》卷三五，頁512。
〔註163〕《梁書·劉孝綽傳》卷三三，頁480。
〔註164〕《南史·文學·王子雲傳》卷七二，頁1783。費昶於正史並無專傳，其事蹟附見於〈王子雲傳〉中。
〔註165〕《梁書·王筠傳》卷三三，頁485。

愛，與劉孝綽見重當世。累遷太子洗馬，中舍人，掌東宮管記，或與蕭子顯
爲同僚，其贈詩與子顯〈寓直中庶坊贈蕭洗馬詩〉，應在此時。

　　上述與蕭子顯交遊之諸人中，除吳均及費昶外，餘皆爲當世之士族名門，
此又爲一可注意者。

　　蕭子顯頗以文學知名當世，其與同時之文人必有所往來，惟今所可得之
資料，甚少見其交遊狀況之記載。然對一同時身爲文學家與史學家的學者而
言，其學問之養成必定會受當代影響，也必須受當代薰陶，學問方能成其大，
故其交遊狀況是一十分重要之課題。上述所列諸人，乃是在有限的資料中所
可得見較有可能與蕭子顯往來交遊之當代文人，蕭子顯爲蕭綱文學集團中
人，其交遊狀況當然不止於此，〔註166〕惟其屬於廣義範圍的交遊圈，故不於
此贅述。

〔註166〕與蕭子顯同屬蕭綱文學集團之文人，至少尚有庾肩吾、徐摛、張率、庾於陵、
　　　　孔休源、劉遵、劉之遴、劉杳、江革、鍾嶸、劉孺、周弘正、庾仲容、劉孝
　　　　儀、劉孝威、江伯搖、孔敬通、申子悅、徐防、王圖、孔鑠、鮑至、陸杲、
　　　　陸罩、蕭幾、徐陵、庾信、王訓、張長公、王褒、謝舉、殷不害、蕭曄、蕭
　　　　映、蕭義理，蕭推等數十人，其生平事蹟，讀者可自行參看正史本傳，或學
　　　　者之相關研究。

# 第四章 魏晉南北朝史學之發展與 《南齊書》之基本論述

## 第一節 魏晉南北朝史學發展的概況

魏晉南北朝是我國史學發展之關鍵時期。史學之體要雖大備於馬、班之手，但史學的蓬勃興盛卻是在政治紛擾的魏晉南北朝時期。對於此時期史學興盛的景況與原因的討論，相關著作甚豐，然為求敘述的完整與脈絡的連貫，本文對《南齊書》成書時代的史學背景仍有必要作一瞭解。

檢閱《隋書·經籍志》中有關史部著作的記載，〔註1〕可發現魏晉南北朝時期史學著作的最大特徵就是「多」，無論是數量、種類或作者，均呈現此特色。

就數量而言。《漢書·藝文志》《春秋》類中所收錄之書籍凡二十三家，九百四十八篇，其中為西漢人著作者僅十一種，三百五十餘篇。至《隋書·經籍志》史部所著錄之史籍數目，亡佚者不計，即有八百一十七部，一萬三千二百六十四卷，〔註2〕五、六百年間，數量增加將近四十倍。且在這八百餘部的史學著作中，十之八九為魏晉南北朝人所撰，成就可謂十分驚人。梁元帝蕭繹於《金樓子·聚書篇》中自稱「自聚書來四十年，得書八萬卷」，惜於

---

〔註1〕 在魏晉南北朝之諸正史中，皆無似〈藝文志〉、〈經籍志〉之類關於圖經書籍之記載，若欲瞭解此時期著作之概況，則須由《隋書·經籍志》中得知。

〔註2〕 依錢穆：〈略論魏晉南北朝學術文化與當時學術之關係〉中所做的統計。又梁阮孝緒《七錄》中所收之史籍有一千零二十種，一萬四千八百八十八卷，較《隋書·經籍志》為多。

魏軍逼江陵時「聚圖書十餘萬卷盡燒之」。〔註3〕若非如此，隋時可見之書籍
當不止此數，亦可證明南北朝末期所亡佚的書籍數目應遠較存留者爲多。

其次由史著類目的日益細密，亦可窺見史學的發展。《漢書·藝文志》將
西漢以前的史書，均載於六藝類（經學）中之《春秋》一目之下。然至魏晉
南北朝時，因史著之種類繁多，《隋書·經籍志》遂將之分爲正史、古史、雜
史、霸史、起居注、舊事、職官、儀注、刑法、雜傳、地理、譜系、簿錄等
十三類。劉知幾也將魏晉南北朝時期正史以外的著作分爲十家：「爰及近古，
斯道漸煩。史氏流別，殊途并騖。榷而爲論，其流有十焉：一曰偏紀，二曰
小錄，三曰逸事，四曰瑣言，五曰郡書，六曰家史，七曰別傳，八曰雜記，
九曰地理書，十曰都邑簿。」〔註4〕二者分類雖不盡相同，然相去不遠。由史
部著作分類之細密，可見史學已脫離經學而獨立發展的事實。且由上述所分
之門類中，可得知譜學與地方志始興於此時。〔註5〕而由於魏晉以來之社會重
視人物品評，故人物傳記類的雜傳、小錄、別傳亦盛於此時。〔註6〕又史鈔、
史注、史評、史考等專著出現，使魏晉南北朝時期史學門類更形完備。〔註7〕

再就史家而言。魏晉南北朝時期史籍數量激增，撰史之人亦隨之增加。
雖未必皆能名留青史，然此時期產生的著名史家遠較漢代爲多，卻是不爭的
事實。譙周、陳壽、司馬彪、孫盛、習鑿齒、袁宏、干寶、華嶠、王隱、虞
預、何法盛、范曄、裴松之、沈約、崔鴻等諸史家，皆爲此時期之代表。此
外，有名於當時之史家尚有數十名，均各擅勝場。史學之爲時所重，於此可
見一斑。

魏晉南北朝時期的史學，除可由史籍數量的增加見其發展外，史部著作
的漸次獨立，亦標誌著史學發展的進程。

西晉秘書監荀勖依據曹魏秘書郎鄭默的《中經》編成《中經新簿》，分群
書爲甲乙丙丁四部，將史書列在丙部，史書始獨立成爲一個門類。其後東晉

〔註3〕 《南史·梁本紀下》卷八，頁245。
〔註4〕 《史通·雜述》卷十，頁273。台北：里仁書局。1993年6月。
〔註5〕 關於此一論題，可參看黎子耀：〈魏晉南北朝史學的旁支——地記與譜學〉，《杭
　　　　州大學學報》，1982年第2期。
〔註6〕 可參看李穎科：〈魏晉南北朝史學發達原因新探〉，《人文雜誌》1994年第4
　　　　期，頁97～98。或逯耀東：〈魏晉時期歷史人物評論標準〉，收入《魏晉史學
　　　　及其他》。台北：東大圖書公司，1998年1月初版。
〔註7〕 詳見高國抗：〈魏晉南北朝時期史學的巨大發展〉，《暨南學報》1984年第3
　　　　期，頁52～53。

著作郎李充定四部，更動荀勗所定之次序，將史書列爲乙部。此後史書在四部分類中，即屬於第二大類。然後世所行之四部分類法卻是始自《隋書·經籍志》，該志云：「班固以《史記》附《春秋》，今開其事類，凡十三種，別爲史部。」自此即以經史子集的分類代替甲乙丙丁。〔註8〕在《隋志》以前的書籍分類上，雖可見史學獨立的傾向，但卻不能說是因主動意識到史學的價值而予以獨立分類，史著數量大增恐怕才是主因。〔註9〕

在史學教育上，後趙石勒立史學祭酒一職，與之並列者尙有經學祭酒、律學祭酒。〔註10〕其執掌爲何，今已不得而知，然卻是中國歷史上首次以「史學」爲名，創立史學教育機構者。〔註11〕其後，宋文帝於元嘉十五年立儒、玄、史、文四學，〔註12〕宋明帝於泰始六年置總明觀，立玄、儒、文、史四科，〔註13〕顯示史學與儒學地位並列的事實。

無論是書籍分類或學術機構的設置，在在都表明了史學之脫離經學而獨立，是學術發展演化下必然的結果。

此時期的史學尙有另一特色，即正史之體例，乃編年體與紀傳體兩者並重。劉知幾於《史通·二體篇》論編年、紀傳二體裁云：「然則班、荀二體，角力爭先，欲廢其一，固亦難矣。後來作者，不出二途。故晉史有王、虞，而副以干紀；《宋書》有徐、沈，而分爲裴略。各有其美，並行於世。」當世人不以此爲煩重，反而彼此相濟，並行於世。

魏晉南北朝時期的史學之所以如此發達，其地位之所以如此快速上升，

---

〔註8〕 詳見周一良：〈魏晉南北朝史學發展的特點〉，收入氏著：《魏晉南北朝史論集續編》，頁67～68。北京：北京大學出版社，1991年11月第一版。

〔註9〕 阮孝緒《七錄·序》云：「劉氏（歆）之世，史書甚寡，附見春秋，誠得其例。今眾家記傳，倍於經典，猶從此志，實爲繁蕪。且七略詩賦，不從六藝詩部，蓋由其書旣多，所以別爲一略。今依擬斯例，分出眾史序記傳錄爲內篇第二。」《全梁文》卷六六，頁3346。

〔註10〕 《晉書·石勒載記下》：「……署從事中郎裴憲、參軍傅暢、杜嘏並領經學祭酒，參軍續咸、庾景爲律學祭酒，任播、崔濬爲史學祭酒。……」（卷一〇五，頁2735）

〔註11〕 雷家驥師：《中古史學觀念史》第八章〈「以史制君」與反制〉，頁390。

〔註12〕 《宋書·雷次宗傳》：「元嘉十五年，徵次宗至京師，開館於雞籠山，聚徒教授，置生百餘人。會稽朱膺之、穎川庾蔚之並以儒學，監總諸生。時國子學未立，上留心藝術，使丹陽尹何尚之立玄學，太子率更令何承天立史學，司徒參軍謝元立文學，凡四學並建。」（卷九三，頁2293）

〔註13〕 《南齊書·百官志》云：「（宋明帝）太始六年，以國學廢，初置總明觀，玄、儒、文、史四科，科置學士各十人，……。」（卷十六，頁315）

時人的重視與統治者的提倡是其主要原因。

　　士人（史家）「鄙沒世而文采不表於後」的觀念，司馬遷即曾提出過。東漢以後，士人莫不以著述為務，〔註14〕企圖透過立言，以求精神生命之不朽，故曹丕謂文章著述乃「經國之大業，不朽之盛事」。而致力於史學著述，似為士人生命之終極關懷。以文學享盛名之曹植曾言：

　　　　若吾志不果，吾道不行，亦將採史官之實錄，辨時俗之得失，定仁義之衷，成一家之言。雖未能藏之名山，將以傳之同好。此要之白首，豈可以今日論乎？〔註15〕

東晉史家王隱亦與好奕棋的祖納有言曰：

　　　　蓋聞古人遭逢，則以功達其道，若其不遇，則以言達其道。古必有之，今亦宜然。當晉未有書，而天下大亂，舊事蕩滅，君少長五都，遊宦四方，華裔成敗，皆當聞見，何不記述而有裁成？……僕雖無才，非志不立，故疾歿世而無聞焉，所以自強不息也。況國史明乎得失之跡，俱取散愁，此可兼濟，何必圍棋然後忘憂也！〔註16〕

正因時人有此觀念，故投入歷史著述之人甚多。而此時期之史家輩出，亦緣於此。

　　上述引文中，王隱憂天下大亂，舊事蕩滅，而晉未有書，遂勸祖納為晉立史。《隋書‧經籍志》亦云：「靈、獻之世，天下大亂，史官失其常守。博達之士，愍其廢絕，各記聞見，以備遺亡。是後群才景慕，作者甚眾。」此種「史不可亡」意識的出現，亦是此時史學發達之一因。〔註17〕

　　統治者對史學的高度重視，是魏晉南北朝史學發達的另一重要原因。其具體明證，則表現在制度的專業化。

　　魏晉以前的史官，並非專職著述，亦兼掌天文曆法。漢宣帝以後，太史專司占候，著述反以他職兼掌。〔註18〕而設專官以著史，則始自曹魏。《史通‧

---

〔註14〕 余嘉錫云：「東漢以後，文章之士，恥其學術不逮古人，莫不篤志著述，欲以自成一家。流風所漸，魏、晉尤甚。」（《古書通例‧魏晉以後諸子》卷二，頁71。台北：丹青圖書公司，1986年5月台一版。）

〔註15〕 曹植：〈與楊德祖書〉，《全三國文》卷十六，頁1140。

〔註16〕 《晉書‧祖納傳》卷六二，頁1698。

〔註17〕 「史不可亡」意識的觀點，採自雷家驥師：《中古史學觀念史》第九章〈正史及其形成理念（上）〉。

〔註18〕 《史通‧史官建置》：「尋自古太史之職，雖以著述為宗，而兼掌曆象、日月、陰陽、管數。司馬遷既歿，後之續《史記》者，若褚先生、劉向、馮商、揚

史官建置》載曹魏以降史官制度之沿革云：

> 當魏太和中，始置著作郎，職隸中書，其官即周之左史也。晉元康
> 初，又職隸秘書，著作郎一人，謂之大著作，專掌史任，又置佐著
> 作郎八人。宋、齊以來，以「佐」名托於「作」下。舊事，佐郎職
> 知博採，正郎資以草傳，如正、佐有失，則秘監職思其憂。其有才
> 堪撰述，學綜文史，雖居他官，或兼領著作。亦有雖為秘書監，而
> 仍領著作郎者。若中朝（曹魏、西晉）之華嶠、陳壽、陸機、束皙，
> 江左（東晉）之王隱、虞預、干寶、孫盛，宋之徐爰、蘇寶生，梁
> 之沈約、裴子野，斯並史官之尤美，著作之妙選也。而齊、梁二代
> 又置修史學士，陳氏因循，無所變革，若劉陟、謝昊、顧野王、許
> 善心之類是也。……元魏初稱制，即有史臣，雜取他官，不恆厥職。
> 故如崔浩、高閭之徒，唯知著述，而未列名號。其後始於秘書置著
> 作局，正郎二人，佐郎四人。其佐三史者，不過一二而已。普泰以
> 來，三史稍替，別置修史局，其職有六人。

又云「偏隅僭國，夷狄偽朝，求其史官，亦有可言者」，如蜀漢之秘書郎為史
官，孫吳有左、右國史，後趙有史學祭酒，南涼有國紀祭酒，成漢、西涼著
作之任則委之門下。

著作郎與著作佐郎「掌起居注集，撰錄諸言行勳伐舊載史籍者」，〔註19〕
且其所隸之秘書省，乃是史料彙集與儲備之處，〔註20〕故魏晉南北朝時期撰
成之諸史，雖多成於一家之手，然因撰史之人如華嶠、陳壽、沈約、裴子野
等人大多曾任史職，可得見官方檔案資料，史料來源較完備，故其為書較易
有功。

史學建立伊始，即有濃厚之政教意味。由孟子謂「孔子成《春秋》，而亂
臣賊子懼」之語當可見及，同時亦可見史學鑒誡之特殊功能。西晉史家司馬
彪曾言：「先王立史官以書時事，載善惡以為沮勸，撮教世之要也。」〔註21〕
顯見史學之垂鑒與經世致用功能為時人所瞭解。而魏晉南北朝時期統治者對

---

> 雄之徒，並以別職來知史務。於是太史之署，非復記言之司。故張衡、單颺、
> 王立、高堂隆等、其當官見稱，唯知占候而已。」（卷十一，頁307）
〔註19〕《史通·史官建置》卷十一，頁320。
〔註20〕晉武帝於泰始六年詔曰：「自泰始以來，大事皆撰錄祕書，寫副。後有其事，
　　　　輒宜綴集以為常。」（《晉書·武帝紀》卷三，頁60）
〔註21〕《晉書·司馬彪傳》卷八二，頁2141。

史學之極度重視，亦緣於史學具有此項功能。

在漢代，統治者即已認識到史學與其聲望和統治權威之密切相關性，於是武帝有怒削《史記》事。〔註22〕影響所及，即為政治（統治者）強烈干預史學，當代史之修撰權掌於官方之手，故班固之私改作國史，若非因明帝之同意而得以續撰，則幾下獄而死。〔註23〕魏晉之時，政治動盪，篡亂相尋。此時儒學衰微，漢儒「以天制君」的思想不行，「天」非但不足以制君，反而成為亂臣賊子奪權篡位之依據，於是「以史制君」的觀念代之而起。其所欲制約的對象不只在君，亦包含了亂臣賊子，如習鑿齒之著《漢晉春秋》以裁正桓溫即是。史學經世致用之功能雖因此而受到肯定，卻也使史學淪為統治者政爭之工具。〔註24〕

魏晉南北朝時期之君主對史學益發重視，因其已更加認識到史學對政治所能產生的作用。或為總結歷史經驗，以求治亂之道；或為宣揚統治政權之創業功績；抑或為掩飾謀朝篡位的歷史真相，每一政權建立之初（包括偏霸政權），即設官修史。如齊高帝蕭道成於開國第二年（建元二年）即置史官，以檀超與江淹掌史職，並議立國史條例。〔註25〕而由前述所載可知，史官制度的設置與專業化，亦表明了統治者對史學的作用已有深切認識，並意圖對史書之編撰強加控制。

君主為控制國史修撰，免己身之受制於史，或派遣心腹文人主持修史；或直接間接指示如何修史；更有甚者，君主乃竟躬自為史。〔註26〕如桓玄之自撰起居注，欲掌控歷史解釋權，其懼史意識已表露無遺。〔註27〕而梁武帝

---

〔註22〕《三國志·王肅傳》曰：「司馬遷記事，不虛美，不隱惡。劉向、揚雄服其善敘事，有良史之才，謂之實錄。漢武帝聞其述《史記》，取孝景及己本紀覽之，於是大怒，削而投之。於今此兩紀有錄無書。」（卷十三，頁418）

〔註23〕《後漢書·班固傳》：「……故以（父）彪所續前史未詳，乃潛精研思，欲就其業。既而有人上書顯宗（明帝），告固私改作國史者，有詔下郡，收固繫京兆獄，盡取其家書。……固弟超恐固為郡所覈考，不能自明，乃馳詣闕上書，得召見，具言固所著述意，而郡亦上其書。顯宗奇之，召詣校書部，除蘭臺令史，……帝乃復使終成前所著書。」（卷四十上，頁1334）

〔註24〕上述觀點，詳見雷家驥師：《中古史學觀念史》第六、七、八章。

〔註25〕詳見《南齊書·文學·檀超傳》卷五二，頁891。

〔註26〕雷家驥師：《中古史學觀念史》第八章〈「以史制君」與反制〉之一「南朝君主撰史現象與《實錄》的創修」，頁384。

〔註27〕《晉書·桓玄傳》：「玄於道作起居注，敘其拒義軍之事，自謂經略指授，算無遺策，諸將違節度，以致虧喪，非戰之罪。於是不遑與群下謀議，唯耽思

之編撰《通史》，自謂「我造《通史》，此書若成，眾史可廢」，〔註28〕其欲自我總結歷史以取代他史的意識，亦隱然可見。

然當統治者對「以史制君」之作用過於恐懼或反感時，大興史禍即為其最直接之反應。此時被殺的史家有：韋昭、謝靈運、范曄、崔浩等諸人，而吳均撰《齊春秋》時，梁武帝不准其參閱官方史料，書成又惡其實錄而焚之。統治者對史書修撰之嚴格控制，已使史家在書事時心中有所忌憚；而史禍迭興，近在目前，史家懼禍，書史記事能無曲筆乎？〔註29〕如蕭子顯《南齊書》書述及齊梁之際事時，則極盡委曲之能事，史家所應秉持直書實錄之精神受到嚴重挑戰。

職是之故，此時對史家應秉筆直書要求甚亟，尤以北朝為最。北魏史家高允曾言：

> 夫史籍者，帝王之實錄，將來之炯戒，今之所以觀往，後之所以知今。是以言行舉動，莫不備載，故人君慎焉。……至於書朝廷起居之跡，言國家得失之事，此亦為史之大體，未為多違。〔註30〕

北魏孝文帝亦謂史官曰：「直書時事，無諱國惡。人君威福自己，史復不書，將何所懼。」〔註31〕而南朝梁劉勰於《文心雕龍·史傳篇》中亦強調直筆實錄之可貴：

> 原夫載籍之作也，必貫乎百氏，被之千載，表微盛衰，殷鑑興廢，使一代之制，共日月而長存，王霸之跡，並天地而久大。……若乃尊賢隱諱，固尼父之聖旨，蓋纖瑕不能玷瑾瑜也。奸慝懲戒，實良史之直筆。農夫見莠，其必鋤也。若斯之科，亦萬代一準焉。

雖有不少文人、史家，甚至君主，極力強調秉筆直書之史書撰寫原則，然在當時統治者強力干預史學的情況下，令史家陷入了史德與性命的兩難抉擇中。

---

誦述，宣示遠近。」（卷九九，頁 2599）

〔註28〕《梁書·蕭子顯傳》卷三五，頁 511。

〔註29〕韓愈〈答劉秀才論史書〉中謂：「孔子聖人，作《春秋》，辱於魯、衛、陳、宋、齊、楚，卒不遇而死。齊太史氏兄弟幾盡。……陳壽起又廢，卒亦無所至。王隱謗退死家。習鑿齒無一足。崔浩、范曄亦誅。魏收夭絕。……夫為史者，不有人禍，則有天刑，豈可不畏懼而輕為之哉？」（《全唐文》卷五五四）此時期史家之死，雖未必盡與史有關，但史家之遭遇，已使當代及後世為史之人惕怵畏懼。

〔註30〕《魏書·高允傳》卷四八，頁 1071。

〔註31〕《魏書·高祖紀》卷七下，頁 186。

如第二章第一節所言，在魏晉南北朝政治動盪的局面下，學術與文化反而異常蓬勃的發展。此現象當然並非單一因素可造成，乃是政治、社會、經濟等各種因素彼此交互錯雜的結果。若單從政治因素分析，政治上大一統局面的崩解，意味著一元化的文化型態將受到挑戰，而學術獨尊的傳統亦將不存。此乃就心態上而言。就實際狀況而言，政治的動盪離亂，往往使人們欲尋求另一精神寄託，或往其他學術中尋求解答與安定。而由於政權的不穩定，統治者較難過度干涉學術的發展方向，甚至為了一己之利而鼓勵某些學術的發展，史學即其中一例。史學在此時的驟興，固然有其發展演化的內在因素，而時人的重視與統治者的提倡亦為不可或缺的外在因素。統治者對史學的高度重視，雖令史學因此而蓬勃發展，但卻也使得史學在統治者過度關切，從而嚴密控制的情況下，致其獨立性大受影響。而此即為蕭子顯撰寫《南齊書》時之史學背景。

## 第二節　《南齊書》的撰述情形

前已言及，蕭子顯於當代是一著名文學家，然其史學成就亦甚為可觀。據其《梁書》本傳及《隋書・經籍志》所載，蕭子顯所撰之史書有《後漢書》一百卷、《南齊書》六十卷、《晉史草》三十卷、《普通北伐記》五卷，在短短四十九春秋中，即完成史著近二百卷，其有志於史學是顯然可知的。惟上述諸作中，僅《南齊書》尚存，餘皆亡佚，故欲探討蕭子顯的史學與思想，僅能由此入手。

本節擬將《南齊書》作一介紹，以便對此書有一基本瞭解。

### 一、《南齊書》的撰書時間

《南齊書》撰述於何時，史無明言，向無定論。《史通・古今正史》云：「梁天監中，太尉錄事蕭子顯啟撰《齊史》。」《冊府元龜・國史部》曰：「蕭子顯為太尉錄事，著《齊書・州郡志》一卷。」〔註32〕據此推測，蕭子顯之啟撰《齊史》，當為其任太尉錄事時，而該書首先完成的部份可能即是〈州郡志〉，故其啟撰《齊史》的時間大約是在天監六年左右。〔註33〕

在蕭子顯撰《南齊書》的這段時間，同時也撰成《後漢書》一百卷，依

---

〔註32〕〈國史部・地理〉卷五六〇。
〔註33〕參閱本文末之〔附錄〕蕭子顯生平簡表。

《梁書‧蕭子顯傳》所載之順序，《後漢書》的完成似較《南齊書》爲早。趙吉惠以爲，蕭子顯入梁後的著述活動當在天監後期，且據《梁書‧蕭子顯傳》關於著述之記載順序推斷，《南齊書》應完成在《後漢書》之後，《普通北伐記》之前，而《普通北伐記》是寫梁武帝在普通七年發動北伐攻魏事，故推測《南齊書》的寫作時間當在天監晚期至普通七年間。〔註34〕詹秀惠亦依《梁書‧蕭子顯傳》的記載順序，推斷子顯啓撰《南齊書》，書成表奏之事「置於撰〈鴻序賦〉後，爲邵陵王友前，最可能著成之年歲爲天監六年至十八年間」。〔註35〕然依《梁書‧蕭子顯傳》的記載，蕭子顯「啓撰《齊史》，書成，表奏之」，是記在蕭子顯任太子中舍人之前（天監九年前後）。故《南齊書》的寫作時間當在天監六年以後，而最可能的成書時間則應爲天監九年前後較合理。

## 二、書名問題

　　《梁書》及《南史》之〈蕭子顯傳〉均載子顯「啓撰《齊史》」，所著爲《齊書》，未冠以「南」字。南北朝時，無論南方北方，皆謂己爲正，視彼爲僭。若稱己所爲之書爲《南齊書》，等於承認南北地位之對等，此舉無異是矮化己國，故蕭子顯「啓撰《齊史》」，自然不可能冠一「南」字。《隋書‧經籍志》與《舊唐書‧經籍志》、《新唐書‧藝文志》均稱之爲《齊書》。而新、舊《唐書》稱李百藥所撰爲《北齊書》，已有與蕭子顯所撰之《齊書》區別之意。曾鞏撰《南齊書‧目錄序》時，始稱之爲《南齊書》。故蕭子顯所撰之《齊書》，至宋時始定名爲《南齊書》，用以區別李百藥所撰之《北齊書》也。

## 三、卷數問題

　　《南齊書》六十卷，今存五十九卷。《四庫全書總目提要》引眾家之說云：

〔註34〕詳見《中國史學名著評介》（第一卷），頁349。趙氏之說，矛盾有二：蕭子顯著〈鴻序賦〉爲沈約讚賞，是在天監六年前後，子顯亦因此而知名當世，不宜謂其著述活動在天監後期。又謂《南齊書》成於《普通北伐記》前，然子顯啓撰《普通北伐記》事在中大通四年，則《南齊書》寫作時間應是在中大通四年之前，而非普通七年前。

〔註35〕詳見氏著：《蕭子顯及其文學批評》第二章第一節，頁49。詹氏所推測的時間較爲合理，然其推測的方法卻有些許不當。據《梁書》子顯本傳，其撰《南齊書》事不只寫在子顯爲邵陵王友前，亦寫在其爲太子中舍人、建康令、丹陽尹丞、中書郎、守宗正卿前，若以此推測《南齊書》書成的時間下限則較不恰當。

章俊卿《山堂考索》引《館閣書目》云：「《南齊書》本六十卷，今存五十九卷，亡其一。」劉知幾《史通》，曾鞏〈敘錄〉，則皆云八紀十一志四十列傳，合爲五十九卷，不言其有闕佚。然《梁書》及《南史》子顯本傳，實俱作六十卷，則《館閣書目》不爲無據。考《南史》載子顯〈自序〉，似是據其敘傳之詞。又晁公武《讀書志》載其進書表云：「天文事祕，戶口不知，不敢私載。」疑原書六十卷爲子顯敘傳，末附以表，與李延壽《北史》例同。至唐已佚其敘傳，而其表至宋猶存。今又併其表佚之，故較本傳闕一卷也。

依上引文，《南齊書》的卷數似有兩說：一是全書有六十卷，今亡其一。一是全書本爲五十九卷，另有敘傳一卷，今已佚。〔註36〕若合《南齊書》已佚之敘傳言之，則全書有六十卷，故《山堂考索》及《梁書》、《南史》之子顯本傳皆如此載；若不將敘傳列入，亦不影響全書之完整性，故曾鞏《南齊書‧目錄序》及《史通‧古今正史》均謂《南齊書》有五十九卷，不言有闕。筆者以爲此兩說並無對立處。

劉知幾於《史通‧序例篇》嘗論《南齊書》之「序錄」曰：「若沈宋之志序，蕭齊之序錄，雖皆以序爲名，其實例也。」學者多以爲劉知幾所言之「序錄」即爲「敘傳」，〔註37〕今已亡佚。然沈約《宋書》之「志序」並非置於全書之末，而是寫在志第一〈律曆志〉前，故劉知幾所言《南齊書》之「序錄」，亦有可能與置於書末之「敘傳」邈不相涉，而是置於書首或書中任一處之凡例。若果眞如此，則只能確定《南齊書》之「序錄」曾爲劉知幾所見，至於「敘傳」是否此時仍存則不得而知。若劉知幾所言之「序錄」即爲《南齊書》末篇之「敘傳」，則《南齊書》此時可能只有闕文而無佚篇，故劉知幾猶見此篇，是以不言有闕。而《四庫全書總目提要》所言之「至唐已佚其敘傳」，應是劉知幾以後事。如此一來，「敘傳」當然不曾爲曾鞏所見。然何以曾鞏亦不言有闕？若果如錢大昕所言，「宋時蕭史固完善也」，〔註38〕則《四庫全書總

---

〔註36〕周春元於《中國史學家評傳》〈蕭子顯〉中即認爲前人對《南齊書》的卷數有兩種主張。（頁249）（河南：中洲古籍出版社，1985年3月第一版。）

〔註37〕錢大昕《二十二史考異》按《史通‧序例篇》云：「沈宋之志序，蕭齊之序錄，雖皆以序爲名，其實例也。則子顯當有序錄一篇，劉知幾猶及見之，而今失其傳矣。」在《中國史學家評傳》〈蕭子顯〉中，周春元將劉知幾所言之「序錄」與「敘傳」視爲相同。

〔註38〕錢大昕《二十二史考異》據《南齊書‧目錄序》云：「曾子固序但云校正訛謬，不云文有脫落，則宋時蕭史固完善也。」（卷二五，頁502）

目提要》所言之「至唐已佚其敘傳」的說法就有誤。劉知幾與曾鞏之不言有關，究竟是有關但不言，亦或是無關故不言，甚難斷定。但其所亡佚之卷，當是子顯敘傳無疑。依《梁書・蕭子顯傳》所載蕭子顯之〈自序〉，似是據《南齊書》敘傳之詞。且自《史》、《漢》以來，史家撰史多有自序，〔註39〕依此慣例推測，所佚之篇應是敘傳。

　　雖然難以斷定《南齊書》之「敘傳」是否皆曾爲劉知幾與曾鞏所見，但至少南宋晁公武時，敘傳一篇尚未全佚。李延壽《北史》之末篇爲〈序傳〉，歷敘其先世家史，末附進書表。《四庫全書總目提要》疑其與《北史》例同，書末之敘傳亦附有進書表。晁公武《郡齋讀書志》載《南齊書》曰：

　　……初江淹巳作十志，沈約又有紀，子顯自表別修。然天文但紀災祥，州郡不著戶口，祥瑞多載圖讖。表云事祕，戶口不知，不敢私載。……〔註40〕

晁公武之言，似是據蕭子顯之〈進書表〉而來。且沈約《宋書》之〈自序〉，末亦附進書表。依此例觀之，子顯之進書表當亦附於敘傳之末。晁公武未言此時敘傳是否完整，但至少進書表仍可得見。故《南齊書》敘傳之完全散失，應是在晁公武（南宋）以後。疑劉知幾與曾鞏二人不言《南齊書》有闕，或因敘傳並未全佚，進書表仍存之故。

　　《北史・序傳》與《宋書・自序》，作者均敘其先世，載其家史。而《南齊書》敘傳所載之內容，除進書表與作者蕭子顯之生平際遇外，疑其不致於篇中載其家史。因《南齊書》中已皆載子顯父祖、叔伯、堂兄弟事，且依蕭子顯簡淨之文筆看來，應不致再於末篇贅述。或許此篇所書，多爲己之懷抱與著作旨趣、凡例亦未可知。

## 四、體例上的因襲與變革

　　《南齊書》除佚敘傳一篇外，他卷亦有闕漏處。據《二十二史考異》所

〔註39〕如：《史記》有〈太史公自序〉、《漢書》有〈敘傳〉、《宋書》有〈自序〉，此爲正史之有自序者。又《史通・序傳》第二三：「至馬遷又徵三閭之故事，放文園之近作，模楷二家，勒成一卷。於是揚雄遵其舊轍，班固酌其餘波，自敘之篇，實煩於代。」頁256。
〔註40〕卷二上，頁105。（台北：商務印書館，1978年1月台一版。）周春元於《中國史學家評傳》〈蕭子顯〉中所引晁公武《郡齋讀書志》載《南齊書》之語有誤，今於此正之。（頁249）

計，「今本《南齊書》卷十五〈州郡志下〉、卷三十五〈高十二王傳〉、卷四十四〈徐孝嗣傳〉、卷五十八〈高麗傳〉，各闕一葉，卷五十九『史臣論』亦有闕文」，〔註41〕然並不影響全書整體之架構。

今本《南齊書》所存之篇目如下：

（1）本紀八卷，記七帝：〈高帝紀〉二卷、〈武帝紀〉一卷、〈鬱林王紀〉一卷、〈海陵王紀〉一卷、〈明帝紀〉一卷、〈東昏侯紀〉一卷、〈和帝紀〉一卷。

（2）志十一卷，其目有八：〈禮志〉二卷、〈樂志〉一卷、〈天文志〉二卷、〈州郡志〉二卷、〈百官志〉一卷、〈輿服志〉一卷、〈祥瑞志〉一卷、〈五行志〉一卷。

（3）列傳四十卷：〈皇后傳〉一卷、〈王子傳〉五卷、〈宗室傳〉一卷、〈大臣傳〉二十五卷、〈文學傳〉一卷、〈良政傳〉一卷、〈高逸傳〉一卷、〈孝義傳〉一卷、〈倖臣傳〉一卷，〈魏虜〉、〈東南夷〉、〈芮芮虜〉等列傳三卷。

而其取材編撰亦有所本。

齊高帝踐阼後，即於建元二年置史官，以檀超與江淹任史職。二人甫任職，即上表議立國史條例。《南齊書·檀超傳》云：

> 上表立條例，開元紀號，不取宋年。封爵各詳本傳，無假年表。立十志：〈律曆〉、〈禮樂〉、〈天文〉、〈五行〉、〈郊祀〉、〈刑法〉，〈藝文〉依班固，〈朝會〉、〈輿服〉依蔡邕、司馬彪，〈州郡〉依徐爰。〈百官〉依范曄，合〈州郡〉。班固五星載〈天文〉，日蝕載〈五行〉；改日蝕入〈天文志〉。以建元爲始。帝女體自皇宗，立傳以備甥舅之重。又立〈處士〉、〈列女傳〉，詔內外詳議。左僕射王儉議：「金粟之重，八政所先，食貨通則國富民實，宜加編錄，以崇務本。〈朝會志〉前史不書，蔡邕稱先師胡廣說《漢舊儀》，此乃伯喈一家之意，曲碎小儀，無煩錄。宜立〈食貨〉，省〈朝會〉。《洪範》九疇，一曰五行。五行之本，先乎水火之精，是爲日月五行之宗也。今宜憲章前軌，無所改革。又立〈帝女傳〉，亦非淺識所安。若有高德異行，自當載在〈列女〉，若止於常美，則仍舊不書。」

檀超、江淹上表所立之國史條例，重點有二：一是本朝歷史的時間斷限，一

---

〔註41〕卷二五〈南齊書·目錄序〉條，頁502。

是國史體例。本朝修史以齊高帝即位之建元元年為始，不上溯至宋。至於體例則議定：不立年表；立十志：〈律曆〉、〈禮樂〉、〈天文〉、〈五行〉、〈郊祀〉、〈刑法〉、〈藝文〉、〈朝會〉、〈輿服〉、〈州郡〉，而將日蝕由〈五行志〉改入〈天文志〉；類傳立〈帝女〉、〈處士〉、〈列女傳〉。此論一出，王儉乃對檀、江二人所言之體例問題表示異議。以為十志中宜省〈朝會〉，立〈食貨〉，而仍將日蝕載入〈五行志〉；並以為不應立〈帝女傳〉。袁彖對此亦有所駁議，以為日蝕宜居〈五行志〉，而〈處士傳〉不應立。《南齊書‧袁彖傳》曰：

　　（袁彖）駁議國史。檀超以〈天文志〉紀緯序位度，〈五行志〉載當時祥沴，二篇所記，事用相懸，日蝕為災，宜居〈五行〉。超欲立〈處士傳〉。彖曰：「夫事關業用，方得列其名行。今栖遁之士，排斥皇王，陵轢將相，此偏介之行，不可長風移俗，故遷書未傳，班史莫編。一介之善，無緣頓略，宜列其姓業，附出他篇。」

其後，高帝乃詔曰：「日月災隸〈天文〉，餘如儉議。」〔註42〕遂定修撰國史之條例：（1）國史編修以建元元年為始；（2）不立年表；（3）立〈律曆〉、〈禮樂〉、〈天文〉、〈五行〉、〈郊祀〉、〈刑法〉、〈藝文〉、〈食貨〉、〈輿服〉、〈州郡〉十志，日月之災載入〈天文志〉；（4）類傳立〈處士傳〉、〈列女傳〉。

　　此為齊初所議定之國史條例，蕭子顯作《南齊書》時即準此而有所去取。《南齊書》之無「表」，或是依此例。而上述十志則與《南齊書》「志」的類目有所差異，顯見蕭子顯並未完全襲取，至於蕭子顯基於何種考量以決定《南齊書》當立何「志」則不得而知。

　　在《南齊書》「志」之八目十一卷中，蕭子顯將〈禮樂志〉分為〈禮志〉二卷、〈樂志〉一卷，而〈百官志〉、〈祥瑞志〉亦為上述齊初所定之條例中所無。揆諸前史，《南齊書》此四志之所本應是沈約《宋書》〔註43〕；〈天文志〉、〈五行志〉自《漢書》以來之正史皆有之〔註44〕；〈州郡志〉與〈輿服志〉齊初所定之條例皆有，抑或各本《宋書》與《後漢書》亦未可知。〔註45〕此乃

〔註42〕《南齊書‧文學‧檀超傳》卷五一，頁892。
〔註43〕《史記》有〈禮書〉、〈樂書〉，《漢書》合為〈禮樂志〉，《後漢書》更為〈禮儀志〉。至沈約撰《宋書》時，復依《史記》，分禮、樂為二志，《南齊書》之分為〈禮志〉、〈樂志〉，應是依《宋書》。〈百官志〉則《後漢書》、《宋書》均有，而〈祥瑞志〉當是本《宋書》〈符瑞志〉而來。
〔註44〕除《三國志》本無「志」外，《漢書》、《後漢書》、《宋書》均有〈天文志〉及〈五行志〉。
〔註45〕《南齊書》以前之正史皆有〈州郡志〉，唯名稱略有不同。《宋書》亦名為〈州

就《南齊書》諸志之名稱，尋繹其與各正史書志的相關性。

今再以《南齊書》諸志所記之內容與性質，和齊初所定之十志相較。《南齊書》不立〈郊祀志〉，乃將之分別併入〈禮志〉與〈樂志〉中。但與《宋書》之併〈郊祀志〉與〈輿服志〉入〈禮志〉又不同，《南齊書》是將〈輿服志〉獨立名篇的。至於〈天文志〉的內容，齊初詔定將日月之災由〈五行志〉載入〈天文志〉。《南齊書》雖依此將日、月蝕載入〈天文志〉中，但並未盡準此例。蕭子顯於〈天文志〉首錄太史令將作匠陳文建於宋昇明三年所上之奏，奏中所言雖為宋孝建元年至昇明三年以天文異象附會人事之記載，然子顯記齊時天文之變，並未將之誇張附會於人事之災，乃是「記三辰七曜之變」。〔註46〕所謂日月之災，並不曾見及。

然何以較能反映社會經濟、政治、文化發展狀況的〈食貨〉、〈刑法〉、〈藝文〉等志蕭子顯卻不著？〔註47〕子顯或曾言其因，然已不見，今試臆之。鄭樵《通志·序》嘗云：「江淹有言，修史之難，無出於志。誠以志者，憲章之所繫，非老於典故者不能為也。」楊家駱以為子顯修志雖有所因，然於典故並不嫻熟，故闕此三志。〔註48〕此說當是，今再補全其說。尋繹前史，自班固《漢書》以降之正史，〈食貨〉、〈刑法〉、〈藝文〉三志即告闕如。姑不論范曄、沈約是否亦不習於典故，然由東漢至劉宋，關於此三志資料之脫漏舛誤勢必相當嚴重，以致以范、沈二人之大才亦難以補全之。時至南梁，在資料長久闕佚的情況下，再加之以典故或非子顯所長，雖明知此三志之重要性，卻也無能為力。故《南齊書》因前史闕如，無力接續，遂不著此三志。

關於〈天文志〉，又有一可注意者。蕭子顯自言其所記日月星辰之變，乃起於齊高帝建元元年，訖於鬱林王隆昌元年，明帝以後事則邈不可見，此乃因「建武世太史奏事，明帝不欲使天變外傳，並祕而不出，自此闕焉」之故。〔註49〕尋〈天文志〉中，除偶見永泰（齊明帝年號，在建武後）、永元（東昏侯年號）年間一二事外，明帝建武以降天文變化之記載幾乎不見。〔註50〕自

---

郡志〉，《後漢書》為〈郡國志〉，《漢書》為〈地理志〉。而〈輿服志〉則僅《後漢書》有之。

〔註46〕《南齊書·天文志上》卷十二，頁204。

〔註47〕周春元以為此乃《南齊書》之缺陷，趙吉惠亦如此認為。各詳見《中國史學家評傳》〈蕭子顯〉，頁251；及《中國史學名著評介》（第一卷），頁351。

〔註48〕詳楊家駱：〈南齊書述要〉，附於《南齊書》前。

〔註49〕《南齊書·天文志上》卷十二，頁205。

〔註50〕《南齊書·天文志上》載東昏侯永元元年至十一年之天文變化。然永元僅至

陰陽災異、讖緯符說盛行以來，天文之變往往爲有心者所附會，更爲政權嬗代之際所不可缺者，此當爲齊明帝欲祕其天文記載的理由。然至蕭子顯欲撰齊史時，建武以後天文方面的資料竟因此而不得見。此或可解釋何以蕭子顯言「天文事祕，不敢私載」，乃因資料不全，不敢妄載故也。疑《南齊書》之未載戶口之數，理由亦同。〔註51〕

　　類傳之創，肇自《史》《漢》，「行狀尤相似者，則共歸一稱，若〈刺客〉、〈日者〉、〈儒林〉、〈循吏〉是也」。〔註52〕後史往往據此而增減，如《後漢書》立〈黨錮〉、〈循吏〉、〈酷吏〉、〈宦者〉、〈儒林〉、〈文苑〉、〈獨行〉、〈方術〉、〈逸民〉、〈列女〉等類傳；《宋書》亦有〈孝義〉、〈良吏〉、〈隱逸〉、〈恩倖〉、〈索虜〉等。齊初之議類傳，乃擬立〈處士〉、〈列女〉，然蕭子顯並未全遵。《南齊書》爲處士立傳，更名爲〈高逸傳〉；〈列女傳〉或因事跡不多而不單獨立篇，然爲表其節義，不泯其事，遂於〈孝義傳〉之〈韓靈敏傳〉敘其妻卓氏守節，因而帶敘十名孝義貞婦之事跡。至於其他類傳如〈皇后〉、〈文學〉、〈良政〉、〈孝義〉、〈倖臣〉、〈魏虜〉等皆本前史而於名稱上略作更動。在政治環境惡劣，社會動盪不安的魏晉南朝，〈良政傳〉與〈孝義傳〉之立自有其深意。再就〈魏虜傳〉名稱之更動而言。《宋書》之稱「索」虜，是指其裝束，亦暗指其文化而言；《南齊書》稱其爲「魏」虜，乃是稱其國號，雖仍稱之爲「虜」，卻可由此窺見此時南方看待北方政權態度之轉變。而由〈文學傳〉與〈倖臣傳〉更可見蕭子顯取材標準之特異處，此待下節述之。

　　茲再論國史斷限問題。

　　爲史需明時間斷限，編撰時方不致失其重點。如《史記》標爲通史，故撰史時不易有時間上限的問題。然班固《漢書》以「漢」標目，卻時涉上古，劉知幾對此駁斥甚厲，以爲「班書〈地理志〉，首全寫〈禹貢〉一篇。降爲後書，持續前史。……宜云〈禹貢〉已詳，何必重述古文，益其辭費也」？

---

二年，齊世之年號僅永明爲十　年，且此段記載後所記爲隆昌元年事，時間反在永元後，殊不合理。疑此段所記載之事並非「永元」年間，而是「永明」年間才是。（頁211～220）

〔註51〕崔祖思嘗上書於齊高帝曰：「按前漢編戶千萬，……今戶口不能百萬。」（《南齊書‧崔祖思傳》卷二八，頁519）由於時代劇烈動盪，導致戶口銳減。戶口數少往往意味著政治的不穩定，亦暗示統治者的統治能力，疑此或爲欲祕其戶口數之理由。

〔註52〕《史通‧因習》卷五，頁138。

〔註53〕以其溢出斷限爲非。漢時，國史斷限問題並未引起爭論。然至魏晉，因事涉本朝得政權之合法與否，故君主對此問題甚爲重視，西晉時即產生爭議。《晉書‧賈謐傳》云：

> 先是，朝廷議立晉書斷限，中書監荀勖謂宜以魏正始起年，著作郎王瓚欲引嘉平以下朝臣盡入晉史，于時依違未有所決。惠帝立，更使議之。謐上議，請從泰始爲斷。於是事下三府，司徒王戎、司空張華、領軍將軍王衍、侍中樂廣、黃門侍郎嵇紹、國子博士謝衡皆從謐議。騎都尉濟北侯荀畯、侍中荀藩、黃門侍郎華混以爲宜用正始開元。博士荀熙、刁協謂宜嘉平起年。謐重執奏戎、華之議，事遂施行。

上述三派意見中，不論是主張以魏正始或嘉平爲晉史起年，其理由都是以司馬氏於魏實際掌權爲起始，〔註54〕但最終仍議定以晉武帝代魏建晉的泰始元年爲國史開端。對《晉書》斷限，陸機嘗言：「三祖實終爲臣，故書爲臣之事，不可不如傳，此實錄之謂也。而名同帝王，故自帝王之籍，不可以不稱紀，則追王義。」〔註55〕此說乃調和兩造。賈謐的意見並未爲以後史家所採，孫盛《晉陽秋》，王隱、虞預、臧榮緒諸家《晉書》，干寶《晉紀》都自司馬懿敘起，而今本唐修《晉書》亦爲司馬懿父子三人立本紀，〔註56〕此乃將斷限前推至司馬氏掌權之時止。此種斷限的概念仍爲劉宋所襲，《宋書‧恩倖‧徐爰傳》即載當時對國史斷限的論議：

> （徐爰）上表曰：「……宜依衜書改文，登舟變號，起元義熙，爲王業之始，載序宣力，爲功臣之斷。其僞玄篡竊，同於新莽，雖靈武克殄，自詳之晉錄。及犯命干紀，受戮霸朝，雖楫禪之前，皆著之宋策。」……於是内外博議，太宰江夏王義恭等三十五人同爰議，宜以義熙元年爲斷。散騎常侍巴陵王休若、尚書金部郎檀道鸞二人謂宜以元興三年爲始。太學博士虞龢謂宜以開國爲宋公元年。詔曰：「項籍、聖公，編錄二和，前史已有成例。桓玄傳宜在宋典，餘如爰議。」

---

〔註53〕《史通‧斷限》卷四，頁97。
〔註54〕正始元年（240 A.D.）曹王芳即位，司馬懿與曹爽共同輔政。嘉平元年（249 A.D.）高平陵事件，司馬懿誅曹爽，總攬大權。
〔註55〕《全晉文》卷九七，頁2017。
〔註56〕周一良：〈魏晉南北朝史學與王朝禪代〉，《魏晉南北朝史論集續編》，頁109。

當時對國史起始之年有三派意見，但並無一派主張以宋武帝劉裕建號之永初元年爲始。以朝代建元之年爲國史之始，固然時間上較爲明確，但卻難明本朝發跡之始，因此必須上溯至前朝，以求本朝歷史的連貫性與完整性。〔註57〕由上述三派之主張看來，時人皆有此概念。但此種上溯至前朝歷史的記述法，勢必會產生本朝國史爲前朝人物立傳的矛盾問題。齊武帝時沈約修撰《宋書》，遂解決了此一問題。沈約於〈上宋書表〉云：

> 臣今謹更創立，製成新史，始自義熙肇號，終於昇明三年。桓玄、譙縱、盧循、馬、魯之徒，身爲晉賊，非關後代。吳隱、謝混、郗僧施，義止前朝，不宜濫入宋典。劉毅、何無忌、魏詠之、檀憑之、孟昶、諸葛長民，志在興復，情非造宋，今並刊除，歸之晉籍。〔註58〕

國史仍上溯至前朝，但「義止前朝」，「非關後代」之人即不入國史，解決了此一矛盾，然其「志」卻仍上括曹魏之事。齊初議定的國史條例，乃是自齊高帝建元元年算起，不再將國史斷限上移。〔註59〕尋繹《南齊書》，不論本紀、列傳，若有事在前朝者，則必概略述之；「志」亦略述前朝因革，以啓本朝。其撰述「起昇明之年，盡永元之代」，〔註60〕而「義止前朝」，「非關後代」之人則不爲之立傳。故劉知幾讚之曰：「能明彼斷限，定其折中，歷選自古，唯蕭子顯近諸。」〔註61〕

《南齊書》本紀之體例又有一可注意者。卷一〈太祖本紀〉卷首，蕭子顯在記齊高帝蕭道成之前，先敘其世系，並爲蕭道成父蕭承之立一小傳，以明其緒。蕭子顯並未效《三國志》之法，爲蕭承之單獨立一本紀。〔註62〕此法並非帶敘，亦非附見，《南齊書》以前之正史皆無，此似爲子顯體例上所獨創者。

---

〔註57〕 周一良以爲將國史斷限上移，乃是欲掩飾禪代過程中的陰謀與暴力。筆者以爲將國史斷限上移，確可達到周氏所言之效果，但此當非唯一目的。詳見氏著：〈魏晉南北朝史學與王朝禪代〉，《魏晉南北朝史論集續編》，頁108。

〔註58〕 《宋書·自序》卷一〇〇，頁2467。

〔註59〕 周一良以爲，此一作法反應當時對於禪代和殺死前朝末代皇帝已不以爲意，並不覺有任何理虧之處，無須借斷限上移的辦法，來隱瞞回護，以沖淡禪代過程中的暴力行動。詳見氏著：〈魏晉南北朝史學與王朝禪代〉，《魏晉南北朝史論集續編》，頁112。

〔註60〕 《史通·古今正史》卷十二，頁354。

〔註61〕 《史通·斷限》卷四，頁98。

〔註62〕 曹魏立朝稱帝之人爲曹丕，《三國志》亦爲其父曹操立紀。

## 五、史書內容的取材

　　爲齊史者，固不僅蕭子顯一家。由《南齊書》、《梁書》及《隋書·經籍志》所載，爲南齊撰史者除陳朝許亨〔註63〕、隋朝王逸〔註64〕及唐朝吳兢〔註65〕在蕭子顯之後外，在蕭子顯之前者尚有六家。

　　1. 熊襄（齊），著《齊典》十卷。〔註66〕《南齊書·文學·檀超傳》云：

　　　　時（建元年間）豫章熊襄著《齊典》，上起十代。其序云：「《尚書·堯典》，謂之《虞書》，則附所述，故通謂之齊，名爲《河洛金匱》。」

　　2. 何點（齊），著《齊書》。《南齊書·高逸·何點傳》云：

　　　　建元中，褚淵、王儉爲宰相，點謂人曰：「我作《齊書》已竟，贊云：『淵既世族，儉亦國華。不賴舅氏，遑卹外家。』」

　　3. 江淹（梁），著《齊史》十三卷。〔註67〕《梁書·江淹傳》云：

　　　　凡所著述百餘篇，自撰爲前後集，并《齊史》十志，並行於世。

　　4. 沈約（梁），作《齊紀》二十卷。《梁書·沈約傳》云：

　　　　所著《晉書》百一十卷，《宋書》百卷，《齊紀》二十卷，……皆行於世。

　　《隋書·經籍志》亦謂其著《齊紀》二十卷。

　　5. 吳均（梁），著《齊春秋》三十卷。《南史·文學·吳均傳》云：

　　　　先是，均將著史以自名，欲撰齊書，求借齊起居注及群臣行狀，武帝不許，遂私撰《齊春秋》奏之。書稱帝爲齊明帝佐命，帝惡其實錄，以其書不實，使中書舍人劉之遴詰問數十條，竟支離無對。敕付省焚之，坐免職。

　　《史通·古今正史》謂其私本與蕭子顯《南齊書》並傳於後。〔註68〕

　　另有劉陟著《齊紀》十三卷。其與蕭子顯爲同時代人，〔註69〕然無法確知

---

〔註63〕《陳書·文學·許亨傳》謂許亨「初撰《齊書》並志五十卷，遇亂失亡。」（卷三四，頁459）

〔註64〕《隋書·經籍志·史部》卷三三「古史類」謂王逸著《齊典》五卷。

〔註65〕《新唐書·藝文志·乙部史錄》卷四八「編年類」謂吳兢撰《齊史》十卷。

〔註66〕《新唐書·藝文志·乙部史錄》卷四八「雜史類」謂之爲《十代記》

〔註67〕《隋書·經籍志》云：「梁有江淹《齊史》十三卷，亡。」

〔註68〕又《史通·摸擬篇》云：「……吳均《齊春秋》，每書災變，亦曰：『何以書？記異也。』夫事無他議，言從己出，輒自問而自答者，豈是敘事之理者邪？以此而擬《公羊》，又所謂貌同而心異也。」可見劉知幾時《齊春秋》尚得見。（卷八，頁220～221）

其《齊紀》成書之年在蕭子顯《南齊書》之前或之後，爲免有失，今仍錄出。

熊襄所著《齊典》，性質不詳。其書「上起十代」，序又以「《尙書·堯典》，謂之《虞書》」爲例，〔註 70〕疑其書所記爲齊及齊以前之事。書名《齊典》，可是記典章制度？抑或如《尙書》，記先王言於臣下之事？今不見此書，甚難臆之。其與何點《齊書》同，皆成書於齊高帝建元年間，然高帝建元不過四年，故熊、何二人所記齊代之事當僅限於高帝一朝。若《南齊書》曾參此二人之書，則應是齊高帝年間這一部份。何點之書《隋書·經籍志》未見著錄，疑何點之書梁時即已不見，恐蕭子顯亦未曾得見。

江淹嘗受詔著齊史，「以爲史之所難，無出於志，故先著十志，以見其才」，〔註 71〕凡十三卷。江淹本傳謂其所撰之文集與《齊史》十志並行於世，故此必爲蕭子顯所見。而其所著之十志，可能即爲齊初所議定之類目。然《南齊書》八志與齊初所議定之十志不盡相同，故江淹十志應並未盡爲蕭子顯所取。

至於沈約《齊紀》與吳均《齊春秋》對蕭子顯撰《南齊書》的影響程度可能較大，第三章第三節之二「蕭子顯之交遊」已詳述之，今於此不贅。

上述諸書皆爲蕭子顯《南齊書》之前所撰成之眾家齊史，當日爲齊史者或不止此數，僅就今所可知者述之。至於對《南齊書》產生的影響程度究竟有多少，則無法得知。

此外，尙有一些起居注類的檔案資料，如：《齊建元起居注》、《永明起居注》、《隆昌、延興、建武起居注》、《中興起居注》；及職官類，如：《齊職儀》；刑法類，如：《齊五服志》〔註 72〕；地理類，如：《永明三年戶口簿》、《永元志》、《永明郡國志》、《元嘉計偕》等，〔註 73〕亦必曾爲蕭子顯所參考。又吳均欲撰齊史時，曾向梁武帝求借《起居注》及《群臣行狀》，不爲武帝所許。〔註 74〕然梁武不許吳均所請，未必不許子顯，故《群臣行狀》恐曾爲蕭子顯

---

〔註69〕劉陟正史無傳，僅《南史·文學·杜之偉傳》曾提及此人，云：「中大通元年，梁武帝幸同泰寺捨身，敕（徐）勉撰儀注。勉以先無此禮，召（杜）之偉草具其儀。乃啟補東宮學士，與學士劉陟等抄撰群書，各爲題目。」（卷七二，頁 1787）中大通元年，劉陟爲學士，顯見其與蕭子顯爲同時代人。

〔註70〕堯國號爲唐，舜國號方爲虞，而〈堯典〉卻謂之《虞書》，乃是將前代事並後代記之。

〔註71〕《史通·古今正史》卷十二，頁 354。

〔註72〕以上所引書見《隋書·經籍志·史部》。

〔註73〕見王鳴盛：《十七史商榷》卷五八〈南齊州郡所據之書〉條，頁 368。

〔註74〕事見《南史·文學·吳均傳》卷四九。

所見。蕭子顯撰《南齊書》時所參考之資料當然不止於此，就〈州郡志〉言，當時各地撰寫地方志之風盛行，單就《隋書‧經籍志》所載觀之，則各州幾乎皆有圖經或地方志，此可能皆爲其參考資料。〔註 75〕上述所列之資料，爲今所能得知較可能與之相關者，至於蕭子顯撰《南齊書》時確實曾參考的資料則無法得知。

## 六、《南齊書》的撰述動機

蕭子顯早有志於史學，此由其「採眾家《後漢》，考正異同」，有統合眾家《後漢書》，欲成一家之言的意圖可知。如上所述，蕭子顯於天監六年前後，任太尉錄事啓撰齊史時，不過十九歲上下，年紀尚輕。而仍任此職時即已完成〈州郡志〉一卷，故其著手準備撰述《南齊書》的時間當更早，可見其早有爲前朝（故國）撰史的打算。

在上述蕭子顯撰《南齊書》之前的眾家齊史中，何點之書至子顯時疑已不見；熊襄之書僅記齊高帝一朝，不甚完備；江淹十志，蕭子顯以爲猶不備也〔註 76〕；吳均之書成遭焚，南齊一代始終無全史。此固然可待後世仁人君子爲之，然年代相隔愈久，史實愈難保存，在史不可亡與及時修史的意識下，即便是吳均撰《齊春秋》後遭書焚免官的史禍近在目前，蕭子顯仍不顧前朝宗室的敏感身份，撰成《南齊書》。此種「史文絕續在己」的自負與觀念，或即爲其撰《南齊書》的動機之一。〔註 77〕

在眾家齊史中，沈約的《齊紀》似乎較完備，但其撰史態度卻有遭人詬病之處。沈約早年即有意於史學，「常以晉氏一代竟無全書，年二十許，便有撰述之意」。仕齊後，又屢被敕撰史，「齊建元四年被敕撰國史（此即《齊紀》二十卷），永明二年又兼著作郎，撰次起居注。五年春又被敕撰《宋書》，六年二月畢功，表上之」。〔註 78〕沈約奉詔撰《宋書》，指責何承天等人所撰之《宋書》「事屬當時，多非實錄，又立傳之方，取捨乖衷，進由時旨，退傍世情，垂之方來，難以取信」。〔註 79〕然其所撰之《宋書》又如何呢？《南齊書‧

〔註 75〕 此外，尚有蕭子顯於《南齊書》中所徵引之諸書，今於此不贅。
〔註 76〕 《南齊書‧文學‧檀超傳》云：「超史功未就，卒官。江淹撰成之，猶不備也。」（卷五二，頁 892）
〔註 77〕 上述觀念引自雷家驥師：《中古史學觀念史》第九章〈正史及其形成理念(上)〉。
〔註 78〕 以上引文見《南史‧沈約傳》卷五七，頁 1413～1414。
〔註 79〕 《宋書‧自序》卷一〇〇，頁 2467。

文學‧王智深傳》云：

> 世祖（齊武帝）使太子家令沈約撰《宋書》，擬立〈袁粲傳〉以審世
> 祖。世祖曰：「袁粲自是宋家忠臣。」約又多載孝武、明帝諸鄙瀆事，
> 上遣左右謂約曰：「孝武事跡不容頓爾。我昔經事宋明帝，卿可思諱
> 惡之義。」於是多所省除。

沈約揣摩上意，厚誣前朝，其程度令時君亦難以忍受。不僅如此，沈約還主動將所修之史上呈君前。欲求其實錄，可得而致之？則沈約所撰《齊紀》之實錄程度當不難想見。即便子顯不曾親見沈約所撰之《齊紀》，單就沈約撰《宋書》的態度，已令人難以忍受。對蕭子顯而言，不論是爲了史學求眞與存眞的精神，抑或不願己之先祖成爲沈約取媚梁武的犧牲品，自作齊史是不使前朝事泯的唯一途徑。儘管其所作之《南齊書》仍有隱諱處，但不願史德有虧的史家撰齊史以誣其家，應是其不避嫌疑作《南齊書》的另一動機。〔註80〕

# 第三節　《南齊書》的特殊之處與歷代相關評價

歷代對《南齊書》均有評論，無論是針對《南齊書》的體例、文筆，或敘事方式、筆法，及其與《南史》的互相參較，皆爲評論的範圍。其評價雖毀譽皆有，然大體言之，似乎貶多於褒。若以平鋪直敘的方式將歷代對《南齊書》評論羅列出，意義似乎不大，故本節擬探討《南齊書》的特殊之處，兼及歷代對這些特點的相關評論。

在討論《南齊書》的特點前，先略述其基本的書事原則。

與《宋書》相同，《南齊書》記事但以本國爲主，至於外邦之事則僅書與本國有交涉者，「其他雖興滅崩立亦不書」。〔註81〕而言及外邦之君時則直呼其名，與書本國之帝皆稱其廟號不同。

《南齊書》自蕭道成微時以至爲帝皆稱太祖，於蕭衍未封王以前亦即書梁王，趙翼以爲書法混淆，莫此爲甚。此處似可窺見蕭子顯欲尊其祖，又欲

---

〔註80〕詹秀惠認爲，蕭子顯敢上表撰齊史的最重要因素，可能是沈約在齊世掌國史，已開始寫作《齊紀》，蕭子顯害怕由沈約或其他學者撰寫齊史時，會如沈約撰《宋書》一般，爲諂媚蕭梁，而侮辱他的祖先。因此寧可由他自己著作齊史，較爲安全。所以這部《南齊書》，成爲我國正史中唯一由亡國者子孫自撰的史書。此說當不誤也！詳氏著：《蕭子顯及其文學批評》第二章第二節，頁80。

〔註81〕趙翼：《陔餘叢考》，〈宋、齊、梁、陳、魏、周、齊、隋諸史及《南、北史》書法各不同〉條，頁96。河北人民出版社，1990年1月第一版。

尊時君的矛盾尷尬，使人莫知其撰《南齊書》的立場究竟是爲前朝撰齊史，抑或是爲後朝撰齊史。撰一代史而有前後兩朝不同的立場在其中，無怪乎趙翼以爲《南齊書》之書法甚爲混亂。此說當是！《宋書》述蕭道成未稱帝以前爲齊王、齊公，故《南齊書》此書法與《宋書》不同，似是本《漢書・高帝本紀》而來，而此書法後來亦爲《梁書》所襲。〔註82〕

　　《南齊書》繼承《左傳》、《史記》以來的傳統，在本紀與列傳的全文結尾部分，以「史臣曰」、「贊曰」的形式，表達作者對歷史的評議。〔註83〕雖然劉知幾認爲蕭子顯法范曄《後漢書》的論贊形式，是「每卷立論，其煩已多，而嗣論以贊，爲黷彌甚」，〔註84〕但在《南齊書》「敘傳」一篇已佚的情況下，每卷之末的論贊不可否認的是瞭解蕭子顯對歷史問題看法的最重要之處。值得注意的是「史臣曰」、「贊曰」除本紀與列傳每卷卷末皆有外，「志」亦有之，惟其以與本紀、列傳不同的方式見於「志」。在八志中，每一志之末皆有「贊曰」，此當亦法《後漢》。而「史臣曰」（或「史臣案」）則以夾敘夾議的形態出現於志中，其內容或議論，或考證，故並非隨處皆有，亦非每志皆有，而是出現於必要之處。在既有的成例中，斟酌實際的敘述狀況予以變化，此可謂「變例」，〈禮〉、〈天文〉、〈輿服〉、〈祥瑞〉諸志有之，餘則無。在《宋書》諸志中亦可見「史臣案」出現於篇中，如〈禮志二〉即有之，然在八志三十卷中，「史臣案」出現之處寥寥可數，不如《南齊書》多以「史臣曰」形式於篇中議論考證。

　　茲就《南齊書》特殊之處及相關問題予以討論之。

## （一）蕭子顯為父蕭嶷單獨立傳，兼及〈文惠太子傳〉、〈宗室傳〉之次序問題

　　《南齊書》在體例上一最特殊之處，即蕭子顯爲其父豫章王嶷立傳，後世對此多有所針砭。王鳴盛謂：

> 《南齊書》出蕭子顯，豫章文獻王嶷即其父也。自作史而爲父立傳，千古只此一人，故傳中極盡推崇。……然《南史》謂其後房千餘人，苟丕極言其失，大約子顯多隱諱。……《南史》各論皆勦襲各書，獨嶷論句句自撰，不用子顯原文。〔註85〕

〔註82〕見同上註。
〔註83〕趙吉惠：〈南齊書〉，收入《中國史學名著評介》第一卷，頁355。
〔註84〕《史通・論贊》卷四，頁83。
〔註85〕王鳴盛：《十七史商榷》卷六二〈豫章王嶷傳與齊書微異〉條，頁401～402。

趙翼於《廿二史箚記》亦云：

> 古未有子孫爲祖父作正史者，獨子顯爲祖作本紀，爲父豫章王作傳，
> 故於豫章傳鋪張至九千餘字，雖過於繁冗，然亦不失爲顯揚之孝思
> 也。惟豫章乃高帝第二子，則應入高帝諸子傳內，與臨川王映等同
> 卷，乃以臨川等爲高祖十二王，編在三十五卷，而豫章則另爲一卷，
> 編在二十二卷，與文惠太子相次，以見豫章之不同諸子。此則苟欲
> 尊其父，而於義無當也。〔註86〕

又云：

> 司馬遷、班固、沈約作史，皆以其父入〈自序〉中，未嘗另立父傳，
> 列於正史也。惟蕭子顯作齊書，爲其父豫章王嶷立傳，姚思廉修陳
> 書，爲其父吏部尚書察立傳，凡生平行事，及朝廷之優禮，名流之
> 褒獎，無一不纖屑敘入……，爲人子者得藉國史以表彰其父，此亦
> 人之至幸也。〔註87〕

上述之論議涉及幾個問題：一是過於鋪陳文句，表彰其父，爲《南史》大幅
刪減；二是欲爲父隱，使眞相不明。最重要的是爲其父豫章王嶷立傳是否合
例？再次則爲編次問題。

　　豫章王嶷與文惠太子不合，以致蕭嶷之死與文惠太子有關之事前已言
之，此事爲《南史》所載，卻不見於《南齊書》。《南齊書》不言其事，疑蕭
子顯不欲載其家不睦之事，何況子顯於〈豫章文獻王傳〉言蕭嶷與兄武帝蕭
賾深相友愛耶？蕭嶷之死與文惠太子有關的說法，可能蕭子顯亦不甚確定，
故不書。〔註88〕然子顯卻將二人不合之說載於〈劉繪傳〉中：「時豫章王嶷與
文惠太子以年秩不同，物論爲宮、府有疑。」子顯謂「物論」，不知是不甚確
定，抑或是不便確定之託辭。而於〈文惠太子傳〉中亦微露其意。〈文惠太子
傳〉載永明十年蕭嶷薨後，「太子見上友于既至，造碑文奏之，未及鐫勒」，
叔父亡後，卻揣摩父意始造奏碑文，此舉之被動顯然可知，亦不免啓人疑寶。

---

　　　　王鳴盛謂「自作史而爲父立傳，千古只此（蕭子顯）一人」，此說恐爲非。姚
　　　　思廉作《陳書》亦爲其父立傳，只是非前朝宗室子而已。

〔註86〕卷九〈齊書書法用意處〉條，頁190。
〔註87〕卷九〈蕭子顯、姚思廉皆爲父作傳入正史〉條，頁198。
〔註88〕李延壽於蕭嶷之死與文惠太子有關的說法，僅於〈齊高帝諸子・蕭嶷傳〉中
　　　　載其死後見形，自訴爲文惠太子所藥死而已。神鬼之說，實難以爲據，可見
　　　　李延壽對此傳聞亦無充分證據證明之。而蕭子顯雖爲蕭嶷之子，可能亦無法
　　　　證明此說是否確實，在不欲外揚家醜的情況下，遂不言其事。

然爲尊父隱諱而使事實真相不明，此不可不謂爲《南齊書》之失。

劉知幾於《史通・曲筆》云：

> 子爲父隱，直在其中，《論語》之順也；略外別內，掩惡揚善，《春秋》之義也。自茲已降，率由舊章。史氏有事涉君親，必言多隱諱，雖直道不足，而名教存焉。

這不僅是劉知幾的個人觀點，亦是中國傳統之名教綱常。良史固然是以實錄直書爲貴，然在理（直書不隱）情（倫理綱常）相兼的考量下，此可謂別開一變通途徑。但此種變通方法卻極容易因過分利用而致史實有虧，故劉知幾於《史通・惑經》亦云：「夫臣子所書，君父是黨，雖事乖正直，而理合名教。……國家事無大小，苟涉嫌疑，動稱恥諱，厚誣來世，奚獨多乎！」由於此變通途徑的彈性極則並無定準，故應用此方法的標準只能由史家自行斟酌。蕭子顯之爲父立傳即涉及此一問題。

據趙翼統計，《南齊書・豫章文獻王傳》多達九千字，而以表、啓爲多。雖然後人可由表、啓的內容窺見蕭嶷與齊武帝蕭賾兄弟間的微妙關係，但就尚簡要的史書敘事原則觀之，[註89] 即使有必要將所有表啓悉皆錄之，似乎也不須一字不漏，節取重要關鍵處即可，且此與《南齊書》文筆簡淨的整體風格頗相矛盾。而該傳盛讚其父之語亦屢見之，當予以刪減爲宜。《南史》言蕭嶷後房千餘人，或因暗指其奢，故子顯爲其父隱；抑或蕭嶷之奢是有意爲之，以釋人之猜疑者，故《南齊書》不載此事。由於此事並未造成重大影響，於宏旨無甚關涉，故諱之可也，「雖直道不足，而名教存焉」。但如前所言，蕭子顯爲隱其父與文惠太子不合，亦兼爲文惠太子隱，遂使真相難明，此則過矣。故就《南齊書・豫章文獻王傳》的內容而言，確有不當之處。

次再就體例言之，蕭子顯爲其父單獨立傳究竟合不合例？就體例而言，蕭嶷應置於列傳第十六〈高帝諸子傳〉中，與臨川王映等同卷爲是，然蕭子顯卻爲之單獨立傳，且往前移至列傳第三〈文惠太子傳〉後，故趙翼認爲蕭子顯以其父「與文惠太子相次，以見豫章之不同諸子。此則苟欲尊其父，而於義無當也」。但此處卻牽涉到另一個問題，文惠太子長懋爲武帝長子，雖被立爲太子，卻未及即位，故依例仍應將之列於〈武帝諸子傳〉中，若單獨爲蕭嶷立傳是不合例，則爲文惠太子單獨立傳一樣不合例。蕭子顯爲其父蕭嶷單獨立傳確是破例，但重要的是爲何破例？蕭嶷有無資格破例？蕭嶷於齊，

---

[註89] 詳見《史通・敘事》卷六，頁 168。

非但是皇子，亦為開國功臣，生榮死哀，位任實殊，其威望甚至一度與其兄武帝蕭賾相拊。其事第三章第一節已言之，故趙翼言「豫章之不同諸子」是不錯的。蕭嶷於《南齊書》中的身份並非僅為撰史者蕭子顯之父，其在齊朝的身份、地位與影響力遠大過前者的意義，遠非司馬遷、班固、沈約之父所能比，也不適合將之等量齊觀，為之單獨立傳實不為過，並非僅欲尊其父而已。故就體例而言，與其說蕭子顯為其父蕭嶷單獨立傳是不合例，毋寧說是不拘例。而為文惠太子立傳，亦同樣可自其實際重要性視之為不拘例。

又蕭子顯於〈豫章文獻王傳〉載蕭嶷諸子卻不列己名，趙翼謂「疑〈嶷傳〉只載其子子廉、子恪、子操、子行、子光，而子顯不載，當是子顯親為父作傳，故隱己之名」，〔註90〕近世學者周春元則疑蕭子顯是欲突出自己。〔註91〕子顯兄弟十六人，名見於〈蕭嶷傳〉者僅五人，除子恪外，餘四人皆為子顯死於齊時的兄弟，而子恪與其他兄弟的主要事跡多在梁，遂不將之列於《南齊書》中。且蕭子顯為《南齊書》之作者，書末有自序或敘傳一篇，何必更於其父傳中再述己之事或列己之名？故趙翼與周春元的說法似有再商榷之必要。

此外，篇目次序亦引起後人批評。趙翼認為：

> 衡陽王道度等乃高帝兄弟，應編在高帝諸子前，乃反編在武帝諸子後。……其列諸帝子傳，又先以文惠太子序於豫章王嶷之前。嶷乃高帝子，文惠乃武帝子，於嶷為從子，豈可亂其序乎？〔註92〕

王鳴盛觀點與趙翼同，〔註93〕認為其次序不順，遜於《南史》之編次：

> 《南史》每朝先以宗室，謂旁支也，次以各帝子，然後次以諸臣，位置較分明。〔註94〕

《南史》的編次以皇帝為核心，依次向外層層推展開。先宗室，次帝子，以其長幼順序也；再次以諸臣，以其與君主之親疏也，故確如王鳴盛所言，位置順序較分明。但如此編次，所能呈現的僅是位置分明而已，諸傳主當日各自不同的重要性與歷史意義，卻難以藉此固定的編次順序表達出來。史書的篇目編排當然應有次序，但以何為序？史書編撰的目的並非在序家譜，須明長幼順序，左昭右穆，《南史》以編纂家譜的方式編次史書，反而受限於須明

---

〔註90〕《廿二史箚記》卷九〈蕭子顯、姚思廉皆為父作傳入正史〉條，頁198。
〔註91〕周春元：〈蕭子顯〉，收入《中國史學家評傳》，頁255。
〔註92〕《陔餘叢考》，〈齊書編次失當處〉條，頁106。
〔註93〕詳見《十七史商榷》卷六二〈文惠太子有失德〉條，頁402～403。
〔註94〕《十七史商榷》卷六四〈衡陽獻王昌入宗室〉條，頁418。

親疏遠近的編撰格式，而難得在時間變動下的歷史眞實意義。《南齊書》則不受此限制，傳主個人在歷史上的意義與重要性方爲其編次的主要依據。在編撰宗室傳與帝子傳時，長幼親疏關係格外重要，故《南齊書》中高帝諸子傳在前，武帝諸子傳在後，文二王、明七王抑其次也。〈宗室傳〉所列之人僅爲齊高帝兄弟，故關係較遠的蕭景先、蕭赤斧、蕭諶、蕭坦之於南齊皇室雖爲同宗，亦不列入。依其親疏關係，〈宗室傳〉當在明七王前；但在政治上的實際作用與影響力又遠不如高、武諸子，故蕭子顯將之列於武帝諸子傳後。基於同樣的考量，蕭子顯將文惠太子與豫章王蕭嶷單獨立傳，並分別置於列傳第二、三，以突出其重要性。而文惠太子雖未及即帝位，由其子登基，但正因如此，啓齊朝衰亂之源，故其於南齊的重要性與影響程度又大過蕭嶷。文惠太子雖爲蕭嶷之姪，蕭子顯仍將之列於蕭嶷前，或因於此。

## （二）簡淨的文筆與敘事方式

蕭子顯短於文而長於義，劉知幾即評之曰：

> ……干寶、范曄，理切而多功，鄧粲、道鸞，詞煩而寡要，子顯雖
> 文傷寒躓，而義甚優長，斯一二家，皆序例之美者。〔註95〕

此處劉知幾所論者，乃是序例之文筆，但實可將之視爲對《南齊書》之文筆所做的整體評論。尋蕭子顯所著之《南齊書》，不可諱言，其文句確有滯礙難曉處，但力主爲文尚簡要的劉知幾卻對蕭子顯的文筆頗爲讚賞，認爲其未沾染魏晉以來「華多於實，理少於文，鼓其雄辭，誇其儷事」的敘事之風。〔註96〕同樣是對《南齊書》的文筆進行評論，曾鞏卻有與劉知幾截然不同的看法，其於《南齊書·目錄序》論之曰：

> 子顯之於斯文，喜自馳騁，其更改破析刻彫藻繢之變尤多，而其文
> 益下，豈夫材固不可以強而有邪？

二人或因角度與觀感不同，故對《南齊書》文筆的看法歧異頗大。惟不知曾鞏言蕭子顯喜雕琢、賣弄文采，所據爲何，所指爲何？

雖然《南齊書》中有鋪陳文筆之章、繁簡失當之處，但卻不多見，故整體而言，蕭子顯的文筆簡淨是肯定的，若以之與《宋書》相較則更可見其文

---

〔註95〕 《史通·序例》卷四，頁88。

〔註96〕 《史通·論贊》曰：「……仲豫義理雖長，失在繁富。自茲以降，流宕忘返，大抵皆華多於實，理少於文，鼓其雄辭，誇其儷事。必擇其善者，則干寶、范曄、裴子野是其最也，沈約、臧榮緒、蕭子顯抑其次也。」（卷四，頁82）

筆之簡淨。此由《南史》對《南齊書》原文不刪反增可得而證之。趙翼云：

> 《南史》於《宋書》大概刪十之三四，以《宋書》所載章表符檄本
> 多蕪詞也。於齊不惟不刪，且大增補。今以兩書相較，惟豫章王嶷
> 及竟陵王子良二傳多所刪削。〔註97〕

又云：

> 《南史》於蕭齊時事亦僅於諸大傳增減竄易，以見其考核之博、敘
> 述之工，其餘則多仍《齊書》舊文，非篇篇俱有改定。較原書稍有
> 增加者，不過瑣言碎事。〔註98〕

以《南史·齊高帝紀》為例，李延壽所增者，大抵為符瑞神鬼之說，巫媼不經
之談。其餘有所增補者，多為新奇之事，而於朝政無甚大關涉。〔註99〕由此亦
可知蕭子顯文筆非但簡淨，其敘事大體「簡而且詳，疏而不漏」也。〔註100〕

為求敘事之簡淨，故《南齊書》合傳較多，其類敘法尤為趙翼所稱道：

> 《齊書》比《宋書》較為簡淨，豫章王嶷及竟陵王子良二傳過為鋪
> 張，此另有他意。他如〈劉善明傳〉所陳十一事，皆騾括其語載之；
> 〈張欣泰傳〉所陳二十事，只載其一條，若《宋書》則必全載矣。〈孝
> 義傳〉用類敘法，尤為得法。蓋人各一傳則不勝傳，而不立傳則竟
> 遺之，故每一傳則類敘數人。……傳不多而人自備載。〔註101〕

類敘法的方法與優點誠如趙翼所言，每一傳類敘數人，傳不多而人自備載。
不僅精簡了文字，也簡省了篇幅。此外，趙吉惠認為以合傳類敘方法寫人物，
尚有兩個最顯著的優點：一是同類相求，便於查找資料；一是精練文字。並
將《南齊書》中列傳的合傳部份，分為兩種類形：一是同類合傳，一是同姓
合傳。〈皇后〉、〈文學〉、〈良政〉、〈高逸〉、〈孝義〉、〈倖臣〉、〈魏虜〉等傳屬
前者；後者主要為諸帝子傳，如〈高祖十二王傳〉、〈武十七王傳〉等。趙吉
惠將《南齊書》中的合傳區分為兩類，頗有見地，值得參考。〔註102〕

---

〔註97〕《廿二史箚記》卷十〈南史增齊書處〉條，頁208。

〔註98〕《陔餘叢考》，〈南史多用齊書原文〉條，頁124。

〔註99〕參趙翼：《陔餘叢考》，〈南史多用齊書原文〉條，及王鳴盛：《十七史商榷》
卷五五〈齊高帝紀增添皆非〉條。

〔註100〕《史通·書事》曰：「夫記事之體，欲簡而且詳，疏而不漏。若煩則盡取，省
則多捐，此乃忘折中之宜，失均平之理。」（卷八，頁233）蕭子顯敘事，頗
能符合劉知幾所言之書事原則，尚不失折中均平也。

〔註101〕《廿二史箚記》卷九〈齊書類敘法最善〉條，頁191。

〔註102〕詳見趙吉惠：〈南齊書〉，收入《中國史學名著評介》第一卷，頁354。

除以類敘法精簡篇幅外，蕭子顯亦採用沈約《宋書》之帶敘法。帶敘法與類敘法不同，趙翼對此法亦甚表讚賞：

> 《宋書》有帶敘法，其人不必立傳，而其事有附見於某人傳內者，即於某人傳內敘其履歷以畢之，而下文仍敘某人之事。……蓋人各一傳則不勝傳，而不爲立傳則其人又有事可傳，有此帶敘法，則既省多立傳，又不沒其人，此誠作史良法。但他史於附傳者，多在本傳後方綴附傳者之履歷，此則正在敘事中，而忽以附傳者履歷入之，此例乃《宋書》所獨創耳。〔註103〕

尋帶敘之用法，撰者將其人事跡附於某人傳內，初即立定主意不爲其人立傳，故簡省篇幅似乎並非沈約帶敘法之本意，或僅爲不泯事跡，抑或爲敘事之便。但在不泯其人事跡的撰述原則下，帶敘法之運用卻可收簡約篇幅之效。《南齊書》用帶敘法處，如〈褚澄傳〉敘其精於醫術，因而帶敘徐嗣之醫術更精於澄。〈文惠太子傳〉因敘文惠太子誘殺梁州刺史范伯年，而帶敘范伯年事蹟。又〈張敬兒傳〉載張敬兒斬沈攸之，而司州刺史姚道和不殺攸之使，遂帶敘其家世生平。〔註104〕既簡約其文，又不泯其事，使《南齊書》之篇幅更爲簡淨。

## （三）《南齊書》類傳中〈文學傳〉、〈倖臣傳〉之取材觀點異於前史

類傳之創，肇於《史》《漢》，前節已言之。其精練文字，簡省篇幅，及便於查找的特點，亦如前述。《南齊書》所立之類傳皆本於前史，各篇觀點取材亦與前史大同小異，惟〈文學傳〉、〈倖臣傳〉之取材標準與觀點頗異於前史，今於此論之。

《南齊書》之前爲文學家立傳之正史，僅《後漢書》一家，其〈文苑傳〉乃爲純文學家立傳之始，亦爲《南齊書·文學傳》所本。〔註105〕然《南齊書·文學傳》取材標準卻與《後漢書·文苑傳》不同，其觀點亦有特殊之處。《南齊書·文學傳》所列之十一人中，有以文學知名者，如陸厥；有以史學知名者，如檀超；有以儒學知名者，如王逡之；有以譜學知名者，如賈淵；有以

---

〔註103〕《廿二史劄記》卷九〈宋齊書帶敘法〉條，頁184～185。

〔註104〕欲詳其事，各見〈褚澄傳〉、〈文惠太子傳〉、〈張敬兒傳〉。或參趙翼：《廿二史劄記》，〈宋齊書帶敘法〉條，及楊家駱：〈南齊書述要〉，附於《南齊書》前。

〔註105〕《宋書》無〈文學傳〉或〈文苑傳〉。

科學知名者，如祖沖之。該篇內容取材甚為廣泛，蕭子顯雖於篇末就純文學之發展與風格加以論議，然其所立傳之十一人的文學成就卻是雜、純文學兼有之。由此看來，蕭子顯〈文學傳〉的取才標準及「文學」的定義，是屬於廣義範疇的文學。《南齊書》各類傳之前皆有序，獨〈文學傳〉無。疑本應有，但已亡佚，故無法得知該篇著作之旨趣。〔註106〕

　　或以為紀僧真容貌言吐，雅有士風，以之與茹法亮、呂文顯等弄臣俱入〈倖臣傳〉，頗為之冤，以此為蕭子顯取材之失。〔註107〕但若由《南齊書‧倖臣傳序》觀之，則知子顯之取材無不當也。

　　該序首言「倖臣一星，列于帝座」，「親倖之義，其來已久」。在一政治機構中，有接近權力中心者，亦有距權力中心較遠者，此為當然之理。故自古以來，必有一批因職務關係而圍繞君主身邊的近習之人出現。漢代以來，中書之職即掌機要。魏晉以降，則因君主屢以親信任中書通事舍人一職，使之品位雖輕，但秉權漸重，蕭子顯遂於序中專論中書通事舍人自魏晉以來的權勢演變。因其為君主所親信，故不論任此職者是否皆為弄權之人，此職確為親倖之職無疑。因此《南齊書‧倖臣傳》所言之「倖臣」並非專指佞倖之人，而是指親倖之臣。為君主所親倖當然並非僅中書通事舍人的特權，〔註108〕只是此職位居近習，較易得皇帝倚重，而其權勢漸重的事實亦證明了此點，故蕭子顯此篇遂專論中書通事舍人之得皇帝親信，乃至權勢薰天的事實。紀僧真、劉係宗因甚得高帝、武帝親信而屢委以重任，然二人亦盡心為主謀畫，未見有挾勢要人之事；茹法亮、呂文顯與紀、劉二人雖同為中書通事舍人，亦為君主所親信，卻憑此而弄權。故〈倖臣傳〉所立之五人並非皆為佞臣，且「倖」字本意即為親近，並無褒貶之意在內，只是任中書通事舍人者較易居中弄權，往往令人將之視為佞倖。蕭子顯雖言「今立〈倖臣篇〉，以繼前史之末」，但此篇的定義，卻與《漢書‧佞幸傳》及《宋書‧恩倖傳》之論佞倖完全不同，值得注意。

〔註106〕《四庫全書總目提要》亦云：「今考此書（《南齊書》），〈良政〉、〈高逸〉、〈孝義〉、〈倖臣〉諸傳皆有序，而〈文學傳〉獨無，殆亦宋以後所殘闕歟？」（台北：商務印書館，1985年5月三版）

〔註107〕《史通‧品藻》：「爰及近代，史臣所書，求其乖失，亦往往而有。……紀僧珍砥節礪行，終始無瑕，而蕭氏乃與群小混書，都以恩幸為目。」（卷七，頁187）

〔註108〕此時的典籤亦因得皇帝寵信，而得糾彈藩王，也是一品位雖輕，秉權卻重之職。

## （四）《南齊書》書法特殊之處

如前所述，敘事簡約，文筆精練，確爲《南齊書》之一大特色，但有些地方正是因敘事過於簡略，尤其是易代之際，事涉君親處，無論是有意或無意，眞相往往不明。故王應麟《困學紀聞》云：「蕭子顯以齊宗室仕於梁，而作齊史，虛美隱惡，其能直筆乎？」後世對《南齊書》筆法之評論亦多類此。趙翼云：

> 〈高帝本紀〉但云（楊）玉夫弑（宋）帝，以首與敬則，呈送高帝，此爲尊者諱也。其於受禪於宋順帝之處，亦仿《宋書》例，載九錫文，禪位詔，絕不見篡奪之跡。……明帝殺高、武子孫幾盡，子顯本高帝孫，幸而不死，於明帝有隱痛焉，故不復爲之諱也。子顯修書在梁武時，其敘鬱林失德之處不過六七百字，敘東昏無道之處則二千餘字，甚東昏之惡，正以見梁武之兵以義舉也。〔註109〕

王鳴盛於《十七史商榷》中謂《南齊書》於褚淵論贊多恕詞，以其不譏褚淵。〔註110〕

上述評論皆針對《南齊書》之書法而發，歸納之，其所論之重點有三：

（1）於宋齊易代之際爲祖父蕭道成及佐其篡位之臣諱飾。

（2）齊明帝蕭鸞因將蕭子顯之叔伯及堂兄弟誅殺殆盡，故不爲其諱惡。

（3）因蕭子顯書成於梁武，故書齊梁易代事亦不得罪梁武。

蕭子顯礙於自身的處境、身份及立場，書齊高、梁武事時，往往有意爲之隱，不可諱言，此確爲《南齊書》之失，但若言其書易代之事絕不見篡奪之跡則有待商榷。在不得不隱的尷尬立場下，蕭子顯爲使事實不致湮沒，往往以特殊筆法留存事實眞相，此作史之微意，涉及蕭子顯之史學態度與思想，故留待下章討論之。

蕭子顯以齊宗室仕於梁而爲齊撰史，此可謂曠古未有，相較於其他史家，其撰史立場之爲難，亦絕無僅有。若以其「雖事乖正直，而理合名教」的溫情角度視之，蕭子顯撰史之有隱諱，似有情有可原之處。若以史家修史應秉持不虛美、不隱惡的剛正態度要求之，則《南齊書》又有値得批判處。爲史之不易，於此可見。

---

〔註109〕《廿二史箚記》卷九〈齊書書法用意處〉條，頁189。

〔註110〕詳見：《十七史商榷》卷六〇〈南齊書不譏褚淵〉條，頁389～390。

# 第五章 由《南齊書》論蕭子顯之筆法與思想

　　《南齊書》為蕭子顯史學思想之所寄，然或因其身份之敏感性，或因為避忌於當代，蕭子顯並未於書中陳述其史學觀點，即使欲對書中所言之人事作評論，蕭子顯亦十分小心的儘量不涉及個人價值判斷，而藉委婉之敘事方式間接表達其觀點。蕭子顯撰《南齊書》，是否寓有更高層次的經世致用目的，今無從得知，然由其書事之法及《南齊書》的關懷重點，仍可見其史學精神與歷史觀點，此即為本章所欲探討之主題。

## 第一節 由《南齊書》之書法見蕭子顯的史學精神

　　「君子以博聞多識為工，良史以實錄直書為貴」，〔註 1〕是知直書實錄乃史家為史書事之極則。「自劉向、揚雄博極群書，皆稱遷有良史之材，服其善序事理，辨而不華，質而不俚，其文直，其事核，不虛美，不隱惡，故謂之實錄」，〔註 2〕此即為劉向、揚雄、班彪父子盛讚司馬遷之理由。而何謂「實錄」？敘事文直事核，不虛美、不隱惡是也。關於「實錄」，劉知幾亦有發明。其於《史通·惑經》曰：

> 蓋明鏡之照物也，妍媸必露，不以毛嬙之面或有疵瑕，而寢其鑒也；
>
> 虛空之傳響也，清濁必聞，不以綿駒之歌時有誤曲，而輟其應也。

---

〔註 1〕《史通·惑經》卷十四，頁 405。

〔註 2〕《漢書·司馬遷傳》「贊曰」卷六二，頁 2738。

夫史官執簡，宜類於斯。苟愛而知其醜，憎而知其善，善惡必書，
斯爲實錄。

劉知幾所謂「愛而知其醜，憎而知其善，善惡必書」，即不虛美、不隱惡，文
直事核也。此爲實錄史學之精神，乃史家所應恪遵者。〔註3〕然劉知幾於《史
通·敘事》又謂：

夫史之稱美者，以敘事爲先。至若書功過，記善惡，文而不麗，質
而非野，使人味其滋旨，懷其德音，三復忘疲，百遍無斁，自非作
者曰聖，其孰能與於此乎？……揚雄有云：「說事者莫辨乎《書》，
說理者莫辨乎《春秋》。」然則意指深奧，誥訓成義，微顯闡幽，婉
而成章，雖殊途異轍，抑各有差焉。諒以師範億載，規模萬古，爲
述者之冠冕，實後來之龜鏡。

「意指深奧，誥訓成義」所指乃《尙書》，「微顯闡幽，婉而成章」所指即《春
秋》。劉知幾既以「善惡必書」爲宗，何以又以書事「微顯闡幽，婉而成章」
的《春秋》爲敘事之祖法？蓋因有史禍故也。《史通·直書》云：

夫爲於可爲之時則從，爲於不可爲之時則凶。如董孤之書法不隱，
越盾之爲法受屈，彼我無忤，行之不疑，然後能成其良直，擅名今
古。至若齊史之書崔弒，馬遷之述漢非，韋昭仗正於吳朝，崔浩犯
諱於魏國，或身膏斧鉞，取笑當時；或書塡坑窖，無聞後代。夫世
事如此，而責史臣不能申其強項之風，勵其匪躬之節，蓋亦難矣。

不虛美、不隱惡，善惡必書的實錄精神，當然是史家所應秉持者。但這是在
時空環境都允許的理想狀態下方能貫徹的原則，若於不可爲之時爲之，則非
但身遭大難，甚者其書亦不傳。這是一無奈但又確實存在的現實，史家當然
不能無視於此，是以劉知幾在善惡必書的實錄原則下，又別開一變通途徑，
甚至在直書與名教的考量下，推《春秋》「微顯闡幽，婉而成章」的敘事方式
爲後世撰史之宗，而此亦不失爲良史。

如第四章第一節所言，魏晉以降，史學雖因爲時人所重而漸趨獨立，但
也正因如此，君主對史學的控制亦愈加嚴密，加之以史禍頻傳，史家焉能不
懼？此非但是蕭子顯撰史時所遭逢之難題，亦是魏晉南北朝史家共同面臨的
最大挑戰。而蕭子顯以齊宗室的身分，撰齊史於梁朝，其事不僅涉及君（梁

---

〔註3〕 關於劉知幾「明鏡說」的提出，可參閱雷家驥師：〈從劉知幾「明鏡說」析論
傳統史學理念的一個模式〉，《東吳文史學報》第九號，1991年3月。

武帝蕭衍篡齊），亦涉及親（子顯祖父齊高帝蕭道成篡宋）。是以蕭子顯在面臨名教、性命與實錄的進退維谷情況下，乃以《春秋》婉而成章之筆法書南齊事，雖與文直事核、善惡不隱之直書不同，然卻是以婉筆寫成之實錄。

今見《南齊書》之敘事方式甚委婉，其敘人物，甚少對其為人行事作直接評價，尤其事涉敏感處，更不見任何直接褒貶的字句。然其撰史果真無筆削之意？《南齊書》中雖少見蕭子顯對人物進行直接評論，然其敘述方式卻使之善惡自見，此乃寓褒貶於述事之書法也。其於史實之存真亦如是。如上所述，因事涉君親，子顯撰《南齊書》遂有不得不隱之衷，然其仍以委曲之筆法，存真相於隱微處，以務求實錄也。

今乃以《南齊書》記易代之人事為例，以見蕭子顯寓褒貶於幽隱處及其務求實錄之史學精神。

## 一、《南齊書》記宋、齊易代之政權轉移

齊高帝蕭道成為蕭子顯祖父，其書及宋、齊禪受之際事，自不便對蕭道成之篡奪直接大加撻伐，故其「於宋、齊革易之際，雖不明著篡弒之跡，行文中則時微露其意」。〔註4〕今乃就蕭子顯所書之宋、齊易代事以見其意。

蕭道成於宋文帝時起家仕宋，宋明帝即位，對蕭道成卻頗有疑慮。《南齊書・高帝本紀上》即載之曰：

> 明帝常嫌太祖非人臣相，而民間流言，云「蕭道成當為天子」，明帝愈以為疑，遣冠軍將軍吳喜以三千人北使，令喜留軍破釜，自持銀壺酒封賜太祖。太祖戎衣出門迎，即酌飲之。喜還，帝意乃悅。

明帝之嫌蕭道成非人臣之相，究竟是指其「姿表英異，龍顙鍾聲，鱗文遍體」，〔註5〕抑或是指其有不臣之舉，不得而知。但民間何以無故會有「蕭道成當為天子」的流言出現，令人不解。筆者疑蕭道成此時或因位高權重，有取而代之的資格，或眾人皆知其有自為天子的意圖，故而有此流言。宋明帝疑蕭道成，遂遣吳喜率三千人北使，並令喜留軍於破釜，自持酒往賜道成，以試探之。道成即酌飲還罷，如若不然，則破釜之三千人恐將伐道成。然關於蕭道

---

〔註4〕 楊家駱：〈南齊書述要〉，收於《南齊書》書首。龐天佑於〈門閥士族與魏晉南北朝時期的史學〉中亦認為蕭子顯的《南齊書》記宋、齊革易之際，絕不見篡奪痕跡。收入《湛江師範學院學報》，1994年第2期。

〔註5〕 《南齊書・高帝本紀上》卷一，頁3。下引《南齊書》各卷則僅著卷名。

成酌飲宋明帝所賜之酒事，《南史・齊本紀上》之記載卻與《南齊書》有異：

> ……帝戎服出門迎，懼鴆，不敢飲，將出奔，喜告以誠，先飲之，
> 帝即酌飲之。……

《南齊書》謂蕭道成「即酌飲之」，《南史》卻謂蕭道成「懼鴆，不敢飲」，蕭道成之膽識卻因此兩種不同的記載而呈截然不同之貌，然何者所記為是？次年（泰始七年），宋明帝徵道成還京師，「部下勸勿就徵」，道成曰：

> 諸卿聞於見事。主上自誅諸弟，為太子稚弱，作萬歲後計，何關佗
> 族。惟應速發，事緩必見疑。今骨肉相害，自非靈長之運，禍難將
> 興，方與卿等勠力耳。〔註6〕

蕭子顯載蕭道成此言，非但表明當日宋明帝甚疑道成，亦暗示道成他日或將有所作為，故道成立即酌飲及速發就徵，是欲釋宋明帝之疑忌。由蕭道成日後將有所作為及其速發就徵之表現看來，子顯述蕭道成「即酌飲之」應較為實，而《南史》謂道成懼鴆不敢飲，則恐為傳疑之辭，而二書之實錄程度亦可由此見。

宋明帝崩後，蒼梧王即位。桂陽王休範因不滿「素族當權，近習秉政」，且「自謂宗戚莫二，應居宰輔，事既不至，怨憤彌結」，於是於宋蒼梧王元徽二年舉兵反。〔註7〕蕭子顯記載當時群臣共議應對之策事：

> 明帝崩，遺詔（蕭道成）為右衛將軍，領衛尉，……。與尚書令袁
> 粲、護軍褚淵、領軍劉勔共掌機事。……桂陽王休範……元徽二年
> 五月，舉兵於尋陽，收略官民，數日便辦，眾二萬人，騎五百匹。
> 發盆口，悉乘商旅船舫。大雷戍主杜道欣、鵲頭戍主劉愿其告變，
> 朝廷惶駭。太祖與護軍褚淵、征北張永、領軍劉勔、僕射劉秉、游
> 擊將軍戴明寶、驍騎將軍阮佃夫、右軍將軍王道隆、中書舍人孫千
> 齡、員外郎揚長運集中書省計議，莫有言者。太祖曰：「昔上流謀逆，

---

〔註6〕 同上注，頁6～7。

〔註7〕 《宋書・文五王・劉休範傳》：「……太宗（宋明帝）晚年、晉平王休祐以狠
戾致禍，建安王休仁以權逼不見容，巴陵王休若素得人情，又以此見害。唯
（桂陽王）休範謹澀無才能，不為物情所向，故得自保，而常懷憂懼，恒慮
禍及。及太宗晏駕，主（蒼梧王）幼時艱，素族當權，近習秉政，休範自謂
宗戚莫二，應居宰輔，事既不至，怨憤彌結。」（卷七九，頁2046）桂陽王休
範遂因此而反。休範不滿素族秉政，胡三省謂此素族所指為袁粲、褚淵，（詳
《通鑑・宋紀十五》卷一三三「蒼梧王元徽元年」條，頁4174）筆者以為，
蕭道成應亦為休範所指之素族之一。

皆因淹緩，至於覆敗。……今應變之術，不宜念遠，……宜頓新亭、
白下，堅守宮掖、東府、石頭以待。……我請頓新亭以當其鋒；征
北可以見甲守白下；中堂舊是置兵地，領軍宜頓宣陽門爲諸軍節度；
諸貴安坐殿中；右軍諸人不須競出，我自前驅，破賊必矣。」因索
筆下議，並注同。中書舍人孫千齡與休範有密契，獨曰：「宜依舊遣
軍據梁山、魯顯閒，右衛若不出白下，則應進頓南州。」太祖正色
曰：「賊今已近，梁山豈可得至。新亭既是兵衝，所以欲死報國耳。
常日乃可屈曲相從，今不得也。」座起，太祖顧謂劉勔曰：「領軍已
同鄙議，不可改易。」乃單車白服出新亭。〔註8〕

桂陽王休範之有反意，已非朝夕之間事，其降意折節，招賢引士，朝廷亦早
知其有異圖，遂「密相防禦，雖未表形跡，而釁難已成」。〔註9〕但休範數日
之間便收略官民，率眾起事，仍令朝廷措手不及，盡皆惶駭。然蕭道成卻速
定大計，可見其早有謀略智計，亦可見其果決鎮定，當機立斷，桂陽王反事
遂於當月即平。而蕭道成日後秉權漸重，亦始於此時。

在〈高帝本紀〉中，子顯記其祖父有下筆甚重之處：

休範平後，蒼梧王漸行凶暴，……太祖威名既重，蒼梧王深相猜忌，
幾加大禍。……太祖密謀廢立。……〔註10〕

蒼梧王本爲喜怒乖節之人，但因內畏太后，外憚大臣，未敢縱逸。元徽二年
五月，桂陽王休範事平。該年十一月，蒼梧王加冠後，遂肆行荒誕，一日不
殺，輒慘慘不樂，內外憂惶，莫有能制者。〔註11〕而蕭道成亦因威名漸重，
幾爲蒼梧王所殺。〔註12〕然無論君主是否凶暴，蕭道成以臣子身份欲廢立君
主，其犯上之行跡顯然。儘管孟子曾言「聞誅一大紂矣，未聞弒君也」，儘

〔註8〕〈高帝本紀上〉卷一，頁7～8。
〔註9〕《宋書・文五王・劉休範傳》卷七九，頁2046。
〔註10〕〈高帝本紀上〉卷一，頁10。
〔註11〕詳見《宋書・後廢帝本紀》卷九，頁188～189。
〔註12〕《南史・齊本紀上》：「休範平後，蒼梧王漸行凶暴，屢欲害帝（蕭道成），嘗
　　　　率數十人直入鎮軍府。時暑熱，帝晝臥裸袒，蒼梧立帝於室內，畫腹爲射的，
　　　　自引滿，將射之。帝神色不變，斂板曰：『老臣無罪。』蒼梧王左右王天恩諫
　　　　曰：『領軍腹大，是佳射堋，而一箭便死，後無復射，不如以齇箭射之。』乃
　　　　取齇箭，一發即中帝臍。……時帝在領軍府，蒼梧自來燒之，冀帝出，因作
　　　　難，帝堅臥不動，蒼梧益懷忿恚，所見之物，呼之爲帝。加以手自磨鋌，曰：
　　　　『明日當以刃蕭道成。』陳太妃罵之曰：『蕭道成有大功於國，今害之，誰爲
　　　　汝盡力？』故止。」（卷四，頁101）

管在君臣之義泯的魏晉南北朝，只要仍是皇權統治的政治形態，蕭道成廢立君主之舉即事涉不忠不義。蕭道成為子顯祖父，其於此處直書不隱，更見難得。

關於蒼梧王之死，子顯載之曰：

> 時（蒼梧王）殺害無常，人懷危懼。（楊）玉夫與其黨陳奉伯等二十五人同謀，於氈屋中取千牛刀殺蒼梧王，……因將首出與王敬則，敬則送太祖。〔註 13〕

《南齊書·王敬則傳》云：

> 蒼梧王狂虐，左右不自保，敬則以太祖有威名，歸誠奉事。每下直，輒往領府。夜著青衣，扶匐道路，為太祖聽察蒼梧去來。太祖命敬則於殿內伺機，未有定日。繼而楊玉夫等危急殞帝，敬則時在家，玉夫將首投敬則，敬則馳詣太祖。太祖慮蒼梧所誑，不開門。敬則於門外大呼曰：「是敬則耳。」門猶不開。乃於牆上投進其首，太祖索水洗視，視竟，乃戎服出。

蒼梧王凶暴殘殺，為君無狀，楊玉夫等人之舉，子顯稱「殺」不稱「弒」，其於蒼梧王之行事，或有褒貶之意在其中。至於楊玉夫弒蒼梧王事，趙翼以為子顯於此處乃為其祖父隱。〔註 14〕關於此事，由蕭子顯之行文觀之，似乎只是楊玉夫等二十五人倉促謀定而已。然事實若僅是如此，何以楊玉夫將首出與王敬則？又何以敬則將蒼梧首送蕭道成？且蕭道成早「命敬則於殿內伺機」，所為何來？子顯直言主謀之人為其祖父蕭道成，又何隱之有？然子顯於〈魏虜傳〉中，卻欲藉車僧朗之言，粉飾其祖父弒君之行：

> ……（虜）又問：「蒼梧何故遽加斬戮？」（車）僧朗曰：「蒼梧暴虐，書契未聞，武王斬紂，懸之黃鉞，共是所聞，何傷於義？」

是雖或可釋以「權道既行」之義，但子顯對其祖父行武王斬君之事，似亦未為多隱。〔註 15〕

君不君固然為非，臣若不臣亦為非，為臣者陰謀弒帝，罪莫大焉。蕭子顯於理當不隱其事，但蕭道成為其祖父，於情又何能直書？故蕭子顯以此婉

---

〔註 13〕 〈高帝本紀上〉卷一，頁 10。

〔註 14〕 見《廿二史劄記》卷九〈齊書書法用意處〉條，頁 189。

〔註 15〕 王永誠以為，權者處變而求通，非常行之經道，故曰權道。蒼梧狂虐，蕭道成與王敬則謀殺之，亦權道也。詳見王永誠校注：〈南齊書本紀校注〉，《臺灣師範大學國文研究所集刊》第十五期，1971 年 6 月，頁 113～210。

曲筆法，寓真相於幽隱處，力圖能兩全實錄精神與名教綱常。

然弑君之舉，大逆不道，蕭道成又何敢為之？觀上所述，似是蒼梧王深忌蕭道成，故道成不得已而為之。然事實果真如此？若果真如此，何以子顯又說「司徒袁粲、尚書令劉秉見太祖威權稍盛，慮不自安，與（王）蘊及黃回等相結舉事，殿內宿衛主帥，無不協同」？〔註16〕同為「四貴」之一，若僅蕭道成一人威權稍盛，袁粲、劉秉深感不安乃事屬合理，但何以袁、劉二人欲聯合舉事反蕭道成，卻能得諸大臣將領之支持？蕭子顯如此書法頗啟人疑竇。疑蕭道成之威權稍盛，並非是當日諸朝臣不安的主要原因，其所以不自安，乃是蕭道成在弑君行為背後所顯現的真正意圖與野心。此事又可由《南齊書・劉善明傳》得一旁證：

> 蒼梧肆暴，太祖憂恐，常令（劉）僧副微行伺察聲論。使僧副密告（劉）善明及東海太守垣崇祖曰：「多人見勸北固廣陵，恐一旦動足，非為長算。今秋風行起，卿若能與垣東海微共動虜，則我諸計可立。」善明曰：「宋室將亡，愚智所辨。故胡虜若動，反為公患。公神武出世，唯當靜以待之，因機奮發，功業自定。不可遠去根本，自貽猖蹶。」

若由此段引文觀之，則蕭道成為求自保的理由十分薄弱。至於蕭道成所謂之「諸計」為何？不得而知，但由其不惜藉故引發外患以遂其計來推測，蕭道成之志當非一般，若說其有亡宋意圖（即善明所謂的「宋室將亡」及「功業自定」）似亦不為過，甚至疑弑蒼梧王恐亦為其「諸計」之一。對於蕭道成代宋之意圖與弑君之舉，蕭子顯不便評論，乃借由悉錄〈沈攸之與太祖書〉表達其對此事之態度：

> 初得賢子賾疏，云得家信，云足下有廢立之事，安國寧民，此功巍巍，非吾等常人所能信也。俄奉皇太后假令，云足下潛構深略，獨斷懷抱，一何能壯。但冠雖弊，不可承足，蓋共尊高故耳。足下交結左右，親行殺逆，以免身患。……《孝經》云「資於事父以事君」。縱為宗社大計，不爾，寧不識有君親之意邪？乃復虜以家危，啗以爵賞，小人無狀，遂行弑害。吾雖寡識，竊求古比，豈有為臣而有近日之事邪？……足下非國戚也，一旦專縱自樹，云是兒守臺城，父居東府，……知卿防固重複，猜畏萬端，言以禦遠，實為防內。……足下既無伍員之痛，苟懷貪惏，而有賊宋之心，吾寧捐申包之節

邪？……〔註17〕

蕭道成對沈攸之的指責曾報書駁之，但言廢立之事乃因蒼梧王暴虐，「太后惟憂，式遵前誥，興毀之略，事屬鄙躬」，〔註18〕推是太后之意。但卻又言「黜昏樹明，實惟前則，寧宗寧國，何愧前脩」，〔註19〕可見前述之懷疑推論當屬合理。

沈攸之之反，乃因蕭道成專權、弒帝故，其指責蕭道成當然不會為之隱。蕭道成為子顯祖父，故書及關鍵處，子顯自有其不得直書之理由，遂借「微露其意」的行文方式，將同一事件分載於不同篇章，倘單獨視之，或不覺有何意義，或覺突兀，〔註20〕若合而觀之，真相方顯現於矛盾之中。今以〈沈攸之書〉相參照，更可證明子顯於蕭道成之亡宋意圖與弒君之舉並未以曲筆加之。而由蕭子顯竟將〈沈攸之書〉完全載出，並未企圖隱諱其祖父之不臣，更可見其意存實錄之婉筆。

趙翼以為，蕭子顯之記蕭道成受禪於宋順帝之處，仿《宋書》之例載九錫文、禪位詔，絕不見篡奪之跡，但卻於敘事之中微露其意。〔註21〕尋蕭子顯於〈高帝本紀上〉所載，蕭道成之完成受禪，先後經策書、詔命凡三，其過程看來既公開又合法。但子顯卻於宋順帝下禪位詔之後載曰：

> （宋順帝昇明三年三月）辛卯，宋帝禪位，下詔曰：……。是日宋帝遜于東邸，備羽儀，乘畫輪車，出東掖門，問今日何不奏鼓吹，左右莫有答者。

由此可確知，宋順帝之下詔禪位殆非主動，不知是被迫禪位，抑或宋順帝根本不知禪位詔已下，禪位之事皆蕭道成所自為？然宋帝當日才下詔讓位，即失帝王儀式，足見蕭道成之心急於帝位。宋順帝之被迫讓位，又可由《南齊

---

〔註17〕〈張敬兒傳〉卷二五，頁466～469。

〔註18〕同上注，頁469～472。

〔註19〕同上注。對沈攸之書，蕭道成駁之曰：「袁粲、劉秉，受遇深重，家國既安，不思撫鎮，遂與足下（沈攸之）表裡潛規，據城之夜，豈故社稷。……足下受先帝之恩施，……不遵制書，敕下如空，國恩莫行，命令擁隔，詔除郡縣，輒自板代，罷官去職，禁還京師。……今乃勒兵以闚象館，長戟以指魏闕，不亦為忠臣孝子之所痛心疾首邪？……」所駁者多為陳己之忠，而責沈攸之不忠，但對沈攸之的指責，蕭道成少予以正面回應。

〔註20〕如趙翼即以為「〈張敬兒傳〉忽載沈攸之責齊高一書，齊高答攸之一書。……覺無甚關涉。」《陔餘叢考》，〈齊書繁簡失當處〉條，頁106。

〔註21〕《廿二史箚記》卷九〈齊書法用意處〉條，頁189。

書‧王敬則傳》得一明證：

> 太祖將受禪，材官薦易太極殿柱，從（順）帝欲避土，不肯出宮遜
> 位。明日，當臨軒，帝又逃宮內。（王）敬則將輿入迎帝，啓譬令出。

蕭道成將受禪，宋順帝卻不肯遜位，乃至遭強制出宮。對其赤裸裸的篡奪手段，蕭子顯乃以婉筆記出，以不泯其事。

蕭道成受策封、禪讓後，凡三讓三辭，此舉當然是作態。其早有代宋之意圖，前已言之，至於改朝換代之事，亦已準備停當。《南齊書‧崔祖思傳》載：

> 宋朝初議封太祖為梁公，祖思啓太祖曰：「讖書云『金刀利刃齊刈
> 之』。今宜稱齊，實應天命。」從之。

〈高帝本紀上〉又載曰：

> 太祖三辭，宋帝王公以下固請。兼太史令、將作匠陳文建奏符命曰：
> 「六，亢位也。後漢自建武至建安二十五年，一百九十六年而禪
> 魏；……宋自永初元年至昇明三年，凡六十年：咸以六終六受。……
> 伏願順天時，膺符瑞。」二朝百辟又固請。尚書右僕射王儉奏：「被
> 宋詔遜位。臣等參議，宜剋日輿駕受禪，撰立儀注。」太祖乃許焉。

「金刀利刃齊刈之」，蓋「金刀利刃」指劉氏，而由齊國刈之也，其代宋之心十分明顯，並早已準備妥當。故待尚書右僕射王儉固請，蕭道成乃同意，受禪過程即完畢。

宋順帝禪位後，宋室子弟於齊時之遭遇如何？《南齊書‧高帝本紀下》載曰：

> （建元元年夏四月甲午）封宋帝為汝陰王，築宮丹陽縣故治，行宋
> 正朔，車旗服色，一如故事，上書不為表，答表不稱詔。……（五
> 月）己未，汝陰王薨，追諡為宋順帝，終禮依魏元、晉恭帝故事。
> 辛酉，陰安公劉燮等伏誅。

由蕭子顯此段記載，難得其實。惟宋帝被封為汝陰王後二十六日即薨，宋帝薨後三日，宗室劉燮等人不書有反事即伏誅，較令人起疑。然其遭遇究竟如何，仍無法得知，但由巴陵王子倫之語可略見端倪：

> 延興元年，遣中書舍人茹法亮殺子倫，子倫正衣冠出受詔，曰：「鳥
> 之將死，其鳴也哀；人之將死，其言也善。先朝昔滅劉氏，今日之
> 事，理數固然。……。」〔註22〕

---

〔註22〕〈武十七王‧蕭子倫傳〉卷四○，頁712。

依此言觀之，劉宋宗室應為蕭道成所誅滅，疑宋順帝恐亦為蕭道成所誅。齊明帝蕭鸞大舉屠殺高、武子孫，子倫思及先朝屠戮劉氏之舉，竟認為「今日之事，理數固然」，昔滅劉氏，恐亦為無故誅殺也。子顯雖於本紀隱其事，惟寓於子倫之語，實則對此有所交代，並未隱其祖父屠滅先朝宗室之事也。

依上所述，則蕭道成篡宋之跡是否不見於《南齊書》，已無須贅言。子顯若有意隱，又何須如此記述？故其對己之祖先如此篡亂作為之記載，可謂「婉而成章」，並未違反實錄史學之要旨。

## 二、《南齊書》記宋、齊轉移之際人事

蕭道成之得天下，褚淵、王儉自當居首功無疑，故蕭子顯於《南齊書》將褚淵、王儉之傳置於列傳第四，僅次於〈皇后傳〉、〈文惠太子傳〉、〈豫章文獻王傳〉，其於齊初開國之功績與地位，已不言而喻。

褚淵與宋室關係密切，《南齊書·褚淵傳》謂曰：

> （褚淵）父湛之，驃騎將軍，尚宋武帝女始安哀公主。淵少有世譽，復尚文帝女南郡獻公主，姑姪二世相繼。……（明）帝在藩，與淵以風素相善，及即位，深相委寄，事皆見從。……明帝疾甚，馳使召淵，付以後事。……明帝崩，遺詔以為中書令，……與尚書令袁粲受顧命，輔幼主。

褚淵及父湛之、弟澄俱聯姻宋室，〔註23〕與宋為姻親關係，且深為明帝所倚重，臨終付以輔主重任。蕭子顯將褚淵見重於宋室之情形，如縷記存，則益發見其日後背宋之不義。王鳴盛認為《南齊書》不譏褚淵，於〈褚淵傳〉之論贊多恕詞。〔註24〕尋《南齊書》中，蕭子顯對褚淵的失節負恩的確未置一詞，但於時人對褚淵之評價卻往往收錄之。〈褚淵傳〉謂：

> 輕薄子顯以名節譏之，以淵眼多白精，謂之「白虹貫日」，言為宋室亡徵也。

同傳又云：

> （永明六年，長子賁）讓封與弟蓁，世以為賁恨淵失節於宋室，故不復仕。

〈褚炫傳〉云：

---

〔註23〕〈褚澄傳〉曰：「澄尚宋文帝女廬江公主，拜都尉駙馬。」（卷二三，頁432）
〔註24〕《十七史商榷》卷六○〈南齊書不譏褚淵〉條，頁389～390。

（褚炫）兄炤，……常非從兄淵身事二代，聞淵拜司徒，歎曰：「使淵作中書郎而死，不當是一名士邪！明德不昌，遂令有期頤之壽。」

〈劉祥傳〉云：

司徒褚淵入朝，以腰扇障日，（劉）祥從側過，曰：「作如此舉止，羞面見人，扇障何益？」淵曰：「寒士不遜。」祥曰：「不能殺袁、劉，安得免寒士？」

〈沈文季傳〉曰：

（文季）啓世祖曰：「褚淵自謂是忠臣，未知身死之日，何面目見宋明帝？」

〈孝義・樂頤傳〉曰：

隆昌末，（樂）預爲丹陽尹徐孝嗣曰：「外傳藉藉，似有伊周之事，君蒙武帝殊常之恩，荷託付之重，恐不得同人此舉。人笑褚公，至今齒冷。」

時人對褚淵頗多譏評，連褚淵之子對乃父行爲亦甚感慚恨，更遑論其他。子顯引時人諸譏刺褚淵語，其間接貶斥之意甚明。然子顯卻於〈褚淵傳〉末之「史臣曰」爲褚淵辯解，認爲「褚淵當泰始初運，清塗已顯，數年之間，不患無位，既以民望而見引，亦隨民望而去之。夫爵祿既輕，有國常選，恩非己獨，責人以死，斯故人主之所同謬，世情之過差也」。自魏晉以來「君臣之節，徒致虛名」，「主位雖改，臣任如初」，故不宜獨責褚淵「殉國之感無因，保家之念宜切」。子顯認爲，褚淵的作爲並非是一特殊案例，而是自魏晉以來世族之一普遍現象而已，須徹底檢討的是世族此一有家無國的觀念，僅檢討褚淵一人之作爲是無太大意義的。若說子顯此番言論是爲褚淵的行爲辯解，無寧說是子顯認爲當責者爲所有世族，而非僅褚淵一人。但這並不意味褚淵的作爲就無可批評處，從蕭子顯多收時人對褚淵之譏評看來，其於褚淵個人之道德品格與操守是甚爲鄙薄的。

至於王儉，爲當日之第一大族（琅琊王氏），與其父僧綽同尚宋室公主，（註25）亦爲宋室姻親。在蕭道成受禪過程中，待王儉奏請，道成始許膺帝位。此固然爲禪位步驟之一，但王儉既是當日之大族，又是劉宋駙馬，其身份自不同於其他朝臣，故王儉之奏，表示世族的支持態度，蕭道成始能安心即帝位。

〔註25〕王僧綽尚宋文帝長女東陽獻公主，王儉尚明帝女陽羨公主。詳《南史・王僧綽傳》卷二二與《南齊書・王儉傳》卷二三。

－119－

　　王儉與宋室的關係和褚淵同，其背宋擁齊之作爲亦與褚淵似。子顯對王儉雖未如其對褚淵一般，盡收譏評之語於書中，但將身份背景、行事作爲相仿的二人置於同卷之中，子顯之意已十分明顯，又何須多言？

　　鄭樵《通志・總序》云：

> 《齊史》黨齊而不有宋，凡忠於宋者，目爲逆黨，袁粲、劉秉、沈攸之之徒，含冤九原。

沈攸之初與蕭道成之交情匪淺，甚至結爲通家之好：「初，荊州刺史沈攸之與太祖於景和世同直殿省，申以歡好，以長女義興公主妻沈攸之第三子元和。」[註26]待蕭道成專權弑帝之事起，沈攸之遂與之交絕，起兵反道成。袁粲、劉秉之反蕭道成理由亦同。蕭子顯所撰者爲南齊史，無論站在該朝立場或蕭子顯個人立場，此三人皆爲忠宋逆齊者。然蕭子顯於《南齊書》中言及此三人，大抵多言其起事過程或失敗結果，不見子顯有評價之意在其中。惟子顯於〈高帝本紀上〉載沈攸之事云：

> 攸之有素書十數行，常韜在襦襠角，云是明帝與己約誓。（昇明元年）十二月，遂舉兵。其妾崔氏、許氏諫攸之曰：「官年已老，那不爲百口計！」攸之指襦襠角示之，稱太后令召己下都。

復再見其與蕭道成之絕交書，慨切陳辭，直指道成之罪。[註27]沈攸之之所以敗，乃因「一則闇於兵機，二則人情離怨，三則有掣肘之患，四則天奪其魄」，[註28]然其忠於宋室之心顯然。至於劉秉，蕭子顯謂其以清謹見知，謂袁粲「位任雖重，無經世之略，疏放好酒」，[註29]何有貶其爲叛逆之意？雖子顯於〈高帝本紀上〉之「史臣曰」書其起事曰「反」，稱其敗死爲「伏誅」，但是否依此就可斷言子顯此事之立場爲何？又齊武帝於永明元年四月壬午下詔曰：

> ……袁粲、劉秉與先朝同獎宋室，沈攸之於景和之世，特有迺心，雖末節不終，而始誠可錄。歲月彌往，宜特優降。粲、秉前年改葬塋兆，未修材槨，可爲經理，令粗足周禮。攸之及其諸子喪柩在西者，可符荊州送反舊墓，在所爲營葬事。[註30]

此三人忠於宋室之行，齊武帝時即已獲申明，蕭子顯更無須對之大加撻伐。

---

[註26]〈高帝本紀上〉卷一，頁11。
[註27]〈張敬兒傳〉卷二五，頁466～469。
[註28]〈劉善明傳〉卷二八，頁524。
[註29]〈高帝本紀上〉卷一，頁12。
[註30]〈武帝本紀〉卷三，頁47。

事實亦證明子顯於《南齊書》中對之非但無貶意，反不泯其忠，相較於子顯之書褚淵，隨處可見間接貶斥之語，其價值判斷已在其中。

褚淵、王儉與袁粲、劉秉、沈攸之，一佐其祖，一反其祖，但子顯並未因其私人情感因素而對二者逕行判斷，反而對其品格、道德、操守、作為，做了客觀的陳述，不著一詞，使真相自見，褒貶亦在其中矣。倘子顯僅以個人情感及成王敗寇角度視此事，則《南齊書》又何足觀？

## 三、《南齊書》記齊、梁易代之人事

關於《南齊書》書及齊、梁之際事，後世對其疵議甚多。王鳴盛云：

> 《南齊書·宗室傳》安陸昭王緬之子寶晊，於東昏廢，梁王當國，寶晊謀反伏誅。又〈明七王傳〉亦屢書謀反伏誅。此反梁，非反齊也。〔註31〕

又云：

> 《南齊書》凡順字皆改為從，此蕭子顯避諱改也，……以梁武帝之父名順之。……子顯，齊高帝之孫而仕於梁，書成於梁朝，故諱之。〔註32〕

趙翼謂：

> 子顯修書在梁武時，其敘鬱林失德之處不過六七百字，敘東昏無道之處則二千餘字，甚東昏之惡，正以見梁武之兵以義舉，此又作史之微意也。〔註33〕

周春元謂《南齊書》敘蕭子響事乃為蕭衍父蕭順之諱。〔註34〕

確如王鳴盛所言，子顯於《南齊書》中，為避蕭衍父蕭順之諱，凡「順」字皆改為「從」。然歷代書史皆有避諱，不宜以此獨責子顯。又趙翼以為，蕭子顯極書東昏之無道，乃欲表明梁武帝蕭衍之起兵奪權為義舉。子顯或有此

---

〔註31〕《十七史商榷》卷五九〈郝氏為謝氏〉條，頁376。
〔註32〕《十七史商榷》卷六二〈齊書諱南史直書〉條，頁401。
〔註33〕《廿二史劄記》卷九〈齊書書法用意處〉條，頁189。
〔註34〕《中國史學家評傳》，〈蕭子顯〉，頁256。關於蕭子響事，《南史·齊武帝諸子·蕭子響傳》中有文惠太子囑蕭順之逕殺子響事，此事不見於《南齊書》，僅於〈武帝本紀〉載之曰：「（永明八年）八月壬辰，巴東王子響有罪，遣丹陽尹蕭順之率軍討之，子響伏誅。」於此略知蕭衍父順之曾參與討巴東王子響事。

意圖，但說明一個人的罪行深淺似不在字數多寡，《南齊書》書鬱林失德處之字數少於其敘東昏，是否就意味子顯認為鬱林優於東昏？然子顯書及蕭衍事時，其立場往往在梁，故稱梁武軍隊為「義師」，此為不可否認之事，〔註35〕乃因身在梁朝，其立場不得不如此也。相較於蕭子顯書宋、齊易代事，《南齊書》涉及齊、梁之際事時，隱諱之處似較多，亦較明顯。

梁武帝蕭衍初事宋，為衛將軍王儉之東閣祭酒，王儉深相器異。齊武帝永明年間，竟陵王子良開西邸，招文學，蕭衍為竟陵八友之一。〔註36〕蕭衍父蕭順之，因討巴東王子響事憂懼而卒。〔註37〕《南史‧梁本紀上》謂：

> 初，皇考（蕭順之）之薨，不得志，……至是，鬱林失德，齊明帝作輔，將為廢立計，帝（梁武帝蕭衍）欲助齊明，傾齊武之嗣，以雪心恥，齊明亦知之，每與帝謀。

蕭衍為雪父恥，遂助蕭鸞傾齊武子孫之位。齊明帝崩，東昏即位，是為永元元年。是時「六貴」秉政，〔註38〕蕭衍謂其從舅張弘策曰：

> 政出多門，亂其階矣。《詩》云：「一國三公，吾誰適從？」況今有六，而可得乎！嫌隙若成，方相誅滅，當今避禍，惟有此地。勤行仁義，可坐作西伯。但諸弟在都，恐罹世患，須與益州圖之耳。〔註39〕

且東昏侯「數與近習謀誅大臣，皆發於倉猝，決意無疑；於是大臣人人莫能自保」，〔註40〕蕭衍見國將亂，遂勸甫由益州罷還之長兄蕭懿早圖身計。〔註41〕懿

---

〔註35〕蕭子顯之稱蕭衍為「義師」、「義舉」，於《南齊書》中隨處可見，如〈豫章文獻王傳〉即載：「……義師圍城，子操與弟宜陽侯子光卒於尚書都座。」（卷二二，頁420）

〔註36〕事詳前述第二章第三節。

〔註37〕《南史‧齊武帝諸子‧蕭子響傳》：「上又遣丹陽尹蕭順之領兵繼之，……初，順之將發，文惠太子素忌子響，密遣不許還，令便為之所。子響及見順之，欲自申明，順之不許，於射堂縊之。……及順之還，上心甚怪恨。……順之慚懼，感病，遂以憂卒。」（卷四四，頁1109）

〔註38〕《南史‧梁本紀上》曰：「時揚州刺史始安王遙光、尚書令徐孝嗣、右僕射江祏、右將軍蕭坦之、侍中江祀、衛尉劉暄更直內省，分日帖敕，是所謂『六貴』。」（卷六，頁171）

〔註39〕《梁書‧武帝本紀上》卷一，頁3。

〔註40〕《資治通鑑‧齊紀八》卷一四二「東昏侯永元元年」條，頁4452。

〔註41〕蕭衍使張弘策陳計於蕭懿曰：「……今六貴爭權，人握王憲，制主畫敕，各欲專威，睚眥成憾，理相屠滅。且嗣主在東宮本無令譽，媒進左右，蜂目忍人，一總萬機，恣其所欲，豈肯虛坐主諾，委政朝臣。積相嫌惡，必大誅戮。……及今猜防未生，宜召諸弟以時聚集。後相防疑，拔足無路。……世治則竭誠

不從，蕭衍遂「潛造器械，多伐竹木，沈於檀溪，密爲舟裝之備」。〔註42〕永元
二年（500.AD）十月東昏侯害蕭懿，〔註43〕蕭衍「於是收集得甲士萬餘人，馬
千餘匹，船三千艘，出檀溪竹木裝艦」，〔註44〕遂於十一月起兵襄陽（蕭衍時任
雍州刺史）。〔註45〕可見蕭衍之起兵乃早有準備，然此卻不爲《南齊書》所載。
次年三月，齊和帝即位，是爲中興元年（501.AD）。十二月，東昏被弒，蕭衍權
勢如日中天，始展開一連串代齊舉動。

　　依此觀之，蕭衍之起兵反東昏，似是爲其兄蕭懿報仇。由其爲雪父恥，
遂傾齊武之嗣看來，爲兄報仇當是蕭衍起兵之一因，亦可見其乃是一睚眥必
報之人。如上所述，蕭衍早密爲之備，且由東昏猶在，卻另立和帝一事可見
其另有意圖，報仇僅爲導火線而已。蕭子顯身在梁朝，寫及此事，至爲謹慎，
今試由其書此事之法，探其隱微之意。

　　中興元年十二月，東昏被弒，蕭衍即被策封。《南齊書·和帝本紀》載曰：

　　（中興元年）十二月己巳，皇太后令以梁王爲大司馬、錄尚書事、
　　驃騎大將軍、揚州刺史，封建安郡公，依晉武陵王遵承制故事，百
　　僚致敬。

又曰：

　　（中興）二年春正月戊戌，宣德太后臨朝，入居內殿。……壬寅，
　　以大司馬都督中外諸軍事，加殊禮。……甲寅，詔大司馬梁王進位
　　相國，總百揆，揚州牧，封十郡爲梁公，備九錫之禮，加遠遊冠，
　　位在諸王上，加相國綠綟綬。……戊辰，詔進梁公爵爲梁王，增封
　　十郡。……（三月）甲午，命梁王冕十有二旒，建天子旌旗，出警

---

本朝，時亂則爲國蟊暴，可得與時進退，此蓋萬全之策。如不早圖，悔無及
也。」（《梁書·武帝本紀上》卷一，頁3～4）

〔註42〕同上注，頁4。
〔註43〕《南史·梁宗室上·蕭懿傳》曰：「永元二年，裴叔業據豫州反，（蕭）懿以
　　　豫州刺史領歷陽、南譙二郡太守討汁，叔業懼，遂降魏。……既而平西將軍
　　　崔慧景入寇，……慧景遣其子覺米拒，懿擊大破之，乘勝而進，慧景眾潰，
　　　追斬之。……時東昏肆虐，茹法珍、王咺之等執政，宿臣舊將，並見誅夷。
　　　懿既勳高，獨居朝右，深爲法珍等所憚，乃說東昏，將之酷害。徐曜甫知之，
　　　密具舟江渚，勸令西奔。懿不從，曰：『古皆有死，豈有叛走尚書令邪？』尋
　　　見留省賜藥，與弟融俱殞。」（卷五一，頁1266）
〔註44〕《梁書·武帝本紀上》卷一，頁4。
〔註45〕〈東昏侯本紀〉載蕭衍起兵襄陽爲十二月，然《通鑑》繫此事於十一月，《通
　　　鑑考異》謂《南齊書·東昏侯本紀》所載有誤，今從《通鑑》。

入蹕，……。

上述一連串進位、策封蕭衍者，並非是齊和帝，而是宣德太后。甚怪！而由〈皇后傳〉載文安王皇后（即宣德太后）於「永元三年，梁王定京邑，迎后入宮稱制，至禪位」，〔註46〕可見以太后臨朝稱制，完全是蕭衍所安排，而上述之進位、策封，顯然亦是出於蕭衍之意。蕭衍此舉，想來應是師法齊明帝蕭鸞以宣德太后令廢鬱林王、海陵王故事。〔註47〕既有前例可循，蕭衍又大權在握，至於其合理性及合法性如何，亦無人會深究。

至於禪位過程，依〈和帝本紀〉中興二年（502.AD）所載爲：

（1）三月丙辰，禪位梁王。

（2）四月辛酉，禪詔至，皇太后遜外宮。

（3）四月丁卯，梁王奉帝爲巴陵王，宮于姑熟，行齊正朔，一如故事。

（4）四月戊辰，薨，年十五，追尊爲齊和帝，葬恭安陵。

上述蕭子顯之記齊、梁禪位事，頗有值得注意者。梁之受禪於齊，一如齊之受禪於宋，但蕭子顯卻連禪詔內容都未錄，相較於〈高帝本紀〉與〈明帝本紀〉，子顯皆不憚繁冗悉錄其禪詔，頗有暗示蕭衍之得位非正，乃欺人孤兒寡婦，已隱含斥意。而僅以一句「禪位梁王」就將政權由齊轉到梁的過程交待完畢，足見子顯下筆之戒懼謹慎。

又齊和帝被封爲巴陵王後，翌日即死，其絕非善終是顯而易見的。《南史・齊和帝本紀下》載此事曰：

> 初，梁武帝欲以南海郡爲巴陵國邑而遷（齊和）帝焉，以問范雲，雲俛首未對。沈約曰：「今古殊事，魏武所云，『不可慕虛名而受實禍』。」梁武領之。於是遣鄭伯禽進以生金，（齊和）帝曰：「我死不須金，醇酒足矣。」乃引飲一升，伯禽就加揥焉。

事實如此，子顯自然不能如縷記存，即便只書「翌日即薨」亦太過刺眼，而《南齊書》恐會遭如吳均《齊春秋》一般下場，故子顯記此事遂詳載日期，若稍加留心即可知眞相爲何。子顯以此委曲方式如實記載事件，既不得罪當道，又不致湮沒事實，此可謂良史之法。《南齊書》以此方式書事之例尚不止於此處，其記載齊和帝中興二年（502.AD）二月至四月，梁王誅殺蕭齊宗室事件亦用此法，其載某月某日某王伏誅，不見有何意義，若推算此一連串宗

---

〔註46〕卷二〇，頁392。

〔註47〕詳見〈鬱林王本紀〉卷四，頁72，及〈明帝本紀〉卷六，頁84。

室被殺的時間，則可見其殺戮之急。〔註48〕

　　劉知幾認爲《南齊書》「東昏猶在，而遽列和（齊和帝）年；……原其意旨，豈不以和爲梁主所立，……所以黜永元而尊中興，……苟欲取悅當代，遂乃輕侮前朝」。〔註49〕若劉知幾所言爲眞，何以蕭子顯之記南齊，並非止於齊和禪、梁朝建，而是止於齊和帝亡？且齊和帝由禪位至死亡之間事，子顯仍將之記在中興二年下，並非梁天監元年。此段時間的差距雖不過僅十四日，然子顯卻如此記載，此中或有深意焉。

　　關於齊、梁易代之際的人物事跡，《南齊書》所載不多，且有功於梁者，其事不當載於《南齊書》中，而忠於齊室者，子顯亦不便稱述其事，惟於〈張沖傳〉中載數人事跡，可略見子顯之意：

> 梁王義師起，東昏遣驍騎將軍薛元嗣、制局監暨榮伯領兵及糧百四十餘船送（征虜將軍張）沖，使拒西師。……聞義師將至，元嗣、榮伯相率入郢城。時竟陵太守房僧寄被代還至郢，東昏敕僧寄留守魯山，除驍騎將軍。僧寄謂沖曰：「臣雖未荷朝廷深恩，實蒙先帝厚澤。蔭其樹者不折其枝，實欲微立塵效。」沖深相許諾，共結盟誓。乃分部拒守。

同傳又載：

> 郢城被圍二百餘日，士庶病死者七八百家。……（內史）程茂及（薛）元嗣等議降，使（張沖子）孜爲書與梁王。沖故吏青州治中房長瑜謂孜曰：「前使君忠貫昊天，操逾松竹。……今若隨諸人之計，非唯郢州士女失高山之望，亦恐彼所不取也。」

同傳又曰：

> 時新蔡太守席謙，永明中爲中書郎王融所薦。父恭穆，鎮西司馬，爲魚復侯所害。至是謙鎮盆城，聞義師東下，曰：「我家世忠貞，殞死不二。」爲陳伯之所殺。

子顯不泯此數人忠貞事跡，並載其言。若將之與前述之袁粲、劉秉、沈攸之等數人之事跡互相參見，更可見蕭子顯並未以成王敗寇的觀點來看待身處於

〔註48〕見〈和帝本紀〉卷八，頁114。蕭子顯於《南齊書》中並未明言此諸王乃爲蕭衍所殺，但若推算諸王被殺日期，及子顯未載其有反事，即書伏誅，則知其中眞相值得深究。本文第三章第二節之二有推論，請參閱。

〔註49〕《史通・編次》卷四，頁103。

易代之際的人物事跡，其於忠貞之人是深相推許的。

## 四、《南齊書》記齊明帝時事

相較於子顯之書易代事，其書齊明帝蕭鸞之筆法則較爲直接，子顯雖亦直書蕭道成密謀廢立，但其書蕭鸞謀廢立、殺高、武子孫處，於《南齊書》中卻較爲多見，此或許與蕭鸞大殺子顯家族，故子顯不欲爲之諱有關。然其筆法卻並非直露其惡，亦往往用較委曲的筆法書此時之事。

海陵王時，蕭鸞（齊明帝）輔政，〈海陵王本紀〉載其時：

> 宣城王（蕭鸞）輔政，帝起居皆諮而後行。思食蒸魚菜，太官令答無錄公（是時蕭鸞爲錄尚書事）命，竟不與。

蕭鸞專權若此，皇帝起居皆不得自主，可見其時海陵王乃爲蕭鸞所把持。延興元年十月，蕭鸞即帝位。至於海陵王的境遇，子顯載之曰：

> （建武元年）十一月，稱王有疾，數遣御師占視，乃殞之。

顯見是有預謀的殺害。蕭鸞即位後，大舉屠殺高、武子孫，其事詳見第三章第二節之一。王敬則、陳顯達等諸高、武舊臣，見明帝蕭鸞多殺害，心懷憂恐，遂不得已而起兵。子顯於〈王敬則傳〉載其事曰：

> ……（明）帝既多殺害，敬則以高、武舊臣，心懷憂恐。帝雖外厚其禮，而内相疑備，……永泰元年，帝疾，屢經危殆。密防敬則，内外傳言當有異處分。……乃起兵。……敬則以舊將舉事，百姓檐篙荷鍤隨逐之，十餘万眾。……

蕭鸞殘殺，朝臣心不自安，事屬當然，但百姓十餘萬人亦隨王敬則起事，顯見其亦大失民心。蕭子顯對齊明帝蕭鸞性格之描述，〈明帝本紀〉曰：

> 帝明審有吏才，持法無所借，制御親幸，臣下肅清。……大存儉約……性猜忌多慮，故亟行誅戮。……

子顯於蕭鸞性格之優劣處俱明言，未因私人仇怨而只言其過。子顯不以私人情感左右其撰史之客觀立場，此已堪稱具良史之才也。

蕭鸞非爲高帝之子，乃是以旁枝繼曆，對佐其行篡逆之人，子顯仍委曲述其事，不著一議而其褒貶自見。今以其述蕭諶、王晏爲例。

〈鬱林王本紀〉載蕭諶之廢弒鬱林：

> （隆昌元年七月）二十二日壬辰，使蕭諶、坦之等於省誅曹道剛、朱隆之等，率兵自尚書入雲龍門，……比入門，三失屨。……諶初

入殿，宿衛將士皆操弓楯欲拒戰，諶謂之曰：「所取自有人，卿等不
須動！」宿衛信之，及見帝出，各欲自奮，帝竟無一言。出西弄，
殺之。

又〈蕭諶傳〉載其事曰：

（宋）元徽末，…太祖（蕭道成）遣諶就世祖（蕭賾）宣傳謀計，
留為腹心。……（永明年間）世祖齋內兵仗皆付之，心膂密事，皆
使參掌。……世祖臥疾延昌殿，敕諶在左右宿直。……鬱林即位，
深委信諶，諶每請急出宿，帝通夕不得寐，諶還乃安。……高宗（蕭
鸞）輔政，有所匡諫，帝既在後宮不出，唯遣諶及蕭坦之遙進，乃
得聞達。諶回附高宗，勸行廢立，……鬱林被廢之日，初聞外有變，
猶密為手敕呼諶，其見信如此。

即使廢昏立明為理所當然之事，但深受高帝、武帝、鬱林三代深相委信的蕭
諶，是否宜行此事？蕭子顯對此並未下任何評判，但由其對此事之記載觀之，
子顯之意已甚明。

至於王晏，亦甚為武帝所親重：「晏位任親重，朝夕進見，言論朝事，自
豫章王嶷、尚書令王儉皆降意以接之。」〔註50〕但對其日後忘恩負義之行，
蕭子顯亦未下任何評斷，仍是藉他人之口以陳其事，寓褒貶之意於其中。〈王
晏傳〉云：

晏為人篤於親舊，為世祖所稱。至是自謂佐命惟新，言論常非薄世
祖故事，眾始怪之。……（始安王）遙光曰：「晏尚不能為武帝，安
能為陛下？」

〈王思遠傳〉云：

初，高宗廢立之際，思遠與（王）晏閑言，謂晏曰：「兄荷世祖厚恩，
今一旦贊人如此事，彼或可以權計相須，未知兄將來何以自立。……」

無論子顯是否於齊明帝有隱痛，蕭鸞以旁枝奪本幹，並大殺高、武子孫，此
皆為事實，子顯並未因私人仇怨而厚誣之。且以為史書事當直書不隱的準則
觀之，其不為蕭鸞諱，不為非也。相較於其書易代之際事，子顯書齊明帝時
事較無避忌，敘事亦較為直接，然大抵仍以一貫委婉的筆法以寓其褒貶之意，
使善惡自明。

---

〔註50〕〈王晏傳〉卷四二，頁742。

## 五、《南齊書》記蕭寶寅事

鄱陽王寶寅，爲齊明帝蕭鸞第六子，齊和帝中興二年潛逃至魏，屢請兵南伐。尚魏南陽長公主。北魏孝明帝神龜中（梁武帝天監十八年，519.AD），出爲徐州刺史，勤於政治，吏民愛之。以西討無功，出軍累年，糜費尤廣，內不自安，朝廷亦頗疑阻，遂於孝明帝孝昌三年（梁武帝大通元年，527.AD）舉兵反，稱隆緒元年，立百官。後事敗，奔万俟醜奴，醜奴以爲太傅。孝莊帝永安三年（梁武帝中大通二年，530.AD）都督尓朱天光遣賀拔岳擒醜奴、寶寅，並送京師，賜死。〔註51〕

對蕭寶寅下落，《南齊書》有兩種截然不同的記載：卷八〈和帝紀〉載「（中興二年）三月辛丑鄱陽王寶寅奔虜」；卷五十〈明七王・蕭寶寅傳〉卻載其「中興二年，謀反誅」兩者記載迥異。對此，錢大昕以爲「寶寅起兵不克奔魏，事見魏史。此云誅者，據梁人之詞，以爲寶寅已死，其在魏者僞也」。〔註52〕

但據《魏書・蕭寶夤傳》所載，〔註53〕「蕭衍既克建業，殺其兄弟，將害寶夤，以兵守之，未至嚴急，其家閹人顏文智與左右麻拱、黃神密計，穿牆夜出寶夤」，蕭寶寅遂於北魏宣武帝景明三年（齊和帝中興二年）至魏。此後蕭寶寅屢請兵南伐，於是魏景明四年（梁天監二年）四月，議定秋冬大舉南侵。魏正始元年（梁天監三年）三月，寶寅圍逼壽春，「當寶夤壽春之戰，勇冠諸軍，聞見者莫不壯之」。正始二年（梁天監四年）魏中山王英南伐，寶寅又上表求征。梁武帝詔臨川王宏率軍北討，此戰經年，雙方互有勝負，後魏軍大潰，至正始四年（梁天監六年）戰事始告終結。永平四年（梁天監十年），魏使寶寅隨盧昶與梁戰於朐山。延昌初（梁天監十一年），魏復寶寅爲齊王。熙平初（梁天監十五年），寶寅在淮堰，蕭衍嘗手書與寶寅，意在招安，爲寶寅所拒。正光五年（梁普通五年），魏復詔寶寅與梁戰於揚州。

凡此諸事，皆爲梁武帝天監、普通年間事，且蕭寶寅四度與梁戰，此等南北征戰大事，在南朝勢必人盡皆知，若說梁人此時尚以爲寶寅已死，似乎不太可能。即使梁朝百姓不知其事，子顯此時正在朝爲官，焉有不知此事之理？然何以關於蕭寶寅事，《南齊書》兩處記載迥異？周春元以爲這是蕭子

---

〔註51〕詳見《魏書・蕭寶夤傳》卷五九。

〔註52〕《廿二史考異》卷二五，〈鄱陽王寶寅傳〉條，頁500。

〔註53〕《魏書》作寶夤，從夕。錢大昕《廿二史考異》卷二五〈鄱陽王寶寅傳〉條謂「據其字智亮，當以寅爲是」，今從錢氏之說，惟引《魏書》時則仍作寶夤，餘則書其名爲寶寅。

顯武斷下筆，爲免觸犯蕭衍忌諱，不惜曲筆對待，違背客觀事實而改變歷史。〔註 54〕然事實是否果如周春元所言？

　　《南齊書》撰寫之時，梁朝已建，然齊之後嗣仍在北，此對梁朝之正統性而言，是一極大挑戰。且齊明帝雖大殺高、武子孫，但蕭寶寅與蕭子顯畢竟仍同爲齊朝宗室，以其身份的敏感性，對鄱陽王寶寅的下落，自然更不便明言。蕭寶寅於「中興二年，謀反誅」，或許是梁朝政府明令的官方說法，抑或是子顯懼禍而自爲之，不論原因爲何，卻可證明梁朝政府對此事有相當程度的重視。在此有形或無形的壓力下，子顯卻在〈和帝本紀〉中留下了「奔虜」的另一說法，易使人以爲此乃《南齊書》考證不精之故。如前所述，子顯不可能不知寶寅在北，然《南齊書》中卻存此二矛盾說法，依子顯一向之戒懼謹愼，若說此爲其無心之失，甚難令人信服，故極有可能是子顯有意爲之。何故？爲保存事實之眞相也。此「故露矛盾破綻，以見事有隱情」之書法，司馬遷於《史記》中記孝惠帝子事時即已用之，〔註 55〕沈約之記范曄謀反被誅事亦用此法，〔註 56〕而孫盛著《晉陽秋》寫成兩版本以保存事實眞相之法，亦與此頗似。〔註 57〕子顯仿前史之例，以此法記敘蕭寶寅事，意在啓

〔註 54〕　《中國史學家評傳》，〈蕭子顯〉，頁 256。

〔註 55〕　《史記‧呂后本紀》先言孝惠帝「母壯子」，又言「宣平侯女爲孝惠皇后，時無子，詳爲有身，取美人子名之，殺其母，立所名子爲太子」。可見孝惠帝有子，惟並非孝惠后所生。然周勃、陳平等誅諸呂後，「諸大臣相與陰謀約：『少帝及梁、淮陽、常山王，皆非眞孝惠子也。呂后以計詐名他人子，殺其母養後宮，令孝惠子之，立以爲後。……今皆已夷滅諸呂，而置所立，及長用事，吾屬無類矣。不如視諸王最賢者立之。』」周勃等人爲一己之私，竟肆意誣蔑。司馬遷爲保存眞相，遂有意地參錯其詞，留著一些明顯的疑竇，讓後代細心的讀者自己明白其底蘊。詳見《史記》卷九〈呂后本紀〉，及韓兆琦：〈《史記》書法釋例〉，《北京師大學報》，1985 年第 4 期，頁 13。

〔註 56〕　陳千鈞認爲，范曄謀反被誅事，當時無法公開推翻舊案，只得另方面在有關人物中有意透露更實質的東西，使人意外得之。這作法舊史家多有之，沈約做的拙劣些，所以有自相矛盾不清楚處，引起後人種種疑義。《宋書‧自敘》沈約說「范曄坐事誅（有「非其罪也」之意）」，這是沈約僅存的（或有意做的）最有力的證明。詳見氏著：〈范曄的折衷思想及其生平〉，《東北師大學報》，1982 年第二期。

〔註 57〕　《晉書‧孫盛傳》曰：「盛篤學不倦，……（著）《晉陽秋》詞直而理正，咸稱良史焉。既而桓溫見之，怒謂盛子曰：『枋頭誠爲失利，何至乃如尊君所說！若此史遂行，自是關君門戶事。』其子遽拜謝，謂請刪改之。時盛年老還家，性方嚴有軌憲，雖子孫班白，而庭訓愈峻。至此，諸子乃共號泣稽顙，請爲百口切計。盛大怒。諸子遂爾改之。盛寫兩定本，寄於慕容。太元中，孝武

後人疑竇，從而追究事實，使真相得以留存；若爲時君所疑，亦可以考證不精爲由而自免於罪，此可謂兩全之法也。

「夫爲史者，不有人禍，則有天刑，豈可不畏懼而輕爲之哉？」〔註 58〕吳均書焚之殷鑑不遠，子顯爲史能無懼乎？且其所書往往事涉君親，爲全名教、性命與實錄，其爲史書事當更不易，遂以隱諱委曲之筆法存事實於書中。雖以處處留線索之方式記事，但不能否認隱諱之處過多，極有可能令真相仍然不明。若非《南史》出，即便對《南齊書》所記之事產生懷疑，事實真相亦難以重建，此不可不謂爲《南齊書》不足之處。

趙翼以爲，「《齊書》多載詞章，少載事實，蓋亦仿《宋書》之例。……連篇累牘，不減一字」，〔註 59〕似甚贅矣。然多載詞章卻反而不須下任何評論字句而使褒貶立見，如子顯之錄〈沈攸之書〉、記梁武帝禪代而不載禪詔，皆有深意焉。故在爲難處境下，此不失爲一寓褒貶之法，真相亦可留存其中。

在種種主、客觀環境條件的限制下，彰善貶惡的史學功能在《南齊書》中並未被特別標舉，蕭子顯只能以委曲幽隱的筆法，使後世讀史之人自行辨其善惡、明其得失，以發潛德之幽光。此爲婉而成章之良法，符合實錄史學之精神也。

# 第二節　由《南齊書》論蕭子顯之重要觀點與思想

蕭子顯於《南齊書》之書史記事，頗能與時推移，不泥拘董狐、南史直書不隱之意，而能順應時代以另尋保存歷史真相之法。且其歷史觀點頗有「時」的概念，順應當日現實環境之變動，而產生合於變動環境下的思想。故其史學有相當程度的現世性，此亦或爲魏晉南北朝史家爲因應現實環境而衍生出的時代性格。今由其《南齊書》之關懷重點，以見蕭子顯重現世的歷史觀。

## 一、天命思想

蕭子顯在《南齊書》卷一〈高帝本紀上〉之「史臣曰」，即引《太一九宮

---

帝博求異聞，始於遼東得之，以相考校，多有不同，書遂兩存。」（卷八二，頁 2148）孫盛之寫兩定本，本不得已而爲之，但在史家面臨史德與性命兩難抉擇之際，此卻不失爲兩全之法。
〔註 58〕韓愈：〈答劉秀才論史書〉，《全唐文》卷五五四。
〔註 59〕《陔餘叢考》，〈齊書繁簡失當處〉條，頁 106。

占》，以言蕭道成之受禪乃是順應天命的結果：

> 案《太一九宮占》推漢高五年，太一在四宮，主人與客俱得吉，計
> 先舉事者勝，是歲高祖破楚。晉元興二年，太一在七宮，太一為
> 帝，……（宋）昇明元年太一在七宮，不利為客，安居之世，舉事
> 為主人，應發為客，袁粲、沈攸之等反，伏誅。是歲太一在杜門，
> 臨八宮，宋帝禪位，不利為客，安居之世，舉事為主人，禪代之應
> 也。

天文術數本為古代史官職掌之一，〔註60〕而史籍亦往往載述術數，如《史記‧
日者列傳》早已提及太一這門術數。但首次將太一術數引入正史本紀者即為
蕭子顯，意欲證明自漢以來六百七十餘年間的國家大事都符合天理。〔註61〕
其於〈高帝本紀下〉之「史臣曰」續言蕭道成之受天命：

> 孫卿有言：「聖人之有天下，受之也，非取之也。」漢高神武駿聖，
> 觀秦氏東遊，蓋世雅多大言，非始自知天命；……雖至公於四海，
> 而運實時來，無心於黃屋，而道隨物變。應而不為，此皇齊所以集
> 大命也。

蕭子顯此說，似有美化其祖父篡宋之嫌，然是否據此即可斷言蕭子顯是一純
然之天命論者？

天意與政事的關係是如影隨形的，班固即如此認為：

> ……彗孛飛流，日月薄食，……此皆陰陽之精，其本在地，而上發
> 於天者也。政失於此，則變見於彼，猶景之象形，鄉之應聲。是以
> 明君睹之而寤，飭身正事，思其咎謝，則禍除而福至，自然之符也。
> 〔註62〕

雖然董仲舒將儒家原始理性的、人道的天人關係，轉換為天人感應神學及「屈
民而伸君，屈君而伸天」，使人的地位相對地變得卑微的天人體系，但人的作
為依然可以導致天意的變動。〔註63〕由於人的本體自覺意識逐漸增強，是以

---

〔註60〕《史通‧史官建制》曰：「尋自古太史之職，雖以著述為宗，而兼掌曆象、日
　　　　月、陰陽、管數。」（卷十一，頁307）
〔註61〕詳見何丙郁：〈太乙術數與《南齊書‧高帝本紀上》史臣曰章〉，《中央研究院
　　　　歷史語言研究所集刊》第六十七本，第二分，1996年6月。
〔註62〕《漢書‧天文志》卷二六，頁1273。
〔註63〕詳見雷家驥師：《中古史學觀念史》第三章之二〈從董仲舒至司馬遷的究天人
　　　　之際〉。

漢末以降，自然天道觀遂逐漸取代天人感應神學，荀悅的《漢紀》就充分表現出天人相分的思想。

上述班固的說法爲荀悅所接受，承認天人之間有感應，〔註64〕但一方面又認爲這種感應並不存在於天下所有事物中，「善惡之效，事物之類，變化萬端，不可齊一」，因此提出「天人三勢」說：

> 事物之性，有自然而成者；有待人事而成者，失人事不成者；有雖加人事終身不可成者。

在荀悅看來，天人之間一方面有不可變的「天數大極」在，這就是自然而成及加人事而不可成者；另一方面又有衆多的人事之變。因此不能否認天命，也不能放棄人爲的努力。至於對災祥報應的看法，認爲「災祥之報，或應或否」，「大數之極雖不變，然人事之變者亦衆矣」，「故天人之道有同有異，據其所以異而責其所以同則成矣」，〔註65〕表現出立足於天人相分的事實而求天人之道不違背的態度。〔註66〕

魏晉以降，雖然陰陽災祥及天命之說成爲歷代篡亂之階，但認爲天意與人事作爲相結合，方能導致政權的轉移，是此時期的普遍看法。《南齊書·劉瓛傳》即載：

> 太祖踐阼，……謂瓛曰：「吾應天革命，物議以爲何如？」瓛對曰：「陛下誠前軌之失，加之以寬厚，雖危可安；若循其覆轍，雖安必危矣。」

此處劉瓛建議高祖當以前朝爲戒，懲前之失，有以史垂鑒之意。除懲前之失，尚需加民以寬厚，可見劉瓛認爲蕭道成雖應天而起，仍須順人，事方可成。又〈蕭穎胄傳〉載：

> 穎胄遣人謂梁王曰：「……今便進兵，恐非良策。」。梁王曰：「今坐甲十萬，糧自用竭。況藉以義心，一時驍銳。且太白出西方，杖義而動，天時人謀，無有不利。……」

蕭衍亦認爲，己之起兵除須應天，亦須人爲。

---

〔註64〕 荀悅在《漢紀》卷六〈高后紀〉「高后七年」條之「荀悅曰」中，即引用了上述班固《漢書·天文志》此語。收入《四庫全書薈要》史部第七〇冊，世界書局印行。

〔註65〕 上述引文俱見《漢紀》卷六〈高后紀〉「高后七年」條之「荀悅曰」。

〔註66〕 上述觀點，詳見曾憲禮：〈荀悅《漢紀》思想分析〉，《中山大學學報》，1992年第4期。

　　蕭子顯雖載《太一九宮占》，立〈天文志〉、〈祥瑞志〉，亦認為有天下者乃受天命之故，然其觀點卻與荀悅頗似，是相當理性的。其於〈天文志下〉中雖載「天狗出則人相食」、「天狗出則國易政」諸天象附會人事之說，然子顯卻認為「推亂亡之運，此其必天狗乎」？其於〈祥瑞志〉亦云：「今觀魏、晉已來，世稱靈物不少，而亂多治少，史不絕書。」故子顯雖於〈高帝本紀下〉之「史臣曰」言蕭道成之得天下乃受之也，卻也同時明言若非人心皆已背宋，蕭道成亦難以集大命：

> ⋯⋯及蒼梧暴虐，釁結朝野，百姓懍懍，命懸朝夕。權道既行，兼濟天下。元功振主，利器難以假人，群才勠力，實懷尺寸之望。豈其天厭水行，固已人希木德。歸功與能，事極乎此。

其重人事甚於重天命之思想顯然可見。故蕭子顯分析齊朝之興亡盛衰，往往注意實際問題的探討，著重現實層面，鮮以形上層次的天命思想牢籠之。

## 二、政治觀點

　　歷史的推移基本上表現於政權的興廢，因此當一史家在總結前代經驗時，無論其鑒戒功能是否有被特別標舉，對前朝成著敗滅原因之探討遂成為首當其衝的重要課題。在《南齊書》中，蕭子顯對此問題自然做了一番重要檢討，同時亦可從中窺見蕭子顯之政治觀點為何。

### （一）太子問題

　　蕭子顯以為，齊朝之衰亡始於太子問題。

　　齊朝二傳至武帝，「外表無塵，內朝多豫」，〔註67〕國勢大致穩定。建元四年三月，高帝崩後，武帝即於六月立長懋為皇太子，此即文惠太子。自古以來，皇位繼承問題即是影響國家政局穩定之一重要因素，〔註68〕故武帝甫即位便預立太子，此舉多少有穩定政權之作用。武帝對皇位繼承問題十分重視，此由其刻意著重對太子能力及聲望之培養即可知。永明三年至五年，太子數度臨國子學講學，蕭子顯謂「太子以長年臨學，亦前代未有也」。〔註69〕其於〈文惠太子傳〉又載：

---

〔註67〕〈武帝本紀〉卷三，頁63。
〔註68〕皇位繼承不穩定，往往易導致黨爭、政爭出現，動搖國本。詳見雷飛龍：〈皇位繼承與漢、唐、宋、明的黨爭〉，《政治大學學報》第十三期。
〔註69〕〈文惠太子傳〉卷二一，頁400。

明年（永明六年），上將訊丹陽所領囚，及南北二百里內獄，詔曰：「獄訟之重，政化所先。太子立年作貳，宜時詳覽，此訊事委以親決。」太子乃餘玄圃園宣猷堂錄三署囚，原宥各有差。上晚年好遊宴，尚書曹事亦分送太子省視。

齊武帝對太子培養之用心，於此可見。是以當永明十一年正月文惠太子薨，朝野驚愕：

太子年始過立，久在儲宮，得參政事，內外百司，咸謂旦暮繼體，及薨，朝野驚惋焉。〔註70〕

朝野所震驚者，不僅是太子英年即逝，而是早已為繼位做好準備的太子竟突然薨逝，使皇位繼承立刻出現問題，而且是在武帝晚年，此事於武帝心中之焦急當可想見。雖然武帝在太子薨後三個月（永明十一年四月）即立昭業為皇太孫，並詔「東宮文武臣僚，可悉度為太子官屬」，〔註71〕但立嫡立賢問題一直為武帝所懸念，是以雖太孫已立，武帝仍有代換之意。《南史·齊武帝諸子·蕭子敬傳》即載之曰：

初，（安陸王）子敬為武帝所留心，帝不豫，有意立子敬為太子，代太孫。子敬與太孫俱入參畢同出，武帝目送子敬良久，曰：「阿五鈍。」由此代換之意乃息。

正因太孫昭業之才能未及培養，聲望未足服人，故武帝至死仍憂此事。《南齊書·武十七王·蕭子良傳》載曰：

（永明十一年秋七月戊寅）世祖暴漸，內外惶懼，百僚皆已變服，物議宜立子良，俄頃而蘇，問太孫所在，因召東宮器甲皆入。遺詔使子良輔政，高宗知尚書事。……詔云：「事無大小，悉與鸞參懷。」……

該年四月，武帝早已立昭業為皇太孫，東宮臣僚悉度為太孫官屬，但武帝臨崩，內外仍惶懼不已，甚至有立子良之議。顯見文惠太子薨後，皇位繼承問題實已暗潮洶湧。《南齊書》雖未明言，但子良似乎有意於帝位。〈王融傳〉載曰：

世祖疾篤暫絕，子良在殿內，太孫未入，（王）融戎服絳衫，於中書省閤口斷東宮仗不得進，欲立子良。上既蘇，太孫入殿，朝事委高

〔註70〕 〈文惠太子傳〉卷二一，頁402。
〔註71〕 〈武帝本紀〉卷三，頁60。

宗。融知子良不得立，乃釋服還省。歎曰：「公誤我。」

又〈高祖十二王‧蕭曄傳〉云：

> 世祖臨崩，……大行在殯，竟陵王子良在殿內，太孫未立，眾論
> 喧疑。（武陵昭王）曄眾中言曰：「若立長則應在我，立嫡則應在
> 太孫。」

武陵昭王曄之言，似在暗示無論立長立嫡，子良都非應繼帝位之人，其意圖似已為人所共知。武帝復甦召太孫，雖消彌了一場可能發生的武力衝突，但齊朝的衰亂卻也自此開始。

蕭子顯以為，齊朝之所以速亡，首因即為文惠太子未即位即殞，以致傳位幼主。〈文惠太子傳〉之「史臣曰」即云：

> 正體東儲，方樹年德，重基累業，載茂皇家，守器之君，已知耕稼，
> 雖溫文具美，交弘盛跡，武運將終，先期夙殞，傳之幼少，以速顛
> 危，推此而論，亦有冥數矣。

君臣上下俱已為太子繼位做好準備，孰料太子早夭。若非天意如此，將何以解釋？子顯依此，遂論及皇位繼承制度。〈文惠太子傳〉「贊曰」云：

> 樹嫡惟長，意匪求賢。方為守器，植命不延。

嫡長子繼承制由來已久，周代以降，幾成定制。「立嫡以長不以賢，立子以貴不以長」，[註72] 嫡長子繼承制的目的，本不在求得賢君，求得政權的穩定傳承方為此制度的最大意義。任何制度均有利弊，若利大於弊，則此亦不失為可行之法，而政權的穩定傳承為一國家最重要者，是以嫡長子繼承的制度本身並無太大缺失。但制度若施之於人，則會因各種人為因素而導致不同的結果。齊武帝之立太孫昭業，則暴露出嫡長子繼承制一最大盲點。其於〈鬱林王本紀〉「史臣曰」即謂：

> 鬱林王風華外美，眾所同惑，伏情詐隱，難以貌求。立嫡以長，未
> 知瑕釁，世祖之心，不變周道。繼而惉懘內作，兆白宮闈，雖危害
> 未遠，足傾社稷。《春秋》書梁伯之謅，言其自取亡也。

「伏情詐隱，難以貌求」是嫡長子繼承制一最大缺失。子顯論此事，言其自取滅亡，似以為皇位繼承不須拘泥於立長或立賢，端應視當日實際狀況而為之。其於皇位繼承問題上，似乎較不贊同固守嫡長子繼承制。

---

[註72]《公羊義疏》一「隱公元年正月」，頁30。陳立著，台北：商務印書館，1982
　　年5月台一版。

## （二）誅戮宗室

齊武帝終於決定立嫡後，卻詔「事無大小，悉與鸞參懷」，將輔政重任交與血緣關係較疏之蕭鸞。對此，蕭子顯論之曰：

> 皇王託體，同稟尊極，仕無常資，秩有恆數，禮地兼隆，易生猜疑。
> 世祖顧命，情深尊嫡，淵圖遠算，意在無遺。豈不以群王少弱，未更
> 多難，高宗清謹，同起布衣，故韜末命於近親，寄重權於疏戚，子弟
> 布列，外有強大之勢，疏親中立，可息覬覦之謀，表裡相維，足固家
> 國。曾不慮機能運衡，寡以制眾，宗族殲滅，一至於斯。〔註73〕

武帝立意，原甚周全，但造成日後支庶纂曆，致近親宗族幾近覆滅，卻又為武帝始料所未及也。

武帝本欲使宗室子弟布列外藩，以衛中央，然何以竟至國家覆亡？蕭子顯以為，「帝王子弟，生長尊貴，薪禽之道未知，富厚之圖已極。齠年稚齒，養器深宮，習趨拜之儀，受文句之學，坐躡搢紳，傍絕交友，情偽之事，不經耳目，憂懼之道，未涉胸衿，雖卓爾天悟，自得懷抱，孤寡為識，所陋猶多」。〔註74〕由於宗室子弟自幼長於深宮之中，即便天資穎慧，但於人情世故、生活基本知能的瞭解十分缺乏，是以並無單獨應變處理事情的能力。再加之以帝子臨州，往往年方幼弱，且自幼長於富貴宮廷，於親民之道未知，又懼其驕逸，故帝王遂以親信佐之：

> 輔以上佐，簡自帝心，勞舊左右，用為主帥，州國府第，先令後行，
> 飲食遊居，動應聞啟，端拱守錄，遵承法度，張弛之要，莫敢厝言，
> 行事執其權，典籤掣其肘，苟利之義未申，專違之咎已及。〔註75〕

帝王所簡任之行事、典籤雖皆為親信，卻往往欺帝子年幼無知，專斷自為。是以宗室子弟「處地雖重，行己莫由，威不在身，恩未接下」，一旦事起俄頃，「倉卒一朝，艱難總集，望其釋位扶危，不可得矣」。〔註76〕是以鬱林、海陵時，宗室子弟雖俱在，卻仍令王位淪於支庶（明帝蕭鸞）之手而莫可奈何，是知曹子建之言信矣。〔註77〕

---

〔註73〕〈高祖十二王傳〉卷三五「史臣曰」，頁632。
〔註74〕〈武十七王傳〉卷四〇「史臣曰」，頁715。
〔註75〕同上註。
〔註76〕同上註。
〔註77〕〈高祖十二王傳〉之「史臣曰」，蕭子顯開宗明義即引曹子建言曰：「權之所存，雖疏必重；勢之所去，雖親必輕。」（卷三五，頁632）

「蕃輔貴盛，地實高危，持滿戒盈，鮮能全德」，〔註78〕蕭鸞即位後，卻由於己為支庶繼曆，遂心生畏懦，以致對宗室子弟「疑怯既深，猜似外入，流涕行誅，非云義舉，事苟求安，能無內愧」，〔註79〕但卻造成「自樹本根，枝胤孤弱，貽厥不昌，終覆宗社」的結果。〔註80〕待日後蕭衍稱兵而起，欲取而代之時，宗室僅存稚弱的明帝諸子，其欲匡社稷，可得而致之？

自周代封建宗室子弟以來，宗室問題即考驗歷代統治者的智慧。若宗藩強大，七國之亂、八王之亂之殷鑑在前；若宗藩孤弱，宋、齊之亡又足堪深戒。蕭子顯對此亦並未提出更好的辦法，僅提出此一問題，認為其與齊朝之滅亡直接相關，並加以分析。其或有垂鑒後世，須對此問題加以在意之意。子顯對此現象以相當篇幅深入分析之，或因其為齊朝宗室，身受切膚之痛而發耶？

### （三）君臣相處問題

君主心中之疑懼，不僅表現在對宗室的態度上，對大臣亦表現出同樣的不信任。如垣榮祖、張敬兒、江謐、荀伯玉等人，於武帝在東宮時即不密相附結，武帝即位後，對之甚為猜疑，遂殺之；王敬則、陳顯達為高、武舊臣，見明帝大殺高、武諸子，心不自安，明帝對之亦甚猜忌，二人遂反。東昏屢誅將相，舊臣皆盡，裴叔業、崔慧景、張欣泰為征虜名將，三人不自安，東昏亦疑之，遂造成「叔業外叛，淮肥失險。慧景倒戈，宮門晝掩。欣泰倉卒，霜刃不染。實起時昏，堅冰互漸」的結果，〔註81〕非惟自毀長城，反引魏虜入寇。〔註82〕外誅舊臣，內用佞倖，鬱林時之徐龍駒、周奉叔、綦母珍之，東昏時之徐世檦、茹法珍、梅蟲兒，皆居中用事，帝尚以為任得其人。南齊至此，國本嚴重動搖，終至事不可為。〔註83〕

君不信，臣又如何能忠？蕭子顯嘗於〈王儉傳〉末之「史臣曰」論此事：

---

〔註78〕〈豫章文獻王傳〉卷二二「史臣曰」，頁420。

〔註79〕〈明帝本紀〉卷六「史臣曰」，頁92。

〔註80〕同上註。

〔註81〕〈裴叔業傳〉卷五一「贊曰」，頁884。

〔註82〕〈裴叔業傳〉載：「高宗崩，叔業還鎮。少主即位，誅大臣，京師屢有變發。……叔業憂懼，……傳叔業反者不已，……於是發詔討叔業，……叔業病困，（兄子）植請救魏虜，……叔業尋卒，虜遣大將軍李醜、楊大眼二千餘騎入壽春。」（卷五一，頁871）

〔註83〕上述諸人事跡，各詳《南齊書》本傳。

> ……魏氏君臨，年祚短促，服褐前代，宦成後朝。晉氏登庸，與之
> 從事，名雖魏臣，實爲晉有，故主位雖改，臣任如初。自是世祿之
> 盛，習爲舊準，羽儀所隆，人懷羨慕，君臣之節，徒致虛名。貴仕
> 素資，皆由門慶，平流進取，坐至公卿，則知殉國之感無因，保家
> 之念宜切。市朝亟革，寵貴方來，陵闕雖殊，顧眄如一。……

當日士族爲保門第，只知有家，不知有國，更不知「忠」爲何物。然在主猜
臣疑的政治環境下，爲臣者自顧猶且不暇，又何知有忠？

身處亂世之立身之道又當爲何？蕭子顯以爲，欲見容於當道，其術有二：
「若非愚以取信，則宜智以自免，心跡無阻，乃見優容」，〔註84〕早知「功名
之閒，不足爲也」，〔註85〕是故對劉祥、謝超宗等人雖「在物無競」，但「身
名之外，一概可蔑」之類的行爲不甚贊同，〔註86〕以爲「向之所以貴身，翻
成害己。故通人立訓，爲之而不恃也」。〔註87〕是以子顯讚王僧虔「有希聲之
量，兼以藝業。戒盈守滿，屈己自容，方軌諸公，實平世之良相」，〔註88〕稱
柳世隆「世道清寧，出牧內佐，體之以風素，居之以雅德，固興家之盛美也」。
〔註89〕蕭子顯此觀點，反映了相當程度的時代特性。《南齊書》載徐孝嗣，謂
其「器量弘雅，不以權勢自居，故見容建武之世。恭己自保，朝野以此稱之」，
〔註90〕即證明了此種認識至少是齊、梁以來的普遍看法，或是子顯欲藉此以
自況己身之在梁朝亦未可知。

如前所述，蕭子顯雖對褚淵之類有己無國的不忠之人予以道德上的譴
責，但於立身之道又主張戒愼謙退、全己保家。理想與現實之衝突若此，則
知子顯之矛盾與立身處世之不易也。

### （四）以民爲本之良政

如何治民，始稱良政？蕭子顯以爲，「捐華反樸，恭己南面，導民以躬，
意存勿擾」，〔註91〕此方爲良政。子顯此觀點，與道家所謂「無爲而治」頗似，

---

〔註84〕〈垣榮祖傳〉卷二五「史臣曰」，頁475。
〔註85〕同上註。
〔註86〕〈謝超宗傳〉卷三六「史臣曰」，頁644。
〔註87〕同上註。
〔註88〕〈王僧虔傳〉卷三三「史臣曰」，頁602。
〔註89〕〈柳世隆傳〉卷二四「史臣曰」，頁455。
〔註90〕〈徐孝嗣傳〉卷四四，頁773。
〔註91〕〈良政傳・序〉卷五三，頁913。

想與當時政治、社會之亂離有關。對魏晉以來之吏治，子顯亦加以批評：

> 魏晉爲吏，稍與漢乖，苛猛之風雖衰，而仁愛之情亦減。局以峻法，限以常條，以必世之仁未及宣理，而朞月之望已求治術。先公後私，在己未易，割民奉國，於物非難，期之救國，所利苟免。且目見可欲，嗜好方流，貪以敗官，取與違義，吏之不臧，罔非由此。〔註92〕

身處亂世，自不宜冀望爲政者能爲民興利除弊，其若能廉平清身，不貪贓枉法、殘民以懲，蕭子顯以爲此即已堪稱良吏。惜僅以此標準繩當世，所得之善政亦無幾，故子顯感嘆「齊世善政著名表績無幾焉」，〔註93〕「今之治世，未有出於此也」。〔註94〕

　　正因子顯主張治民應「意存勿擾」，是以其爲政理念皆由此發。其於〈袁彖傳〉之「史臣曰」論刑律，認爲刑、禮二柄，乃是懲勸之道，應「端簡爲政，貴在畫一」，若輕重屢易，則會使民無從措手足，此即存「勿擾」之意。若「刑開二門，法有兩路」，則主事者定獄全憑己之好惡，各依己之認定，誣枉之事起遂爲勢所不可免。故斷案當「據典行罰」、「案法隨科」，方不致有誣枉之事發生。然「以律定罪，無細非愆。蓋由網密憲煩，文理相背」，故所定之律令應貴簡要、惡舛雜，貴在必行。若法條已行，尚以情斷獄，則根本無法可言；但法律在制訂之時，卻須秉仁民愛物之心，是以子顯盛讚永明律令之「多用優寬，治物不患仁心，見累於弘厚」。〔註95〕制法須寬仁，執法須嚴正，不苛察繳繞，此方爲良法。

　　蕭子顯對民生問題亦頗關懷，今由其論高帝建元二年檢定簿籍事即可知。自宋元嘉二十七年明訂士族可享特權後，寒素紛紛冒蔭，國家賦役不足，遂有齊建元二年檢括戶口、明辨士庶之舉。武帝永明四年即因檢校簿籍事，

---

〔註92〕〈良政傳〉卷五三「史臣曰」，頁922。

〔註93〕〈良政傳〉卷五三，頁914。

〔註94〕同上註，頁922。

〔註95〕據《通典・刑法一》載：「齊武帝（永明年間）令刪定郎王植之集注張、杜舊律，合爲一書，凡千五百三十條。事未施行，其文殆滅。」此即所謂「永明律令」。曹魏時，律令有二千九百二十六條，六十卷之多，晉律則修訂爲二十篇。南朝基本上沿用晉律，少有修訂。但至梁朝，律令條文有二千五百二十九條之多，與齊永明律令相比，多出近一千條。永明律令雖未及施行，但與前後朝之律令條文相較，其寬減實多，是以子顯盛讚之。以上詳見《通典・刑法》一、二，及韋慶遠主編：《中國政治制度史》，第二章第五節「法律制度」，頁157～158。

而引發唐寓之之亂。蕭子顯並未因己爲世族，甚至是皇族的身份，站在國家賦役不足的立場考量此事，而是從十分客觀的角度分析此事發生之原由。竊注名籍之事何以發生？子顯論之曰：

（宋）季世以後，務盡民力，量才品賦，以自奉養。下窮而上不卹，世澆而事愈變。故有竊名簿閥，忍賊肌膚，生濫死乖，趨避繩網。
〔註96〕

依蕭子顯觀點，竊名簿閥之事所以發生，過不在下而在上。民已窮困，在上者非但不恤，卻反割民以自奉。民不聊生，遂行姦僞之事以自保。對此情形，當然宜加矯革。但子顯卻不以爲檢括戶口、明辨士庶是一良法，永明四年的唐寓之之亂即證明了此一措施的嚴重弊端。對此，子顯提出了解決之道，以爲「若令優役輕傜，則斯詐自弭；明糾群吏，則茲僞不行。空閱舊文，徒成民幸」。〔註97〕問題關鍵不在百姓竊名簿閥的作爲，須檢討的乃是法令（賦役制度）與官吏治民的態度，不恤民才是導致姦僞叢生的眞正原因。於此亦可看出其於國計民生之關心。

## （五）對外政策與正統思想

至於對外政策，蕭子顯亦有其個人觀點。在論及與北魏的關係時，蕭子顯從歷史角度入手。自晉室南遷以來，與北方屢有戰事。東晉庾亮、庾翼、褚裒、殷浩、桓溫諸將皆曾北征，或因戰略、戰術不精，或因無心北歸，皆征討無功。宋武帝時，趁北方分裂，屢次北征，頗收其效。宋文帝時，北魏整合北方，致宋數度征討，每戰必殆。宋明帝泰始年間，因邊臣外叛，宋失淮北，對北魏遂改採和親政策。時至蕭齊，北魏趁天下初定，未遑外略，先舉兵南伐。高帝頗思經略，但因事機已失，〔註98〕朝議又思北寢，〔註99〕遂偃武脩文，遣車僧朗北使。〔註100〕武帝時，「職問往來，關禁寧靜」，百姓因

〔註96〕〈虞玩之傳〉卷三四「史臣曰」，頁617。
〔註97〕同上註。
〔註98〕〈魏虜傳〉卷五七「史臣曰」：「若前師指日，遠掃臨、彭，而督將逗留，接接稽晚，向義之徒，傾巢盡室。既失事機，朝議北寢，偃武脩文，更思後會。」（頁999）
〔註99〕高帝建元初，劉善明上表，謂「匈奴未滅，……境上諸城，宜應嚴備，……」「宜時擇才辨，北使匈奴」。以爲天下方定，宜嚴守邊境，並與北方交好，暫不宜北伐。（〈劉善明傳〉卷二八，頁525）
〔註100〕事見〈魏虜傳〉卷五七，頁988～989。

而安居樂業。故蕭子顯總結自東晉以來南北之往來：

> 晉室遷宅江表，人無北歸之計，英霸作輔，芰定中原，彌見金德之
> 不競也。元嘉再略河南，師旅傾覆，自此以來，公伐寢議。雖有戰
> 爭，事存保境。〔註101〕

但自齊明帝建武年始，南北「梯衝之害，鼓掠所亡，建元以來，未之前有」，
〔註102〕加之以北魏此時南遷洛陽，南伐之交通便捷，又挾眾兵而來，而南
齊「朝規懦屈，莫能救禦」，〔註103〕國土多沒入魏，「雖分遣將卒，俱出淮
南，未解沔北之危，以深渦陽之敗」。〔註104〕蕭子顯分析南北交戰，南方屢
敗之因：

> 夫休否之數，誠有天機，得失之跡，各歸人事。豈不將率相臨，貪
> 功昧賞，勝敗之急，不相救讓？號令不明，固中國之所短也。〔註105〕

子顯之析論，誠是也。不因囿於南北夷夏之意識型態而將南朝之敗歸咎於天
意，反實事求是的就人為因素加以客觀分析，直指問題關鍵，其論事態度之
嚴正，於此可見一斑。

　　分析了南朝屢敗之因，子顯更推重徐孝嗣的屯田之議，以為對北魏之長
期戰略當襲此。

　　建武四年，因懲於與北方戰事連年，軍國虛乏，徐孝嗣遂上表立屯田。
屯田制若行，確如徐孝嗣所言，為益甚大：「此功克舉，庶有弘益。若緣邊足
食，則江南自豐，權其所饒，略不可計。」〔註106〕但若因此即認定蕭子顯力
主對北魏用兵，則大謬矣。蕭子顯何以贊同屯田政策？其於〈徐孝嗣傳〉末
言其理由曰：

> 江左以來，不暇遠策，王旅外出，未嘗宿飽，……縣兵所救，經歲
> 引日，浚風沔水，轉漕艱長。傾窖底之儲，盡倉教之粟，……田積
> 之要，唯在江淮。郡國同興，遠不周急。〔註107〕

而「屯田之略，實重戰守」，「緩則躬耕，急則從戰」，「輔車相資，易以待敵」，

---

〔註101〕〈王融傳〉卷四七「史臣曰」，頁828。
〔註102〕〈魏虜傳〉卷五七「史臣曰」，頁1000。
〔註103〕同上註。
〔註104〕同上註。
〔註105〕同上註。
〔註106〕〈徐孝嗣傳〉卷四四，頁774。
〔註107〕〈徐孝嗣傳〉卷四四「史臣曰」，頁781。

〔註 108〕是一長期戰守計畫。其目的是嚴守邊境，以防敵之攻我不備，是積極應戰，而非主動求戰。故斯議不行，子顯甚痛惜之。而子顯此主張，亦是本於「食爲民天，足食足兵，民信之矣」的民生立場而發，〔註 109〕不欲竭國庫以資邊境，而致民生困頓。

對北朝的政策，子顯是主和不主戰的。每有戰事發生，往往造成「征賦內盡，民命外殫，比屋騷然，不聊生矣」的結果，「荊棘所生，用武之弊，寇戎一犯，傷痍難復，豈非此之驗乎」？〔註 110〕因而盛讚永明之世「十許年中，百姓無雞鳴犬吠之警，都邑之盛，士女富逸，歌聲舞節，袨服華粧，桃花綠水之間，秋月春風之下，蓋以百數」，〔註 111〕「疆場之民，並安堵而息窺覦，百姓附農桑而不失業者，亦由此而已也」。〔註 112〕並認爲齊朝衰亡之一因，即由此故：「建武之興，虜難猋急，征役連歲，不遑啓居，軍國糜耗，從此衰矣。」〔註 113〕由此可見，子顯並未站在民族主義觀點而主戰，而是由民生經濟之立場出發而力主和平的。無論是屯田政策或是不主戰的態度，其觀點的提出，目的往往是「事存保境」，至於是否有圖日後統一之意，則不得而知了。

由於齊朝的主要外敵是北魏，故其他異族若未和北魏聯合，齊朝往往採懷柔政策，並不妄攻之。因此他族雖因民族性之平和剽悍有所不同，但齊朝對之則一律採取「綏外懷遠，先名後實」之政策，〔註 114〕此由齊時遣使分行四方，〔註 115〕及遙授異族官號可知。〔註 116〕雖然「修文德以徠之」是我國自古以來對異族的一貫政策，但南齊之襲用此法，或是因道路迢遠，不便征伐，或是不欲以武力壓迫而致其與北魏聯合，遂籠絡之，其政治因素的現實考量是較大的。對北魏以外的異族，蕭子顯十分贊同齊朝的政策。認爲諸外族無

---

〔註 108〕同上註。

〔註 109〕同上註。

〔註 110〕〈魏虜傳〉卷五七「史臣曰」，頁 1000。

〔註 111〕〈良政傳・序〉卷五三，頁 913。

〔註 112〕〈魏虜傳〉卷五七「史臣曰」，頁 1000。

〔註 113〕〈良政傳・序〉卷五三，頁 913～914。

〔註 114〕〈芮芮虜傳〉卷五九「史臣曰」，頁 1033。

〔註 115〕如〈高帝本紀下〉所載：「（建元元年五月）丙辰，詔遣大使分行四方。……七月丁未，詔曰：『……曲赦交州部內李叔獻一人即撫南土，文武詳才選用。並遣大使宣揚朝恩。』」（卷二，頁 34）

〔註 116〕其事《南齊書》卷五八、五九，及各本紀中有載。或詳清，朱銘盤著，《南朝齊會要・職官》「遙授蠻夷官號」條，較有系統。（台北：弘文館出版社，1986年 11 月初版。）

論因距離遙遠（如東南諸夷），或因民風獷盛（如氐、胡），皆宜用德懷遠，且「貿易有無，世開邊利，羽毛齒革，無損於我」，〔註117〕不妨開邊利，與之貿易，以籠絡之。

　　司馬遷之撰《史記》，本內諸夏而外夷狄的觀念，將匈奴、大宛等國置於列傳中，開啓了中國史進入亞洲發展的前驅，不再侷限於中國本部。班固之時，正統觀念日益強烈，遂將《史記》之外國傳置於與之相關的諸夏人物之間的結構更動，以「紀」述中國正統帝王，「傳」述諸夏人物及外國；其中又以諸夏人物爲先，將外國置於全書之末。此後外國傳於正史中的位置，遂準《漢書》。時至南北朝，因正統觀念遠濃於內諸夏而外夷狄的觀念，再加之以對外關係萎縮，於是國史中附載外國傳的數目遂轉趨減少，僅載政治上與之有密切關係者。國史遂變爲純國史，再無天下史或世界史的結構，此乃正統觀念對中國史學之一重要影響。〔註118〕《南齊書》將外國諸傳置於全書之末，且所載僅爲與南齊有外交往來者，即準此。

　　東晉以降，南北朝撰史即因各自的正統意識而互斥對方爲僞，而沈約《宋書·索虜傳》爲此時期正史完成之最早者。《南齊書·魏虜傳》之態度襲《宋書》，對北魏遙繼黃帝、上承西晉的說法，隻字未提，但由〈高帝本紀下〉之「史臣曰」，則可知蕭子顯之意。晉爲金德，子顯謂齊之代宋爲「天厭水行，人希木德」，則宋之承晉，齊之承宋已十分明顯；且子顯述及歷朝之得天下，其順序爲漢、曹魏、晉、宋、齊，則歷代之繼承統緒已甚明；又謂「宋氏屈起匹夫，兵由義立」，極言前朝之得位爲正，以明齊承宋之正統。則子顯之貶斥北魏上承西晉說已不言而喻。或以爲《南齊書·魏虜傳》仍《宋書·索虜傳》之誤，謂拓跋氏爲李陵之後，係傳聞之訛。〔註119〕此種可能性當然有之，然拓跋氏爲李陵之後的說法係無法證實之傳聞，沈、蕭二人何能不知？但卻仍錄此說，極有可能欲以此證明拓跋氏源出於中國之後，意圖在正統意識下貶低其地位。

　　是時，南北雙方雖各視己爲正統而互貶對方，但其實齊與北魏的地位卻是平等的。此由〈東夷·高麗國傳〉可得知：

〔註117〕〈芮芮虜傳〉卷五九「史臣曰」，頁1033。
〔註118〕上述觀念，詳雷家驥師：《中古史學觀念史》第十章之二〈正統論對國史體例結構的影響〉，頁 530～534。
〔註119〕趙翼：《廿二史剳記》卷九〈齊書書法用意處〉條，與楊家駱：〈南齊書述要〉皆如此認爲。

> 虜（北魏）至諸國使邸，齊使第一，高麗次之。永明七年，平南參
> 軍顏幼明、冗從僕射劉思斅使虜。虜元會，與高麗相次。……思斅
> 謂偽南部尚書李思沖曰：「我聖朝處魏使，未嘗與小國列，卿亦應
> 知。」……幼明又謂虜主曰：「二國相亞，唯齊與魏。邊境小狄，敢
> 驅臣蹤。」

由上述記載可知，無論對北魏稱呼如何不敬，南齊政府事實上是未將北魏與
其他小國等同視之，承認魏與齊是當時國際間兩個地位平等的大國，其外交
關係亦是平等對待的。蕭子顯雖承前史之正統意識，但其並未昧於當日兩國
地位平等的政治現實，其於〈魏虜傳〉之「史臣曰」謂「齊、虜分，江南為
國歷三代矣」，可見蕭子顯是承認北魏與齊是兩個對等政權的，此亦為蕭子顯
史學承認現實性的表現。

## 三、兼容並蓄的文化思想

　　齊、梁二代，佛教勢盛。蕭子顯之信佛，除因其為子顯家族信仰外，當
日篤佛的時代風氣亦為影響之因。正因篤信佛教為時代風氣，是以顧歡〈夷
夏論〉出，遂引起極大爭論。蕭子顯信佛，對此當然不會視而不見，遂於〈高
逸傳〉載顧歡事跡，錄其〈夷夏論〉，並於〈高逸傳〉末申其個人觀點。

　　顧歡事黃老道，以「佛道二家，立教既異，學者互相非毀」，〔註120〕遂
比較二家，以著〈夷夏論〉：

> 國師道士，無過老、莊，儒林之宗，孰出周、孔。……今以中夏之
> 性，效西戎之法，既不全同，又不全異。……捨華效夷，義將安
> 取？……佛教文而博，道教質而精。精非麤人所信，博非精人所能。
> 佛言華而引，道言實而抑。抑則明者獨進，引則昧者競前。佛經繁
> 而顯，道經簡而幽。幽則妙門難見，顯則正路易遵。此二法之辨
> 也。……佛是破惡之方，道是興善之術。興善則自然為高，破惡則
> 勇猛為貴。佛跡光大，宜以化物；道跡密微，利用為己。優劣之分，
> 大略在茲。

顧歡認為，佛、道二者「道固符合」，只是「風俗大乖」，以中、印風俗民情
之不同，言佛教不可行於中國，〔註121〕故蕭子顯謂顧歡「雖同二法，而意黨

〔註120〕〈高逸・顧歡傳〉卷五四，頁931。
〔註121〕關於顧歡〈夷夏論〉之析論，可參見湯用彤：《漢魏兩晉南北朝佛教史》第十

道教」。其後，蕭子顯又載明僧紹宗佛之〈正二教論〉，主二教合一的吳景翼〈正一論〉、張融〈門律〉，及站在佛家立場難張融的周顒之言，以見當日對此議題之廣泛討論。

　　蕭子顯對此亦有所申論，其於傳末之「史臣曰」以儒、陰陽、法、墨、縱橫、雜、農、道等八家與佛家相對比，並以此證明佛教之較優。因是針對顧歡之論而發，故著重於佛、道之對比：

　　　　道本虛無，非由學至，絕聖棄智，已成有爲。有爲之無，終非道本。
　　　　若使本末同無，曾何等級。佛則不然，具縛爲種，轉暗成明，梯愚
　　　　入聖。途雖遠而可踐，業雖曠而有期。勸慕之道，物我無革。而局
　　　　情淺智，鮮能勝受。

蕭子顯以佛家與八家對比，乃欲證明佛家之說皆可含蘊之。然三言兩語是否就可總括一家之要，尚待商榷；再揀佛家之說可與諸家暗合者參較，則有強加比附之嫌；且蕭子顯所言佛家之優點過於玄邈，甚至謂「神道應現之力，感會變化之奇，不可思議，難用言象」，又言「史臣服膺釋氏，深信冥緣，謂斯道之莫貴也」，則佛教究竟何處優於諸家？子顯之說令人猶惑。此番對比僅能見諸家之說各不相同，佛教與之或有暗合處，但未必能盡包之。僅上述引文中子顯論佛、道之優劣時，才較具體論述佛家之優點。然子顯於此處所論之佛家優點，卻與前述顧歡所論之佛家特點大同小異，所不同者，乃蕭子顯以此爲優，而顧歡不以此盛讚佛教而已。鄙意以爲，蕭子顯與其以比較方法證明佛教之較優，未若專論佛教，由佛教義理入手，再時而引入諸家之說，以見佛教高明之處，較爲恰當。蕭子顯此番論說，確可見其對佛教之赤誠篤信，但可能即因其強烈的宗教情感，而致論說難以周全，甚惜之！故在言及南北朝時對佛教義理之論辯，蕭子顯此說幾乎從未爲人所引用，當非無因。

　　無論蕭子顯之論述是否盡善，其深信佛教是可確定的，但卻並未因此排拒諸家學說與人物。雖然蕭子顯以爲「儒家之教，仁義禮樂，仁愛義宜，禮從樂和而已」，「儒者不學，無傷爲儒」，〔註122〕但他卻深切認識到儒家學說之價值：「儒風在世，立人之正道；聖哲微言，百代之通訓。」〔註123〕是以子顯

---

　　　　三章〈佛教之南統〉，頁 461～465。
〔註122〕〈高逸傳〉卷五四「史臣曰」，頁 946、947。
〔註123〕〈劉瓛傳〉卷三九「史臣曰」，頁 686。

立〈孝義傳〉，認爲「孝爲行首，義實因心」，〔註124〕欲表儒家之孝與義，欲以救無父無君、情澆世薄之風，以扶獎名教，正人倫。而其〈高逸傳〉所載之人物，皆爲「含貞養素，文以藝業」，服道儒門之人：「若今十餘子，仕不求聞，退不譏俗，全身幽履，服道儒門，斯逸民之軌操。」〔註125〕該傳人物不僅有服膺儒術者，好老莊、道教、佛教者亦往往有之，於此更可見其文化思想所包含範圍之廣闊性。

雖然「孝心」與「孝行」，「生孝」與「死孝」的論題，在玄風瀰漫的魏晉引起廣泛討論後，已將衡定忠孝的標準由外在轉向內心，尊重個別孝思孝行，〔註126〕然《南齊書・孝義傳》中以「孝」聞名之人，卻往往是以毀損己身之「孝行」，以成孝義之名者。子顯之揀擇標準，似是襲魏晉以哀毀骨立之孝行以表孝心爲準則，〔註127〕與儒家傳統「身體髮膚，受之父母，不敢毀傷」的「孝」的定義大異其趣，由此亦可見時人之孝道觀念與魏晉是所差無幾的。

《四庫全書總目提要》評《南齊書》，謂「齊高好用圖讖，梁武崇尚釋氏，故子顯於〈高帝紀〉卷一引太乙九宮占，〈祥瑞志〉附會緯書，〈高逸傳〉推闡禪理。蓋牽於時尚，未能釐正」，〔註128〕以爲此乃《南齊書》之失。站在史學應秉持理性超然之客觀立場而言，此評論並未有誤。然無論任何時代之人，其行事、思想或多或少會受時代影響，此乃必然之理。好用圖讖並非始自齊高，崇尚釋氏非僅梁武一人，子顯記此諸事，反映了相當程度的時代特性。其於書中大談禪理，證明了史家亦難脫出時代的影響性。若由此角度視之，子顯如此記載，卻反而可見在時間變動下的歷史全貌，則其記此諸事便未爲過謬矣。

蕭子顯反映於《南齊書》之觀點，雖爲其個人見解，但亦不乏有見地者。大體而言，蕭子顯論事較偏重現實層面，往往據當日實際狀況加以分析之，而其史學之頗富現世精神，亦於此可見。

---

〔註124〕〈孝義傳〉卷五五「史臣曰」，頁967。
〔註125〕〈高逸傳・序〉卷五四，頁925、926。
〔註126〕詳見林麗真：〈論魏晉的孝道觀念及其與政治、哲學、宗教的關係〉，《台大文史哲學報》40期，1993年6月。
〔註127〕如王戎遭母憂，竟至雞骨支床。詳見《世說新語・德行》第一，頁19。
〔註128〕見該書〈史部・正史類一〉，頁23。台北：商務印書館。

# 第六章　結　論

　　蘭陵蕭氏爲南朝新興之大族，其所憑藉者，乃因其爲兩朝帝室之故。蕭子顯爲蘭陵蕭氏，其自敍先世，謂其爲漢相國蕭何、御史大夫蕭望之之後。對蕭望之爲蕭何之後的說法，顏師古、李延壽皆以《漢書》未載而認爲此說不確。顏、李之懷疑甚爲合理，但僅以《漢書》未載即斷言子顯之說爲非，則過於武斷。除《漢書》未載外，由《史記》、《漢書》中所記酇侯（蕭何）之嗣侯及紹封何後之時間與過程來推斷，則蕭望之恐非蕭何之後的懷疑是合理的。關於此一問題，何承天所著之《姓苑》述及蘭陵蕭氏先祖時即明言蕭望之與相國蕭何異族。筆者以爲，此說之可信度甚高。因何承天爲劉宋時人，此時蘭陵蕭氏尙未興起，何承天述其先世自不須爲之虛美，其說自然較蕭子顯所自敍之先世來得可信。至於《新唐書・宰相世系表》之所言，除於蘭陵蕭氏遷徙記錄較詳細外，因考證不精，致訛誤之處甚多，就史料之可信度而言，恐難以此爲據。《姓苑》關於蘭陵蕭氏世系之記載，今所能見者僅爲部份，並不完全，然推何氏之意，似以爲蘭陵蕭氏雖非蕭何之後，但卻爲蕭望之之後。但畢竟世系邈遠，故李延壽之記蕭齊先世，乃自蕭道成高祖父蕭整述起，是較爲穩當之法。

　　蕭子顯爲南齊皇族，祖父爲齊高帝蕭道成，父爲高帝次子豫章文獻王蕭嶷。但在政治混亂，帝王勇於殺戮宗室子弟的南朝，蕭子顯宗室子弟的身分，雖令其在政治、社會上擁有較高的聲名與地位，但事實上卻反因此而更易招致殺機，蕭子顯及其父兄倖存於危政之餘，即是不多見之例。入梁後，子顯兄弟仕途堪稱平順，梁武帝對其兄弟亦甚重之，然齊明帝時險遭滅門之禍，及梁武誅殺齊明之後的殷鑑不遠，而其前朝宗室的身分卻使之更易踐履危

機，子顯兄弟在梁朝之戒懼謹慎當可想見。蕭子顯及其兄弟在文學上有相當成就，頗有全身遠禍，寄情於文學之意，此亦爲其父在歷經詭譎危殆之政治風雲後，爲保家門之殷殷叮囑。

史學自始即有強烈的政教色彩，而經世致用性更爲該學術與生俱來的特質。在漢代，統治者對此即已有認知。魏晉以降，更由於統治者的重視，而致時君干預史學的發展，使史學遭逢更大的限制，史家亦面臨更大的挑戰。蕭子顯的《南齊書》即在此種政治環境與學術環境下成書，在其爲前朝宗室而又欲爲前朝撰史之情況下，其身份的高度敏感性即爲其撰《南齊書》帶來更大的限制與危機。正因有史不可亡與及時修史的意識，故蕭子顯在年未弱冠時即已著手準備撰齊史。而「史文絕續在己」的自負，更促使蕭子顯不顧其前朝宗室的敏感身分，勇於撰述《南齊書》。

蕭子顯雖勇於撰史，然因其所撰之齊史不僅事涉其親（祖父齊高帝蕭道成篡宋），亦事涉時君（梁武帝蕭衍篡齊），遂使蕭子顯撰述《南齊書》時不得不面對名教、實錄與性命的進退維谷之局。其固然可效董狐、南史之直書不隱，身膏斧鉞、書塡坑窖亦在所不惜，但此結果卻無俾於後代，而反使史實不存。子顯之撰《南齊書》若僅欲求得書毀人亡的結果，則子顯又何須甘冒時忌而爲之？在此種種現實因素考量下，子顯遂取法《春秋》婉而成章之書法，以不傷實錄之婉筆撰史，亦可見其乃意存實錄也。是以蕭子顯對《南齊書》諸傳主之爲人行事少作直接評論，有嘉德懿行者則褒之，但於品行低劣者卻未加評斷，乃見其行事作爲於文字中，使善惡不辨自明。而蕭子顯在記險令其家滅門之齊明帝蕭鸞時事，亦不改其委婉之筆法，故其師法《春秋》之精神與書法是頗一致的。但有時因筆法過於謹慎委婉（尤以書及齊、梁易代事時），而致史實隱諱不明，若非後世《南史》出，則幾致眞相湮沒，此不可不謂爲《南齊書》之失，亦爲此時期史學發展之局限性。

蕭子顯之爲史書事，受時代影響牽絆至鉅，然其仍能因應時代環境，另尋保存歷史眞相之法，故其史學方法是頗能因應現實環境需要的。而其於《南齊書》中所呈現的思想亦有濃厚之現實性。雖言陰陽災異，雖言讖緯符命，但蕭子顯卻非宿命論者。子顯不以爲不積極於人事作爲者可承天命，亦不以爲失人心者可得天命。正因其重人心之向背，故子顯所謂之良政，乃皆是以民爲本，而其不主張對外用兵，亦是由此觀點出發。

子顯史學之重現世性，亦表現於政治觀點上。論及太子問題時，雖認爲

嫡長子繼承制有其缺失，其態度似較偏向立賢，但亦未見其極言立賢制之優。故子顯似不主張拘守立長或立賢之任一制度，頗有可因時制宜之意。在對北魏的態度上，蕭子顯雖仍襲前史之正統意識，稱其爲「虜」，然其於〈魏虜傳〉中述北魏歷史、文化、風俗、政局時，卻是以平實、不含褒貶之意的筆調記述北魏事，其於政治現實上，乃承認北魏是一政治實體。

若站在客觀角度視《南齊書》，則蕭子顯的史學是頗富時、變精神的。正因如此，其思想的彈性與包容性較大。堅信佛教，但卻強調儒家思想的重要性與必要性，即便是對不甚贊同的道家思想，子顯亦未嚴加撻伐或貶其人事。子顯此態度於《南齊書》中隨處可見，〈高逸傳〉即爲一明顯例證。子顯不囿於正統觀念而承認北魏政權是一客觀存在的現實，此固然是其史學現世性的表現，亦爲其思想包容性廣闊之表現。

綜觀歷代之評蕭子顯其人其書，往往僅視其身份之敏感性及其書法之幽隱委婉便一概否定之。前人之評論固然可助吾人對此一論題有所瞭解，但亦因此而易受限於前人評論之影響。本文之撰寫，乃意欲拋除前人評論之成見，在有限的資料上，探究蕭子顯其人及其史學與思想，以見其生平與治學之精要。

# 附錄　蕭子顯生平簡表

**齊武帝永明七年　己巳　（489）生　一歲**

（1）蕭子顯，字景陽，南蘭陵蘭陵人。

按：《廣弘明集》以爲子顯字景暢。

關於蕭子顯生年，近年來頗有爭議。依《梁書·蕭子顯傳》載，子
顯於大同三年卒，時年四十九。由此上推蕭子顯生年，當爲齊武帝永明
七年。學者多宗此說，並無疑義。〔註1〕近年有學者劉躍進、詹秀惠對
此表示懷疑，並以《梁書·蕭子雲傳》及〈法寶聯璧序〉推論《梁書》
子顯本傳之記載爲非，以爲蕭子顯生年當再往前推兩年（即永明五年），
享年應爲五十一，而詹氏對之論證尤詳。〔註2〕

誠如劉、詹二人所言，蕭子雲爲蕭子顯弟，但由二人本傳來推算，
子雲之生年反較子顯爲早。此處確有矛盾，但由於此兩條資料載於同一
作者之同書同卷，爲同源史料，若因此證明〈子雲傳〉是而〈子顯傳〉
非，同樣可反證〈子顯傳〉是而〈子雲傳〉非，故無法由同源的兩條史
料證明孰是孰非。又蕭子顯曾參與編纂《法寶聯璧》，俟中大通六年書
成，湘東王蕭繹爲序，〔註3〕序文後載錄參與編纂該書者之官爵、籍貫、

---

〔註1〕如楊家駱：〈南齊書述要〉，收入《南齊書》首；趙吉惠：〈南齊書〉，收入《中
　　　國史學名著評介》（第一卷），頁 347；牟世金：《劉勰年譜匯考》，頁 26；鈴
　　　木虎雄：《宋沈休文先生約年譜》，頁 25。此諸人皆主此說。

〔註2〕詳見劉躍進：《門閥士族與永明文學》，頁 240～241（北京：三聯書店，1996
　　　年 3 月第一版），及詹秀惠：《蕭子顯及其文學批評》第二章第一節，頁 36～
　　　44。

〔註3〕《南史·陸罩傳》：「初，簡文在雍州，撰《法寶聯璧》，罩與群賢並抄掇區分

姓名、年歲及字號。詹氏以〈法寶聯璧序〉之作較《梁書》（唐、姚思廉編）爲早；且以列於作者名單之首的蕭繹之記載，對照正史《梁書・元帝本紀》，證明序文後所載之官爵、年齡等，與正史相符，因此〈法寶聯璧序〉後蕭子顯之年歲也較爲可信，推算蕭子顯生於永明五年，故以此解決了子顯、子雲生年矛盾的問題。然筆者對此卻甚表懷疑。若果眞如詹氏所言，「蕭子顯大約是在中大通四年至中大通五年十月前編就，校稿時便以當時的爵位侍中國子祭酒呈報。當中大通六年書成，秘書人員……便直接用侍中國子祭酒這官爵，而未改稱吏部尚書」，〔註4〕何以〈法寶聯璧序〉所載子顯的官銜是中大通四至五年的，而年齡卻是中大通六年的？筆者依詹氏所用之法，將〈法寶聯璧序〉後三十八位作者的年歲與正史互相參較，〔註5〕有專傳的有二十六位，在二十六位中，可考出卒年與卒時年歲的有十五位，依正史所載這十五人的年歲往上推至中大通六年時的歲數，與〈法寶聯璧序〉所載之年歲差距在兩歲以上者有六位，且尙有正史無傳者十二人。當然不能由這些誤差證明〈法寶聯璧序〉所載全不可信，但卻證明了〈法寶聯璧序〉所載並非全部可信。《梁書》的成書時間雖晚於〈法寶聯璧序〉，但卻是根據梁代所留下的檔案文獻編纂而成，絕非妄作，否則何得爲正史？若僅依年代先後判斷史料的可信度，則正史皆爲後朝爲前朝所作，豈非全不可信？

正史記載當然不可能完全無誤，如《梁書》蕭子顯、蕭子雲年歲的記載就有矛盾之處，但〈法寶聯璧序〉的可信度卻不足以解決這個問題，因其本身與正史的矛盾就不只一處。除非再有更可靠的資料，否則只能證明疑點確實存在，尙無法獲得定論，故本文仍將蕭子顯生年定在永明七年較爲穩當。

（2）祖齊高帝蕭道成。父蕭道成次子，使持節、都督揚南徐二州諸軍事、大司馬、領太子太傅、揚州刺史、豫章王嶷，時年四十六。

（3）長兄子廉代父嶷鎭東府。

兄子恪年十二，和竟陵王子良〈高松賦〉，衛軍王儉見而奇之。

---

者數歲。中大通六年而書成，命湘東王爲序。其作者有侍中國子祭酒南蘭陵蕭子顯等三十人，以比王象、劉邵之《皇覽》焉。」（卷48，頁1205。）《法寶聯璧》今已亡，僅序存，收入唐・釋道宣之《廣弘明集》卷二十。

〔註4〕 詹秀惠：《蕭子顯及其文學批評》第二章第一節，頁40。

〔註5〕 此處所言之「正史」，乃是指《梁書》、《陳書》、《南史》。

齊武帝永明八年　庚午（490）　二歲

齊武帝永明九年　辛未（491）　三歲

（1）幼聰慧，其父異之，愛過諸子。

齊武帝永明十年　壬申（492）　四歲

（1）父使持節、都督揚南徐二州諸軍事、大司馬、領太子太傅、揚州刺史、
　　新除中書監、豫章王疑薨。諡文獻。年四十九。

　按：作〈疾篤啓〉、〈戒諸子〉、〈遺令〉等。

齊武帝永明十一年　癸酉（493）　五歲

（1）長兄子廉卒。諡哀世子。

（2）正月，堂兄文惠太子長懋卒。七月，伯父齊武帝蕭賾卒。太孫昭業嗣位。

齊鬱林王隆昌元年

齊海陵王延興元年　甲戌（494）　六歲

齊明帝建武元年

齊明帝建武二年　乙亥（495）　七歲

（1）封寧都縣侯。

齊明帝建武三年　丙子（496）　八歲

（1）兄子恪託沈約及太子詹事孔稚珪為父疑作碑文。

齊明帝建武四年　丁丑（497）　九歲

（1）弟子雲封新浦縣侯，自製拜章，甚有文采。

齊明帝永泰元年　戊寅（498）　十歲

（1）四月，王敬則舉兵反，奉子恪為名，明帝悉召子恪弟兄親從七十餘人入
　　宮，當夜將殺之，會子恪奔歸，明帝乃止。

（2）七月，明帝崩。皇太子蕭寶卷繼位。

齊東昏侯永元元年　己卯（499）　十一歲

齊東昏侯永元二年　庚辰（500）　十二歲

齊東昏侯永元三年

齊和帝中興元年　辛巳（501）　十三歲

（1）永元末，以王子例拜給侍中。

（2）三月，和帝即位，改元中興。子顯兄子操、子光卒於蕭衍兵圍建康時。

齊和帝中興二年

梁武帝天監元年　壬午（502）　十四歲

（1）天監初，降爵爲子。

（2）兄子恪、子範等嘗因事入見梁武帝，梁武表明無屠滅蕭齊宗屬之心，以
　　安撫之。

梁武帝天監二年　癸未（503）　十五歲

（1）累遷安西外兵，仁威記室參軍，司徒主簿，太尉錄事參軍。

梁武帝天監三年　甲申（504）　十六歲

梁武帝天監四年　乙酉（505）　十七歲

梁武帝天監五年　丙戌（506）　十八歲

（1）次子愷生。

　按：《梁書·蕭愷傳》稱「太清二年，遷御史中丞。頃之，侯景寇亂，愷於
　　　城內遷侍中，尋卒官，時年四十四。」

　　　另一子序，生卒年不詳。

梁武帝天監六年　丁亥（507）　十九歲

（1）子顯爲太尉錄事，啓撰《齊史》，著《齊書·州郡志》一卷。

　按：《史通·古今正史》及《冊府元龜》卷五六〇〈國史部·地理〉。

（2）著〈鴻序賦〉，尙書令沈約見而稱之。

梁武帝天監七年　戊子（508）　二十歲

（1）任太子洗馬。

　按：年歲不詳，暫繫於此。

梁武帝天監八年　己丑（509）　二十一歲

梁武帝天監九年　庚寅（510）　二十二歲

（1）採眾家《後漢》，考證異同，爲一家之書。
　　《南齊書》成，表奏之。

（2）累遷太子中舍人，建康令。

梁武帝天監十年　辛卯（511）　二十三歲

梁武帝天監十一年　壬辰（512）　二十四歲

（1）弟子雲爲定林上寺僧法通撰碑文。

　按：見《高僧傳・法通傳》。

梁武帝天監十二年　癸巳（513）　二十五歲

梁武帝天監十三年　甲午（514）　二十六歲

（1）弟子雲撰成《晉書》。

梁武帝天監十四年　已未（515）　二十七歲

梁武帝天監十五年　丙申（516）　二十八歲

梁武帝天監十六年　丁酉（517）　二十九歲

（1）始預九日朝宴，獨受旨賦詩。

梁武帝天監十七年　戊戌（518）　三十歲

梁武帝天監十八年　己亥（519）　三十一歲

梁武帝普通元年　庚子（520）　三十二歲

（1）出爲邵陵王友。

梁武帝普通二年　辛丑（521）　三十三歲

梁武帝普通三年　壬寅（522）　三十四歲

梁武帝普通四年　癸卯（523）　三十五歲

（1）子顯始預編撰《法寶聯璧》。

梁武帝普通五年　甲辰（524）　三十六歲

（1）子顯還京，撰〈自序〉。

（2）累遷丹陽尹丞，中書郎，守宗正卿。

梁武帝普通六年　乙巳（525）　三十七歲

梁武帝普通七年　丙午（526）　三十八歲

（1）出爲臨川內史，還除黃門郎。

梁武帝大通元年　丁未（527）　三十九歲

梁武帝大通二年　戊申（528）　四十歲

梁武帝中大通元年　己酉（529）　四十一歲

梁武帝中大通二年　庚戌（530）　四十二歲

（1）子顯遷長兼侍中。

梁武帝中大通三年　辛亥（531）　四十三歲

（1）以侍中領國子博士。

梁武帝中大通四年　壬子（532）　四十四歲

（1）三月，子顯上表請置《孝經》助教一人，生十人。
　　　啓撰高祖集，撰《普通北伐記》。
（2）遷國子祭酒，加侍中。

梁武帝中大通五年　癸丑（533）　四十五歲

（1）〈伐社文〉。
（2）選吏部尚書，侍中如故。
（3）二月，梁武帝幸同泰寺，設四部道俗無遮大會，武帝升法座，發講金字
　　　摩訶般若波羅蜜經，子顯陪侍講筵，撰《御講摩訶般若經序》。

梁武帝中大通六年　甲寅（534）　四十六歲

（1）《法寶聯》編撰完成，湘東王蕭繹爲之序。

梁武帝大同元年　乙卯（535）　四十七歲

梁武帝大同二年　丙辰（536）　四十八歲

（1）弟子雲撰定郊廟歌辭，敕施用。

梁武帝大同三年　丁巳（537）卒　四十九歲

（1）出爲仁威將軍、吳郡太守，至郡未幾，卒。贈侍中、中書令，諡曰驕。

**參考資料**

　　　《南齊書》
　　　《東晉南北朝學術編年》
　　　《劉勰年譜匯考》，牟世金著
　　　《資治通鑑》
　　　《梁書》
　　　《蕭子顯及其文學批評》，詹秀惠著

# 參考資料

## 一、正史、古籍

1. 《史記》《漢書》《後漢書》《三國志》《晉書》《宋書》《南齊書》《梁書》《陳書》《魏書》《南史》《北史》《隋書》《新唐書》《舊唐書》（以上正史部分，使用臺灣鼎文書局新校標點本）

2. 《二十二史考異》，〔清〕錢大昕撰，商務叢書集成初編，1936 年。

3. 《二十五史補編》，二十五史刊行委員會編集，台灣：開明書局，1967 年台二版。

4. 《十七史商榷》，〔清〕王鳴盛撰，台北：廣文書局發行，1980 年 7 月三版。

5. 《大戴禮記》，〔漢〕戴德輯，孔子文化大全編輯部編輯。濟南：山東友誼書社，1991 年 12 月第一版。

6. 《元和姓纂》，〔唐〕林寶撰，岑仲勉校記。北京：中華書局，1994 年初版。

7. 《六朝事跡類編》，〔宋〕張敦頤撰，南京：南京出版社，1989 年 11 月第一版。

8. 《廿二史箚記》，〔清〕趙翼撰，台北：仁愛書局，1984 年 9 月。

9. 《文心雕龍讀本》，〔梁〕劉勰撰，王更生註，台北：文史哲出版社，1988 年 3 月三版。

10. 《日知錄》，〔清〕顧炎武撰，台北，文史哲出版社，1979 年 4 月。

11. 《世說新語箋疏》，（南朝宋）劉義慶撰，余嘉錫疏，台北：仁愛書局，1984 年 10 月。

12. 《冊府元龜》，〔宋〕王欽若等編，北京：中華書局，1988 年。

13. 《古今姓氏書辯證》，〔宋〕鄧名世撰，文淵閣四庫全書，992 冊。台北：

商務印書館，1983 年。

14. 《史通通釋》，〔唐〕劉知幾撰，〔清〕浦起龍釋，台北：里仁書局，1993 年 6 月。

15. 《四庫全書總目提要》，〔清〕永瑢、紀昀等撰，台北：商務印書館，1985 年 5 月三版。

16. 《四書集注》，〔宋〕朱熹撰，台北：漢經文化事業有限公司，1987 年 10 月初版。

17. 《弘明集》，〈梁〉釋僧佑撰，四部叢刊本，上海書店，1926 年印。

18. 《玉臺新詠箋注》，〔陳〕徐陵編，〔清〕吳兆宜注，程琰刪補，穆克宏點校，台北：明文書局，1988 年 7 月初版。

19. 《全上古三代秦漢三國六朝文》，〔清〕嚴可均，北京：中華書局，1991 年 10 月一版。

20. 《沈約集校箋》，陳慶元校箋，浙江：浙江古籍出版社，1995 年 12 月初版。

21. 《姓氏尋源》，〔清〕張澍纂，長沙：岳麓書社出版社，1992 年。

22. 《姓解》，邵思撰，叢書集成初編，北京：中華書局，1985 年第一版。

23. 《姓觿》，陳士元撰，叢書集成初編，北京：中華書局，1985 年第一版。

24. 《抱朴子》，〔東晉〕葛洪撰，李中華注譯，台北：三民書局，1996 年 4 月初版。

25. 《東觀漢紀》，〔漢〕劉珍等，台北：中華書局輯校本，1967 年 11 月二版。

26. 《金樓子校注》，梁元帝蕭繹撰，許德平校注，台北：嘉新水泥公司文化基金會，1969 年 8 月初版。

27. 《前漢紀》，〔晉〕袁宏撰，摛藻堂四庫全書薈要，第 156 冊。台北：世界書局，1988 年。

28. 《南北史表》，〔清〕周嘉猷撰，附於《北史》全書之末。

29. 《南朝宋會要》，〔清〕朱銘盤撰，台北：弘文館出版社，1986 年 7 月初版。

30. 《南朝梁會要》，〔清〕朱銘盤撰，台北：弘文館出版社，1986 年 7 月初版。

31. 《南朝齊會要》，〔清〕朱銘盤撰，台北：弘文館出版社，1986 年 11 月初版。

32. 《昭明文選》，〔梁〕昭明太子蕭統撰，〔唐〕李善注，台北：文化圖書公司，1964 年 2 月。

33. 《風俗通姓氏篇》，〔漢〕應劭撰，〔清〕張澍編輯補注，叢書集成初編，北京：中華書局，1985 年新一版。

34. 《陔餘叢考》，〔清〕趙翼撰，河北人民出版社，1990 年 1 月第一版。

35. 《容齋隨筆》，〔宋〕洪邁撰，上海：上海古籍出版社，1978 年 1 月一版。

36. 《翁注困學紀文》，〔宋〕王應麟撰，翁元圻注，台北：商務印書館，1978 年 4 月台一版。

37. 《郡齋讀書志》，〔宋〕晁公武撰，台北：商務印書館，1978 年 1 月台一版。

38. 《高僧傳》，〔梁〕釋慧皎撰，收入《大藏經》第五十冊，台北：新文豐出版公司，1993 年 5 月一版。

39. 《通志》，〔宋〕鄭樵撰，台北：臺灣商務印書館，1987 年 9 月。

40. 《通典》，〔唐〕杜佑撰，北京：中華書局，1988 年 12 月第一版。

41. 《越縵堂讀書記》，〔清〕李慈銘撰，台北：世界書局，1975 年再版。

42. 《詩品》，〔梁〕鍾嶸撰，北京：中華書局，1991 年第一版。

43. 《資治通鑑》，〔宋〕司馬光等撰，北京：中華書局，1992 年 4 月。

44. 《漢魏六朝百三家名家集》，〔明〕張溥輯，台北：文津出版社。

45. 《廣弘明集》，〔唐〕釋道宣集、四部叢刊初編，上海：上海書店印行。

46. 《樂府詩集》，〔宋〕郭茂倩，台北：里仁書局，1981 年 3 月。

47. 《歐陽修文集》，〔宋〕歐陽修撰，北京：中國書店，1992 年 10 月初版。

48. 《潛夫論》，〔漢〕王符撰，〔清〕汪繼培箋，台北：漢京文化，1984 年初版。

49. 《論衡》，〔漢〕王充撰，北京：中華書局，1990 年 2 月一版。

50. 《歷代職官表》，〔清〕紀昀等撰，上海：上海古籍出版社，1989 年第一版。

## 二、近人論著

### （一）中文專書

1. 《中古文學史》，劉師培，台北：文海出版社，1972 年 9 月影印版。

2. 《中古文學史論》，王瑤，北京：北京大學出版社，1986 年。

3. 《中古史學觀念史》，雷家驥，台北：學生書局，1990 年 10 月初版。

4. 《中古門第論集》，何啟民，台北：學生書局，1978 年 1 月初版。

5. 《中古學術論略》，張蓓蓓，台北：大安出版社，1991 年 5 月第一版。

6. 《中國中古社會史論》，毛漢光，台北：聯經出版事業，1990 年。

7. 《中國文學發展史》，劉大杰，台北：華正書局發行，1987 年 7 月版。

8. 《中國古代史學批評縱橫》，瞿林東，北京：中華書局，1994 年。

9. 《中國史學上之正統論》，饒宗頤，台北：宗青圖書出版公司，1979 年。

10. 《中國史學史（修訂本）》，金毓黻，台北：漢聲出版社國史研究社編印，1972 年。

11. 《中國史學史》，白壽彝，上海：人民出版社，1986 年。

12. 《中國史學史》，李宗侗，台北：中國文化大學出版部，1986 年。

13. 《中國史學史稿》，劉節，河南：中州書畫社，1982 年。

14. 《中國史學史論文集》，吳澤主編，一、二冊，上海：人民出版社，1979 年。

15. 《中國史學史論文選集》，杜維運、黃進興編，台北：華世出版社，1979 年。

16. 《中國史學名著》，錢穆，台北：三民書局，1989 年。

17. 《中國史學名著評介》，倉修良主編，台北：里仁書局，1994 年台一版。

18. 《中國史學家評傳》，陳清泉等編，河南：中洲古籍出版社，1985 年 3 月第一版。

19. 《中國史學發展史》，尹達，河南：中州古籍出版社，1985 年。

20. 《中國官制大辭典》，俞鹿年編著，哈爾濱：黑龍江人民出版社，1992 年 10 月第一版。

21. 《中國學術思想史論叢（三）》，錢穆，台北：東大圖書公司，1985 年。

22. 《中國魏晉南北朝文學史》，景蜀慧，北京：人民出版社，1994 年 4 月初版。

23. 《中國魏晉南北朝宗教史》，史仲文、胡曉林，北京：人民出版社，1994 年 1 月初版。

24. 《中華文化史》，馮天瑜等著，台北：桂冠圖書公司，1993 年 5 月初版。

25. 《中華姓府》，王存素編著，台北：中華叢書編審委員會，1969 年初版。

26. 《五朝門第》，王伊同，香港：香港中文大學，1978 年。

27. 《六朝人才觀念與文學》，林童照，台北：文津出版社，1995 年 5 月初版。

28. 《古書通例》，余嘉錫，台北：丹青圖書公司，1986 年 5 月台一版。

29. 《史學方法論》，杜維運，台北：華世出版社，1979 年。

30. 《由山水到宮體——南朝的唯美詩風》，王力堅，台北：台灣商務印書館，1997 年 12 月初版。

31. 《先秦漢魏晉南北朝詩》，逯欽立輯校，台北：木鐸出版社，1988 年 7 月。

32. 《兩晉南北朝士族政治之研究》，毛漢光，台北：中國學術著作獎助委員會，1966 年。

33. 《東晉門閥政治》，田餘慶，北京：北京大學出版社，1996 年 5 月第三版。

34. 《東晉南北朝學術編年》，劉汝霖，台北：長安出版社，1979 年 10 月台一版。

35. 《注史齋叢稿》，牟潤孫，台北：台灣商務印書館，1990 年。

36. 《門閥士族與永明文學》，劉躍進，北京：三聯書店，1996 年 3 月第一版。

37. 《南齊書校議》，朱季海，北京：中華書局，1984 年 11 月第一版。

38. 《秦漢魏晉南北朝教育制度》，楊承彬，台北：商務印書館，1978 年 6 月初版。

39. 《國史大綱》，錢穆，台北：商務印書館，1987 年 5 月修訂十四版。

40. 《隋唐士族》，田廷柱，西安：三秦出版社，1990 年 8 月第一版。

41. 《萬卷精華樓藏書記》，耿文光，哈爾濱：黑龍江人民出版社，1992 年 5 月第一版。

42. 《漢魏兩晉南北朝佛教史》，湯用彤，台北：駱駝出版社，1987 年 8 月。

43. 《齊梁詩歌研究》，閻采平，北京：北京大學出版社，1994 年 10 月第一版。

44. 《劉勰年譜匯考》，牟世金，四川：巴蜀書社，1988 年 1 月初版。

45. 《蕭子顯及其文學批評》，詹秀惠，台北：文史哲出版社，1994 年 11 月初版。

46. 《魏晉玄談》，孔繁，遼寧教育出版社，1994 年 2 月初版。

47. 《魏晉南北朝史》，王仲犖，上海：人民出版社，1980 年 12 月第一版。

48. 《魏晉南北朝史札記》，周一良，北京：中華書局，1985 年 3 月第一版。

49. 《魏晉南北朝史論拾遺》，唐長孺，北京：中華書局，1983 年。

50. 《魏晉南北朝史論集續編》，周一良，北京：北京大學出版社，1991 年 11 月第一版。

51. 《魏晉南北朝史論叢續編》，唐長孺，台北：帛書出版社，1985 年。

52. 《魏晉南北朝政治制度研究》，陳國琳，台北：文津出版社，1994 年 3 月初版。

## （二）中文論文

1. 〈士族門閥制度與魏晉南北朝史學〉，劉隆有，《齊魯學刊》，1986 年第 2 期。

2. 〈六朝史官制度簡論〉，金召洋，《蘇州大學學報》，1993 年第 2 期。

3. 〈六朝時期江州的戰略地位〉，張承宗，《蘇州大學學報》，1993 年第 1 期。

4. 〈太乙術數與《南齊書・高帝本紀上》史臣曰章〉，何丙郁，《中央研究院歷史語言研究所集刊》第六十七本，第二分，1996 年 6 月。

5. 〈中國史家的史學修養及其根源〉，雷家驥，《華學月刊》114 期，1981 年。

6. 〈中國史學的正統主義〉，雷家驥，《鵝湖》1：7，1976 年。

7. 〈《文心雕龍》論一代文風〉，郭豫衡，《北京師範大學學報》，1963 年第 1 期。

8. 〈《史記》書法釋例〉，韓兆琦，《北京師大學報》，1985 年第 4 期。

9. 〈《南齊書‧天文志》補校〉，彭益林，《古籍整理研究學刊》，1988 年第 3 期。

10. 〈《南齊書‧文學傳論》對文壇三派的評價〉，丁福林，《遼寧大學學報》，1996 年第 3 期。

11. 〈史學的求真與致用問題〉，劉家和，《學術月刊》，1997 年 1 月。

12. 〈門閥士族與魏晉南北朝時期的史學〉，龐天佑，《湛江師範學院學報》，1994 年第 2 期。

13. 〈兩晉南朝入仕道路研究之一──兩晉南朝的直接入仕〉，羅新本，《西南民族學院學報》，1986 年第 4 期。

14. 〈范曄的折衷思想及其生平〉，陳千鈞，《東北師大學報》，1982 年第二期。

15. 〈東晉南朝北境州鎮長官的任用背景〉，郭啓瑞，《筧橋學報》第 2 期，1995 年 9 月。

16. 〈南北朝佛教流行的原因〉，薩孟武，《大陸雜誌》，第 2 卷第 10 期。

17. 〈南北朝的文化交流〉，梁容若，《東海學報》4 卷 1 期。

18. 〈南朝士族之社會地位與政治權力（劉宋、齊、梁）〉，陶希聖，《食貨復刊》第 4 卷第 8、11 期。

19. 〈南朝玄儒消長初探〉，陳琳國，《文史哲》，1993 年第 3 期。

20. 〈南朝君主與佛教〉，劉莘、陳捷，《四川師範大學學報》，1996 年 10 月。

21. 〈南朝典籤制度剖析〉，周兆望，《江西大學學報》，1987 年第 3 期。

22. 〈南朝門第中人心態探討〉，何啓民，《政治大學學報》47 期，1983 年 5 月。

23. 〈南朝琅邪王氏的婚宦與地位的嬗變〉，高詩敏，《江海學刊》，1993 年第 4 期。

24. 〈南齊書本紀校注〉，王永誠校注，《台灣師範大學國文研究所集刊》第 15 期，1971 年 6 月。

25. 〈南齊書述要〉，楊家駱，附於《南齊書》前。

26. 〈南齊書跋〉，張元濟，《圖書館學季刊》，第 4 卷第 3 期。

27. 〈皇位繼承與漢、唐、宋、明的黨爭〉，雷飛龍，《政治大學學報》第 13 期。

28. 〈宮體詩評價問題〉，楊明，《復旦學報》，1988 年第 5 期。

29. 〈荀悅《漢紀》思想分析〉，曾憲禮，《中山大學學報》，1992 年第 4 期。

30. 〈從文學理論史的角度看〈文賦〉〉，興膳宏，《中國文哲研究通訊》，第 3 卷第 4 期。

31. 〈從劉知幾「明鏡說」析論傳統史學理念的一個模式〉，雷家驥，《東吳文史學報》第 9 號，1991 年 3 月。

32. 〈梁代宮體詩人略考〉，詹福瑞，《河北大學學報》，1996 年第 2 期。

33. 〈梁朝史學簡論〉，孫立，《蘇州大學學報》，1993 年第 2 期。

34. 〈略論四蕭的文學觀〉，張辰，《內蒙古大學學報》，1988 年第 2 期。

35. 〈都督制在東晉南朝荊揚之爭中的作用〉，要瑞芬，《蘇州大學學報》，1993 年第 1 期。

36. 〈試析齊梁文學特徵論〉，程芸，《武漢大學學報》，1995 年第 1 期。

37. 〈試論南朝典籤〉，徐茂明，《蘇州大學學報》，1988 年第 4 期。

38. 〈試論國史上的統治問題及其發展〉，雷家驥，《華學月刊》127、128 期，1982 年。

39. 〈漢晉之際佛教發展的思想基礎〉，楊耀坤，《四川大學學報》，1992 年第 3 期。

40. 〈漢魏兩晉儒釋道關係簡論〉，曾召南，《四川大學學報》，1986 年第 3 期。

41. 〈齊梁故里南蘭陵考〉，賀忠賢，收入《六朝史論集》，江蘇省六朝史研究會編。合肥：黃山書社，1993 年 9 月。

42. 〈劉宋初期的皇權政治與佛教〉，楊耀坤，《四川大學學報》，1997 年第 1 期。

43. 〈論魏晉的孝道觀念及其與政治、哲學、宗教的關係〉，林麗真，《台大文史哲學報》40 期，1993 年 6 月。

44. 〈論魏晉南北朝史學興盛及其原因〉，蔣家驊，《雲南民族學院學報》，1989 年第 2 期。

45. 〈論魏晉思想的文化意義〉，田文棠，《中國文化研究》，1997 年春之卷。

46. 〈蕭子顯──宗室身分和史家職責的矛盾〉，高國抗，收入何茲全、趙儷生等著：《中國古代史學人物（上）》，台北：國文天地雜誌社，1989 年 12 月初版。

47. 〈蕭子顯的文論〉，鄧仕樑，《香港中文大學中國文化研究所學報》18 期，1987 年。

48. 〈魏晉南北朝史學的旁支──地記與譜學〉，黎子耀，《杭州大學學報》，1982 年第 2 期。

49. 〈魏晉南北朝史學的特點及其成因〉，石榮倫，《江海學刊》，1994 年第 1 期。

50. 〈魏晉南北朝史學發達原因新探〉，李穎科，《人文雜誌》，1994 年第 4 期。

51. 〈魏晉南北朝的衰亂與史學的極盛〉，杜維運，《國史館館刊》第 21 期，1996 年 12 月。

52. 〈魏晉南北朝的儒佛融合思潮和顏之推的儒佛一體論〉，王國炎，《江西大學學報》，1984 年第 4 期。

53. 〈魏晉南北朝時期史學的巨大發展〉，高國抗，《暨南學報》1984 年第 3 期。

54. 〈魏晉南北朝時期的歷史編纂學〉，黎子耀，《杭州大學學報》，1981 年第 1 期。

55. 〈魏晉南北朝儒學、家學與家族觀念〉，張天來，《東北師大學報》，1986 年第 2 期。

56. 〈魏晉南北朝歷史編纂學簡論〉，李穎科，《西北大學學報》，1993 年第 3 期。

57. 〈魏晉南朝政治制度之研究〉，林瑞翰，《台大文史哲學報》39 期，1992 年 6 月。

58. 〈魏晉南朝都督與刺史之關係〉，嚴耕望，《大陸雜誌》11 卷 7 期，1955 年 10 月。

59. 〈魏晉思想與士族心態〉，何啓民，《政大歷史學報》1 期，1983 年 3 月。

60. 〈魏晉時期歷史人物評論標準〉，逯耀東，收入《魏晉史學及其他》。台北：東大圖書公司，1998 年 1 月初版。

（三）外文部分

1. 《支那史學史》，內藤湖南，東京：弘文堂。

2. 《支那史學思想の發達》，岡崎文夫，岩波講座東洋思想第二冊。

3. 〈六朝時代の史學〉，宮川尚志，載《史林》24：4。

4. 〈南齊書祥瑞志について〉，平秀道，《龍谷大學論集》第 400 號，1973 年 3 月。